Rainer Erlinger

NACHDENKEN
ÜBER MORAL

GEWISSENSFRAGEN
AUF DEN GRUND
GEGANGEN

Augsburger Vorlesungen

Fischer Taschenbuch Verlag

Veröffentlicht im Fischer Taschenbuch Verlag,
einem Unternehmen der S. Fischer Verlag GmbH,
Frankfurt am Main, Februar 2012

© 2012 S. Fischer Verlag GmbH, Frankfurt am Main
Gesamtherstellung: Druckerei C. H. Beck, Nördlingen
Printed in Germany
ISBN 978-3-596-18854-3

INHALT

VORWORT

»Nachdenken über Moral – Gewissensfragen auf den Grund gegangen« ist dieses Buch überschrieben. Dieser Titel soll programmatisch sein. Und das in mehrfacher Hinsicht.

Nachdenken über Moral – wo könnte man – speziell über ein so komplexes Thema wie Moral – besser nachdenken als an einer Universität? Deshalb fühlte ich mich nicht nur geehrt, sondern sagte auch erfreut zu, als ich von der Philosophisch-Sozialwissenschaftlichen Fakultät der Universität Augsburg die Einladung zu einer Gastprofessur erhielt, in deren Rahmen ich neben einem Seminar eine Vorlesungsreihe halten sollte. Im Wintersemester 2008/2009 bot ich daraufhin unter dem Motto »Nachdenken über Moral – Gewissensfragen auf den Grund gegangen« sieben öffentliche Veranstaltungen an: sechs monothematische Vorlesungen und ein abschließendes Podiumsgespräch mit Lesung. Dabei kam vor allem auch im Gespräch mit der Studierendenvertretung ein Gedanke zum Tragen: Das Thema Ethik ist für alle Studierenden an einer so weit gespannten Fakultät wie der philosophisch-sozialwissenschaftlichen der Universität Augsburg gleichermaßen von Interesse, nicht nur für die, die es in ihrem Lehrplan vorfinden. Das kommt auch dem Leser dieses Buches zugute, das auf diesen

Vorlesungen beruht. Denn auch das Buch richtet sich nicht nur an die, die schon mit Ethik und Moral zu tun haben, sondern gerade auch an die, die bisher wenig damit befasst waren. Diese große Spannweite spiegelt sich einerseits in der Auswahl der Themen wider, die von Klassikern wie Lüge oder Toleranz über die bekannte Goldene Regel bis hin zu Design und Innovationen reichen. Andererseits aber auch in der Art der Darstellung. So kommt beim Thema Lüge dann die neue Frisur der Freundin ebenso vor wie Kants kategorischer Imperativ, die Evolution ebenso wie der Kirchenvater Augustinus oder das Bundesarbeitsgericht. Beim Thema Recht und Moral die rote Ampel bei Nacht ebenso wie Sokrates, Antigone und die Geschwister Scholl. Bei Ethik und Design die Computerfirma Apple ebenso wie das Bauhaus und der Werkbund, aktuelles Autodesign ebenso wie Plattenbauten oder Ikea und H&M. Bei der Goldenen Regel das Verhalten von archaischen Jägern und Sammlern ebenso wie zu viel Wechselgeld an der Supermarktkasse, das Prinzip der Universalisierung ebenso wie das Spiegeln oder der Schleier des Nichtwissens. Bei der Toleranz Nathan der Weise ebenso wie knapp sitzende Shorts und Polyesterhemden. Bei Innovationen ein einstürzendes Hallendach ebenso wie eine Packstation der Post und neue Medikamente. Immer knüpft das Nachdenken am Alltag an, versucht von dort aber weiter und in die Tiefe zu gehen.

Nachdenken über Moral – Man kann an einer Universität auf verschiedene Art und Weise nachdenken: in Vorlesungen, Kursen und Seminaren, in Gesprächen oder in der Bibliothek vor, über und mit Büchern. Dieses Buch versucht, das zu verbinden und nach außen zu tragen. Grundlage sind die Vorlesungen, deren Duktus auch überwiegend beibehalten wurde, um gewissermaßen ein Zuhören beim Lesen zu ermöglichen. Den Charakter des Vortrags behält das Buch auch insofern, als es Originalzitate mit Erläuterungen verbindet und abwechselt, das Ansprechen des Lesers mit dem Bezug auf Klassiker. Wie in einem Vortrag werden die Urheber von Zitaten genannt, im Buch sind sie, ebenso wie charakteristische Ideen und Gedankengänge, zusätzlich mit Quellen belegt. Daneben gibt es zu jedem Kapitel auch Leseempfehlungen, die weiterführen, denen die Gedanken auch teilweise entnommen sind. Ansonsten aber will das Buch kein wissenschaftlicher Text sein und erhebt eher den Anspruch auf Verständlichkeit, als formal wissenschaftlichen Ansprüchen genügen zu wollen. Dieses Buch soll vor allem den Prozess des Denkens verständlich machen, den Leser mitnehmen auf den Gedankengang.

Nachdenken über Moral – Die Vorlesungen waren so konzipiert, und auch dieses Buch, das auf den Vorlesungen aufbaut, soll dezidiert so verstanden werden: als Nachdenken, als Prozess, als Tasten, als Fragen, als Sich-Vorwagen. Natürlich braucht man dabei festen Untergrund und will die moralphilosophischen Anknüpfungspunkte nicht vergessen oder vernachlässigen. Dennoch: Die Vorlesungen sollten, wollten und konnten ebenso wenig eine Hauptvorlesung der Moralphilosophie sein wie dieses Buch ein Lehrbuch der Moralphilosophie. Beide erheben keinen Anspruch auf Vollständigkeit, sei es in Bezug auf Themen, sei es in Bezug auf die Aufarbeitung der behandelten Themen. Umgekehrt aber können sie durch diese Freiheit mehr, anderes bieten. So tauchen

Themen auf, die man in einem Lehrbuch kaum oder nur sehr kurz finden wird, etwa das Verhältnis von Moral zu Innovationen oder Design. Worum es dabei geht, ist: anregen zum Mitdenken und Weiterdenken.

Gewissensfragen auf den Grund gegangen – lautet der Untertitel. Und auch das ist programmatisch, in doppelter Hinsicht. Im Text finden sich etliche Gewissensfragen aus dem Süddeutsche Zeitung Magazin. Regelmäßige Leser dieser Kolumne werden sich vielleicht an die eine oder andere davon erinnern. Manche dieser Fragen sind auch schon in den mittlerweile drei Kolumnenbänden abgedruckt, manche erscheinen hier zum ersten Mal in einem Buch. Hier aber, in diesem Buch – und das ist besonders –, sind sie eingebettet in die Gedanken, die sich durch die Kapitel ziehen. Und das ermöglicht den doppelten Grundgang. Einerseits zeigen die Gewissensfragen, wo denn genau die moralischen Probleme liegen, über die es sich lohnt nachzudenken, und helfen so, diesen Gedanken auf den Grund zu gehen. Andererseits zeigen umgekehrt die Gedanken, in die sie eingebettet sind, wie man zu einer Lösung in diesen konkreten Alltagssituationen gelangen kann, und helfen, den Gewissensfragen selbst auf den Grund zu gehen.

Danksagungen sind schwierig. Nicht weil ich mich nicht bedanken möchte, sondern im Gegenteil weil man dabei so leicht jemanden vergisst, dem oder der eigentlich besonderer Dank gebührt. Und in Anbetracht der Fehlerhaftigkeit jeglichen menschlichen Handelns wird das immer der Fall sein. Deshalb will ich auch hier ganz bewusst nur sehr punktuell danken, auf einen Dank aber kann und will ich nicht verzichten. Denn dieses Buch gäbe es nicht ohne die Vorlesungen an der Universität Augsburg im Rahmen der neu eingerichteten und erstmals besetzten Ernst-Troeltsch-Gastprofessur. Und in diesem Zusammenhang möchte ich mich bei allen bedanken, die diese Vorlesungen ermöglichten. Allen voran bei den Studierenden, aus deren Studienbeiträgen die Gastprofessur finanziert wurde. Daneben insbesondere bei den Mitgliedern im Fakultätsrat, der beschlossen hat, mir die Gastprofessur anzutragen, speziell bei den Studierendenvertretern, Frau Jessica Detemple und Herrn Benjamin Oertel, sowie bei Frau Prof. Dr. Eva Matthes, die mich dafür vorgeschlagen hat. Und last but not least beim damaligen und derzeit wieder amtierenden Dekan, Herrn Prof. Dr. Bernd Oberdorfer. Er hat nicht nur die Aufgabe übernommen, die Vorlesungen und das Seminar, das ich daneben angeboten habe, zu koordinieren. Er hat sich darüber hinaus auch bereit erklärt, die letzte Veranstaltung in Form eines Gesprächs mit Lesungen von Gewissensfragen zu moderieren und so auch zum letzten Kapitel dieses Buches entscheidend beigetragen. Und insbesondere war er mir über das Semester hinweg zu den Themen der Vorlesungen und darüber hinaus stets ein angenehmer wie wertvoller Gesprächspartner, dem ich viele anregende Gedanken zu verdanken habe. Womit wir vom Dank über das Gespräch wieder zurück beim Thema wären: *Nachdenken über Moral.*

Dank auch all denen, die nun nicht genannt werden, es aber verdienten.

WER EINMAL LÜGT ...

Über Lüge und Wahrheit[1]

Die große Frage

Wieso gerade die Lüge als erstes Thema? Vielleicht hilft ein Blick in einen der großen Texte, vielleicht sogar den größten in diesem Zusammenhang weiter, ein Blick in den Text »De mendacio – Über die Lüge« des Kirchenvaters Augustinus. Er beginnt mit dem Satz: »Magna quaestio est de mendacio ...«.[2] Augustinus sah also in der Lüge eine Magna quaestio, eine große oder auch schwere Frage der Ethik. Natürlich bin ich nicht so vermessen zu sagen: Ich beginne gleich mit einer der ganz großen Fragen der Ethik und gedenke womöglich gar, sie hier zu lösen. Aber die Lüge ist sicher ein sehr interessantes Thema und auch aus anderen Gründen, die ich gleich nennen will, geeignet, den Zyklus »Nachdenken über Moral« zu eröffnen.

Lügen im Leben

Studien der Universität von Southern California zufolge wird der Mensch etwa 200 Mal am Tag belogen;[3] im Schnitt alle acht Minuten, heißt es,[4] in einer anderen Quelle alle fünf Minuten.[5] Eine andere Studie ergab, dass Menschen in einem zehnminütigen Gespräch im Schnitt 1,75 Mal lügten, nur 40 % der Untersuchten logen gar nicht, die anderen 60 % dafür durchschnittlich 2,92 Mal in nur zehn Minuten.[6] Zur Ehrenrettung der Menschen sei nicht verhehlt, dass es auch andere Zahlen gibt, die besagen, dass sie nur ein- bis zweimal am Tag lügen.[7] Derartige Unterschiede sollten aufhorchen lassen und lohnen einen Blick auf die jeweilige Methodik, mit der die Ergebnisse erzielt wurden. Die Zahl der 1,75 Lügen in nur zehn Minuten entstand aus bestimmten Versuchsanordnungen. Man setzte Menschen einander gegenüber und sagte ihnen, sie sollen sich unterhalten und dabei einen guten Eindruck beim Gegenüber machen. Diese Gespräche wurden per Video aufgenommen. Anschließend spielte man diese Videobänder den Versuchspersonen vor und bat sie, doch zu sagen, wann sie gelogen hätten.[8] Dabei kamen dann die hohen Zahlen heraus. Und 1,92 Lügen pro zehn Minuten Gespräch ist wahrlich häufig. Die Zahl von ein bis zwei Lügen am Tag ergab sich hingegen aus der Auswertung von Tagebuchaufzeichnungen der untersuchten Personen.[9] Welche Methode der Wahrheit näher kommt, sei an dieser Stelle dahingestellt.

Die Lüge eignet sich auch deshalb für die erste Vorlesung, weil sie in einer bestimmten Form seit einiger Zeit wieder besonders aktuell ist: in Form der politischen Lüge. Im Herbst 2008 blickte die Welt gespannt nach Amerika. Es war die heiße Phase des Präsidentschaftswahlkampfes zwischen Barack Obama und John McCain. Höhepunkt waren die drei großen TV-Duelle zwischen diesen beiden Kandidaten für die US-Präsidentschaft. Jeweils am nächsten Tag konnte man in den Medien den sogenannten Debatten-Faktencheck finden.[10] Verschiedene Institute untersuchten, welche Behauptungen, die innerhalb dieser eineinhalb Stunden von den beiden Kandidaten oder Duellanten vorgetragen wurden, gelogen waren. Die Institute prüften, ob die genannten Ausgabenhöhen, Prozentangaben usw. stimmen, und konnten feststellen, dass innerhalb dieser Diskussion auf beiden Seiten eine ganze Reihe der Daten von nicht ganz richtig über »hingebogen« bis schlicht falsch waren.

Und noch ein weiterer Grund spricht für die Lüge als Einstieg in das Thema »Nachdenken über Moral«. Man kommt, wenn man über Moral sprechen will, »in diesen Zeiten«, wie es immer so schön heißt, nicht um die große Finanzkrise herum, die 2008 begann und ihren Höhepunkt hatte, aber mit ihren Nachwirkungen – wie etwa den immensen Kreditaufnahmen der Staaten zu ihrer Bekämpfung und wiederum deren Folgen – seither die Welt in Atem hält. Allgemein wird sie ja immer mit der Frage der Gier verknüpft. Ich will darauf gar nicht vertieft eingehen, weil das schon sehr breitgetreten wurde und wird. Aber: Hat das Ganze nicht vielleicht auch etwas mit Lüge zu tun? In der Etymologie, der Lehre von der Wortherkunft, wird zum Teil vertreten, dass das Wort »Lüge« im Deutschen eine Verwandtschaft mit dem altslawischen »lovu« aufweist, das »Beute« darstellt. Und mit dem lateinischen »lucrum« für »Gewinn«.[11] Ist das ein Zufall? Man kann natürlich mit Sprache und Sprachähnlichkeiten immer sehr viel anstellen, aber ein Blick in die Mythologie offenbart Ähnliches: Der griechische Götterbote Hermes ist der Gott der Kaufleute und der Reisenden, aber auch der Diebe und der Lügner. Gott der Lügner und in diesem Zusammenhang damit auch Gott der Autoren und der Schriftsteller – eine Verknüpfung, die ich hier einmal unkommentiert stehen lassen möchte. Die römische Entsprechung des Hermes ist Mercurius, und dessen Name kommt vom lateinischen »merces« für »Waren«, verwandt mit dem »Mercator«, dem Kaufmann. Die Verbindung von Handeln und Kaufen, der Preisfindung usw. mit Lüge und Erfindung lässt sich offenbar in vielen Bereichen nachweisen.

Zur Lüge geboren?

Auch Biologen haben sich mit der Lüge beschäftigt. Der Anthropologe Volker Sommer etwa hat über die Verbindung von Biologie und Lüge ein sehr schönes Buch geschrieben, er nannte es »Lob der Lüge – Täuschung und Selbstbetrug bei Tier und Mensch«.[12] Darin beschreibt er, wie auch in der Natur getäuscht wird – ob das wirklich eine Lüge darstellt, sei dahingestellt. Er vertritt aber auch zusammen mit anderen Evolutionsbiologen die These, dass die Lüge einen ganz entscheidenden Anstoß zur Entwicklung, zur Evolution des Menschen gegeben hat und eben auch zur Evolution des Großhirns. Sommer beginnt einen Zeitungsartikel zum Thema Lüge mit einer alten rabbinischen Weisheit: »Alles hat Gott ins Leben gerufen, mit Ausnahme der Lüge und der Falschheit. Diese haben die Menschen erfunden.«[13] Und er zitiert Schopenhauer: »Es gibt nur ein lügenhaftes Wesen auf der Welt. Es ist der Mensch. Jedes andere ist wahr und aufrichtig, indem es sich unverhohlen gibt als das, was es ist, und sich äußert, wie es sich fühlt.«[14]
Genau das bezweifelt Sommer jedoch. Wie viele Verhaltensbiologen meint er, nicht nur bei unseren nächsten Verwandten, den Primaten – also Affen –, lügenähnliches Verhalten oder zum Teil Lügen nachweisen zu können. Quer durch das Tierreich findet man zum Bei

spiel absichtlich falsche Warnrufe, welche die Konkurrenten zur Flucht bewegen, um alleine mit der Beute zu
bleiben. Daneben kennt man in der Biologie Mimikry,
vorgetäuschtes Verhalten oder Aussehen. Die harmlose
Schwebfliege trägt dieselbe Warnfarbenkombination
Schwarz-Gelb wie eine Wespe, sie gibt sich damit wie
eine echte Wespe, so dass sie von Fressfeinden nicht an-
gegriffen wird. Diese »denken«, falls man es so nennen
kann: Wenn ich versuche, dieses gestreifte Tier zu fressen, geht's mir schlecht.

Aber vielleicht haben auch umgekehrt aus evolutions-
biologischer Sicht die rabbinische Weisheit und Schopenhauer recht, vielleicht ist die Lüge tatsächlich mit
dem Menschlichen besonders verbunden, denn die Ge-
hirnentwicklung könnte sehr stark mit der Frage der
Lüge verknüpft sein. Manche Evolutionsbiologen vertreten die These, dass diese – im Lichte der Evolution gesehen – explosionsartige Entwicklung des Gehirns mit der
Fähigkeit zur Lüge zusammenhängt. Wenn man ein
menschliches Gehirn betrachtet, kann man sehen, wie
das Großhirn sich geradezu aufgebläht und über die
gesamten tieferen Hirnstrukturen gestülpt hat. Dieses
Phänomen wird nun von manchen unter anderem damit
erklärt, das sei notwendig gewesen, weil das Lügen, die
Täuschung, eine besonders hohe geistige Leistung erfordert.[15] Einmal die Erinnerungsfähigkeit: Um die Wahrheit zu sagen, muss ich mich an nichts erinnern. Ich
kann sie auch morgen wieder sagen, und es wird wieder
stimmen. Wenn ich heute lüge, muss ich, um glaubhaft
zu bleiben, morgen noch wissen, was ich heute gesagt
habe, und es mir merken. Das heißt, um zu lügen, brauche ich eine intellektuelle Fähigkeit, Erinnerungsfähigkeit. Spiegelbildlich ist es dann im evolutionären Kampf

extrem wichtig, auch zu erkennen, ob mein Gegenüber lügt, das heißt, ich brauche Mechanismen zum Erkennen von Lügen. Ich muss sehen: Schwitzt er? Wird er rot? Zwinkert er mit den Augen? Ist er unsicher? usw. Auch die Verarbeitung dieser Informationen zur Erkenntnis, ob mein Gegenüber lügt, stellt eine hohe intellektuelle Leistung dar, und es könnte sein, dass unser Großhirn dem zwar nicht entsprungen ist, aber doch daher einen gewichtigen evolutionären Schub erhalten hat.

Schmierstoff des Zusammenlebens

Am interessantesten macht dieses Thema jedoch die Tatsache, dass die Lüge auch fester Bestandteil des täglichen Lebens und vor allem unser *aller* täglichen Lebens ist. Karl Kraus, der große Wiener Schriftsteller und Satiriker, schrieb: »Eine Notlüge ist immer verzeihlich. Wer aber ohne Zwang die Wahrheit sagt, verdient keine Nachsicht.«[16] Dies passt zu Untersuchungen von Soziologen und Sozialpsychologen, von denen viele die Auffassung vertreten, die Lüge sei der soziale Schmierstoff und ein soziales Zusammenleben in einer Gesellschaft wäre ohne die Lüge, ohne die Möglichkeit auch einmal etwas zu glätten oder Reibereien aufzufangen, gar nicht möglich.[17]

In der Rubrik »Gewissensfrage« im Magazin der Süddeutschen Zeitung können Leser Moralfragen des Alltags einsenden, und ich antworte jede Woche auf eine dieser Fragen. Das Schöne an dieser Rubrik ist, dass ich über die Zuschriften einen gewissen Blick darauf erhalte, was die Menschen beschäftigt. Und so habe ich z. B. ganz am Anfang der Reihe im Jahr 2002 folgende Frage erhalten:

»*Manchmal verabrede ich mich mit einem Bekannten, z. B. zum Sonntagsspaziergang. Gelegentlich passiert es mir, dass ich dann am Sonntag die Augen aufmache und merke, eigentlich hab ich heute keine Lust. Nun die Gewissensfrage: Rufe ich an und erfinde irgendeine Ausrede, oder sage ich einfach ehrlich, wie es ist? Ich persönlich tendiere zur Wahrheit, weil ich es selbst nicht mag, wenn mir jemand etwas vorschwindelt. Nun habe ich gemerkt, dass nicht jeder die Wahrheit gut verträgt, oder ist es schon unmöglich, kurzfristig überhaupt abzusagen?*«[18]*

Was ist das für eine Situation? Es ist eine ganz alltägliche Situation, die vermutlich jeder kennt: Man will etwas absagen, man kommt zu spät, oder man hat etwas vergessen, und was tut man? Man erfindet irgendeine Ausrede. Etwas profaner ausgedrückt: Man lügt.

Vor allem deswegen will ich mit der Lüge beginnen. Denn ich wage zu behaupten, als einigermaßen moralisch gefestigter Mensch – und als solchen betrachte ich mich – kommt man mit keinem anderen moralischen Gebot oder Verbot so häufig in Konflikt wie mit dem Lügenverbot. Ich habe noch nie in einem Kaufhaus etwas mitgehen lassen, das weiß ich sicher. Ich glaube zu wissen, dass ich generell noch nichts gestohlen habe. Ich kann ausschließen, jemanden umgebracht zu haben, ich habe, glaube ich, auch noch nie jemand anderen bewusst am Körper verletzt, aber ich kann mich an etliche Situationen der »Notlüge« erinnern. Das scheint mir tatsächlich ein Punkt zu sein, an dem man schnell mit der Moral in Konflikt gerät. Deshalb glaube ich, dass es sich lohnt – und das Motto heißt ja »Nachdenken über Moral« –, über die Lüge als Erstes nachzudenken.

Drei Fragen

»Nachdenken«, d. h., es wird nicht unbedingt Antworten geben. Ich habe nicht vor, es wäre auch vermessen, diese »Magna quaestio« der Ethik im Sinne Augustins hier zu beantworten. Aber es lohnt sich nachzudenken, und ich würde gerne über drei Punkte nachdenken bei der Lüge:

1. Was ist denn überhaupt eine Lüge?
2. Das wird Sie jetzt vielleicht verwundern, weil man es als so selbstverständlich voraussetzt: Was ist schlecht an der Lüge?
3. Dazu korrespondierend: Kann es Situationen geben, in denen die Lüge gerechtfertigt ist, gut oder sogar geboten?

Was ist eine Lüge?

Um mit der Frage: Was ist eine Lüge? zu beginnen, eine weitere Leserfrage aus dem Magazin der Süddeutschen Zeitung. Hier fragte ein Herr aus Weilheim:

»In diesem Jahr kann ich mir keinen Urlaub leisten. Um Freunde, Verwandte und Bekannte zu beeindrucken, habe ich mir von einem Freund in New York Ansichtskarten schicken lassen. Diese möchte ich beschriften, zu jenem Freund zurücksenden und von ihm dann in Amerika einwerfen lassen, so dass es den Anschein hat, als hätte ich ihn in New York besucht. Was ich zunächst für eine gute Idee hielt, fällt mir plötzlich aber nicht ganz leicht. Wie beurteilen Sie mein Vorhaben?«[19]

Bei dieser Frage kann man über vieles nachdenken, z. B. ob es sinnvoller ist, Geld zu sparen oder es lieber noch schnell zu verprassen, bevor es weg ist. Aber uns soll hier die Frage interessieren: Ist es denn eine *Lüge*, diese Ansichtskarten loszuschicken?

Um diese Frage zu beantworten, kann man zunächst zurückblicken in die Antike. Tatsächlich gab es schon in der griechischen Philosophie Diskussionen über die Lüge, doch die befremden manchmal ein wenig, wenn man sie heute liest. Wenn etwa darüber diskutiert wird, ob derjenige schlechter ist, der absichtlich lügt, oder der, der unabsichtlich lügt, mit anderen Worten: sich irrt. Etwas, das wir – das werden wir gleich genauer sehen – kaum mehr als Lüge, sondern eben als Irrtum bezeichnen würden.[20] Woran liegt das? Die Griechen hatten nur ein Wort für die Lüge: *pseudos. Pseudos* bezeichnete die Unwahrheit, und das beinhaltete vieles, unter anderem das, was wir heute Lüge nennen. Es beinhaltete aber auch den Irrtum, ebenfalls eine Unwahrheit, aber eine, bei der man sich getäuscht hat, es nicht besser wusste. Und es beinhaltete das Fiktionale, das Werk der Dichter, die etwas erfinden.[21] Alles war *pseudos*. Erst im Lateinischen kam es dann zur Unterscheidung zwischen *Mendacium*, der Lüge, und *Error*, dem Irrtum.[22] Und noch einmal später, bei der Entwicklung des römischen Rechts, entdeckte man einen weiteren Punkt, nämlich die böse Absicht, den *Dolus malus*, der zur arglistigen Täuschung gehört.[23] Erst diese Entdeckung führte zur Erkenntnis, dass zu einer Lüge außer dem Abweichen von der Wahrheit noch etwas anderes gehört, nämlich die böse Absicht. Und das leitete dann hin zu der heute noch allgemein gültigen Definition der Lüge, die des Kirchenlehrers Augustinus in seinem Werk »De mendacio – Über die Lüge« und 25 Jahre später, am Ende seines Lebens, in einem zweiten Werk: »Contra mendacium – Gegen die Lüge«. Augustinus definierte:

»Die Lüge ist offensichtlich eine unwahre, mit dem Willen zur Täuschung vorgebrachte Aussage.«[24]

Oder anders formuliert:

»Die Lüge ist eine unrichtige Zeichenkundgabe mit der Absicht des Täuschens.«[25]

Wenden wir uns vor diesem Hintergrund wieder den Ansichtskarten zu. Dann lautet die Frage: Was macht dieser Ansichtskartenschreiber? Und: Was will er? Er schickt die Karten einmal nach Amerika und wieder zurück. Und er will damit beim Empfänger der Ansichtskarten den Eindruck erwecken, er sei in den USA gewesen. Das führt ziemlich klar zur Augustinischen Definition der Lüge und damit zur Feststellung: Es handelt sich um eine Lüge. Der Fragesteller hat etwas getan, er hat eine Aussage getroffen, er hat zwar kein Wort gesprochen, aber er hat Zeichen kundgegeben, indem er »Grüße aus New York« schrieb und lossandte. Ja, selbst wenn er es nicht wörtlich so geschrieben hätte, auch wenn er nur geschrieben hätte: »Es geht mir gut. Hoffe Dir auch, viele Grüße«, hätte er nach dieser Definition gelogen. Denn auch dann hätte er kommuniziert, Zeichen kundgegeben mit dem Willen zur Täuschung.

Was ist schlecht an der Lüge?

Nur wissen wir damit noch nicht, wie diese Lüge zu bewerten ist. Das leitet über zur zweiten Frage: Was ist schlecht an der Lüge? Für Augustinus war diese Frage klar zu beantworten: »Non est mentiendum – Es darf nicht gelogen werden.«[26] Jede Wahrheit ist ein Abbild der ewigen Wahrheit Gottes,[27] galt für Augustinus. Das Lügen stellt somit eine Entfernung von Gott dar, und der Teufel als Gegenspieler Gottes ist der Vater der Lügen. Augustinus formulierte das sehr hart:

»Es gibt keine Lüge, die nicht das Gegenteil der Wahrheit wäre. Denn wie Licht und Finsternis, Frömmigkeit und Gottlosigkeit, Gerechtigkeit und Unrecht, Sünde und Rechttun, Gesundheit und Krankheit, Leben und Tod, so sind Wahrheit und Lüge einander entgegengesetzt. Je mehr man deshalb jene liebt, umso mehr muss man diese hassen.«[28]

Deshalb gab es für Augustinus keine Entschuldigung, keine Möglichkeit, in irgendeiner Art und Weise zu lügen.

Notlügen ...

Das führte natürlich zu gewissen Problemen. Denn schon in der Antike war bekannt – das findet sich bei vielen Philosophen –: Es gibt Situationen, bei denen man geradezu gezwungen zu sein scheint, zu lügen. Ein klassisches Zitat stammt von dem römischen Rhetoriker Quintilian aus dem 1. Jahrhundert nach Christus. Als Philosoph und Rhetoriker setzte Quintilian ganz selbstverständlich voraus:

»Zunächst müssen wir jedoch alle zugeben, was selbst die strengsten Stoiker gelten lassen, dass ein ehrenhafter Mann mal in die Lage kommen wird, eine Lüge auszusprechen, und zwar manchmal schon in harmloseren Fällen. Wenn wir etwa bei Kindern, die erkrankt sind, weil es ihnen gut tun soll, vielerlei erfinden und vielerlei versprechen, ohne es halten zu wollen. Erst recht aber wenn es gilt, einen Strolch davon abzubringen, einen Menschen zu erschlagen [davon werden wir noch öfter hören] oder einen Feind zum Heile des Vaterlands zu betrügen [eine politische Lüge], dass dann, was sonst sogar bei Sklaven Tadel, nun selbst bei einem Weisen Lob verdient.«[29]

Bei vielen antiken Philosophen lässt sich vielerorts Entsprechendes finden. Allen ist die Grundannahme gemein: Es gibt Situationen, in denen man ohne Lüge kaum auskommt. Nun kam im 4. Jahrhundert nach Christus Aurelius Augustinus und verkündete ein absolutes Lügenverbot ohne jede Ausnahme, und damit mussten ab diesem Zeitpunkt Theologie und Kirche zurechtkommen.

... und die Tricks dabei: Reservatio mentalis, locutio ambigua und restrictio mentalis

Wie konnten sie das? Indem sie – salopp formuliert – verschiedene Tricks erfanden. Der erste war die sogenannte *reservatio mentalis*, der innere Vorbehalt. Ihr liegt folgende Idee zugrunde: Man fügt seiner äußeren, hörbaren Rede einen geheimen, vor sich hingeflüsterten oder gar nicht ausgesprochenen zweiten Teil hinzu, der mit dem ersten zusammen betrachtet eine richtige wahre Aussage ergibt. Wenn man z. B. in einem Verhör gefragt wird: Weißt du dieses und jenes?, dann sage man »nescio – ich weiß nicht«, und um die Lüge zu vermeiden, so der Ratschlag, füge man im Geiste ein unüberhörbares »pro te – für dich« hinzu. Wird man gefragt: »Hast du dieses und jenes getan?«, kann man sagen: »Nein, das hab ich nicht getan« und fügt dann leise »heute« hinzu. So die Empfehlung. Wenn man von jemandem gebeten wird, man möge ihm doch Geld leihen, und hat zwar Geld, will es aber nicht verleihen, so sage man: »Ich habe kein Geld« und nuschle leicht zur Seite: »um es Dir zu leihen«. Auch das vermeidet gemäß der Idee der *reservatio mentalis* die Lüge, deren absolutes Verbot damit aufrechterhalten werden kann.[30]

Daneben entwickelte man noch weitere Möglichkeiten, zum Beispiel die sogenannte *locutio ambigua*, die zweideutige Rede. Die Idee dahinter war, dass man in einer Situation, in der es nicht möglich ist, zu schweigen, die Aussage so formuliert, dass man sie in verschiedene Richtungen auslegen kann. Wie funktioniert das? Ein Beispiel aus der Medizinethik: Einen schwerkranken Mann, dessen Sohn gestorben ist, würde diese Nachricht sofort ins Grab bringen. Wenn er den Arzt oder einen Freund nach dem Verbleib seines Sohnes fragt, kann der antworten: »Dein Sohn lebt!« und pathetisch noch hinzufügen: »Bei Gott!« Dann könnte man dies unter Umständen so deuten, dass »bei Gott« keine Verstärkung, sondern eine Ortsangabe darstellt und damit bedeutet: »Dein Sohn lebt bei Gott« und ist somit tot. Nachdem das eine mögliche Auslegung dieser Worte darstellt, handelt es sich nach der Theorie der *locutio ambigua* nicht um eine Lüge.[31]

Doch es ging noch weiter, bis hin zur *restrictio mentalis*, der einschränkenden Deutung. Diese betrifft den Fall, dass zwar der Wortlaut, den Buchstaben gemäß, eigentlich nicht stimmt, aber der Sinn richtig getroffen wird. Wurde man z. B. zu Pestzeiten gefragt, ob man aus einer pestverseuchten Stadt komme, dürfte man, wenn man sicher weiß, nicht infiziert zu sein, die Frage verneinen, auch wenn man aus dieser Stadt kommt. Denn, so empfahl Kardinal Toletus im 16. Jahrhundert, was der

Fragende wissen wolle, sei ja lediglich, ob man die Seuche mitbringt. Das aber habe man ihm korrekt beantwortet und somit nicht gelogen.[32]

Differenzierungen der Lüge

Sie sehen, man hat schwierige und auch ein wenig bedenkliche Methoden entwickelt, mit diesem absoluten Lügenverbot umzugehen. Später begann dann im Gefolge von Augustinus, der jegliche Form der Lüge im wahrsten Sinn des Wortes »verteufelte«, der Kirchenlehrer Thomas von Aquin eine Differenzierung einzuführen. Er unterschied zwischen *Nutzlügen*, die wir heute im weitesten Sinne Notlügen nennen würden, also Lügen, die helfen sollen, *Scherzlügen*, also wenn man z. B. jemanden in den April schickt, und den eigentlichen *Schadenslügen*. Thomas von Aquin meinte noch, alle drei seien – er konnte von Augustinus nicht so stark abweichen – Sünden. Nur seien eben die Nutz- und Scherzlügen lässliche kleine Sünden, die nicht so schwer wiegen. Diese Einschätzung hat Martin Luther zunächst übernommen, aber in seinem Spätwerk dann die Nutz- und die Scherzlüge ganz aus der Sünde herausgenommen. Nur die Schadenslüge, die mit dolus malus, mit dem bösartigen Wunsch zu schaden, erfolgt, sei Sünde.[33]

Dies stellt natürlich eine deutliche Erleichterung dar, was unter anderem auch erklärt, warum die katholische Theologie sich seit Augustinus, also seit 1500 Jahren, abarbeitet an der Lüge, während die evangelische Theologie relativ wenig an Material liefert, weil dort dieses Problem so nicht existiert.[34]

Was ist das Gegenteil von einer Lüge?

An dieser Stelle wäre es vielleicht auch einmal ganz interessant, einen kurzen Exkurs zu unternehmen: Was ist denn dann das Gegenteil der Lüge? Derartige Überlegungen, nach dem Gegenteil zu fragen, helfen oft, etwas besser zu verstehen.[35] In der griechischen Antike war die Antwort relativ klar: Das Gegenteil der Lüge ist die Wahrheit. Das folgte aus dem Begriff *Pseudos* für jede Form der Unwahrheit einschließlich der Lüge. Mit der Einführung der oben genannten sprachlichen Unterscheidungen wurde die Antwort schwieriger. Und wieder einmal war es Immanuel Kant, der große deutsche Philosoph, dem wir im Laufe dieses Buches immer wieder begegnen werden, der für Klarheit sorgte. Er formulierte als Erster unmissverständlich: Nein, das Gegenteil der Lüge ist nicht die Wahrheit. In seinem Werk »Verkündigung des nahen Abschlusses eines Traktats zum ewigen Frieden in der Philosophie« schrieb er am Ende seiner Ausführungen:

»Es kann sein, dass nicht alles wahr ist, was ein Mensch dafür hält. Denn er kann irren. Aber in allem, was er sagt, muss er wahrhaft sein. Er soll nicht täuschen. Es mag nun sein, dass sein Bekenntnis nur innerlich oder vor Gott oder auch äußerlich sei. Die Übertretung dieser Pflicht der Wahrhaftigkeit heißt Lüge.«[36]

Diesen Punkt sollte man sich bewusst machen: Die Lüge ist nicht das Gegenteil der Wahrheit, sondern der Wahrhaftigkeit. Ich kann meinem Gegenüber nur schulden, ihm das zu sagen, was ich für richtig halte. Denn ich kann nur selten sicher ausschließen, dass ich mich irre. Zu wissen, ob ich mich irre, liegt zum Teil auch außerhalb meiner Möglichkeiten. Ich kann also gar nicht verpflichtet sein, immer die Wahrheit im absoluten Sinne zu sagen – falls es sie gibt und man sie überhaupt je erkennen kann. Aber ich kann die Pflicht haben zur Wahrhaftigkeit, der Übereinstimmung meines Inneren mit dem, was ich sage.

Das doppelte Herz, die gespaltene Zunge und die Sprachmaschine

Diese Erkenntnis hilft bei der Beantwortung der zweiten Frage, die wir uns zur Lüge gestellt haben: Warum ist das Lügen schlecht? Man kann es umformulieren in: Warum ist die Pflicht zur Übereinstimmung des Inneren mit dem, was man sagt, so nötig? Augustinus hatte zum einen die Entfernung von Gott angeführt, zum anderen dieses Auseinanderfallen des Inneren mit dem Äußeren. Er sprach von zwei Herzen. Wer lügt, hat zwei Herzen: einmal das eigentliche Herz, welches so empfindet, wie ich glaube, dass es richtig ist, und dann das andere, das dem entspricht, was ich aussage, und das sich von dem eigentlichen Herzen entfernt.[37]

Dieses Bild vom doppelten oder gespaltenen Herzen findet sich auch später noch einmal: bei Immanuel Kant. Ebenso wie Augustinus war Kant extremer Gegner der Lüge. In seiner *Metaphysik der Sitten*, einem seiner drei Hauptwerke zur Moralphilosophie, findet sich in der ethischen Elementarlehre ein eigenes Kapitel »Von der Lüge«, das folgendermaßen beginnt:

»Die größte Verletzung der Pflicht der Mensch gegen sich selbst, bloß als moralisches Wesen betrachtet (die Menschheit in seiner Person) ist das Widerspiel der Wahrhaftigkeit [Kant unterscheidet hier, wie wir gesehen haben, genau]: die Lüge (aliud lingua promptum, aliud pectore inclusum gerere).«[38]

Im lateinischen Zitat bei Kant taucht erneut dieses Bild auf: Eines in der Rede nach außen, das andere verschlossen in der Brust zu führen. In der Brust, das verweist auf die doppelten Herzen von Augustinus. Weiter schreibt Kant hier:

»Die Lüge ist Wegwerfung und gleichsam Vernichtung seiner Menschenwürde. Ein Mensch, der selbst nicht glaubt, was er einem anderen (wenn es auch eine bloß idealische Person wäre) [übertragen könnte man formulieren: es also irgendjemandem] sagt, hat einen noch geringeren Wert, als wenn er bloß Sache wäre; (...) aber die Mitteilung seiner Gedanken an jemanden durch Worte, die doch das Gegenteil von dem (absichtlich) enthalten, was der Sprechende dabei denkt, [jetzt kommt die Kant'sche Idee des Zwecks, dass jeder Mensch gleich Zweck sein muss und nicht nur Mittel] ist ein der natürlichen Zweckmäßigkeit des Vermögens der Mitteilung seiner Gedanken, geradezu entgegengesetzter Zweck, mithin Verzichttuung auf seine Persönlichkeit und eine bloß täuschende Erscheinung vom Menschen, nicht der Mensch selbst.«[39]

»Der Mensch als moralisches Wesen (*homo noumenon*) kann sich selbst als physisches Wesen (*homo phaenomenon*) nicht als bloßes Mittel (Sprachmaschine) brauchen, das an den inneren Zweck (der Gedankenmitteilung) nicht gebunden wäre, sondern ist an die Bedingung der Übereinstimmung mit der Erklärung (*declaratio*) des Ersteren gebunden und gegen sich selbst zur Wahrhaftigkeit verpflichtet.«[40]

Kehrt man das um, bedeutet das, dass ein Mensch, der etwas anderes spricht, als er denkt, als moralisches Wesen sich selbst in Form seines physischen Wesens zu einer Sprachmaschine degradiert. Wenn nicht mehr das

Innere, das, was man meint, verknüpft ist mit dem, was man sagt, würde der Mensch, der diese Verknüpfung löst, also lügt, sich selbst zum Mittel machen: zur reinen Sprachmaschine. Und indem er sich zum Mittel macht, beraubt er damit sich selbst der menschlichen Würde.

Verlust der Sprache

Das ist natürlich starker Tobak, aber ich glaube – falls ich das so anmaßend sagen darf –: Kant trifft den Punkt.[41] Was Kant hier anspricht, dieses Problem der Sprache, so theoretisch es auf den ersten Blick erscheinen mag, entspricht auch dem, was wir in unserem Alltag – und auf den möchte ich ja heute unter anderem meinen Fokus richten – erleben und empfinden. Dies zeigt eine weitere Gewissenfrage, die mich vor einiger Zeit erreichte:

»Eine Freundin, die nicht gerade mit Selbstbewusstsein ausgerüstet ist, hat sich nach intensiven Überlegungen und Recherchen in diversen Frauenmagazinen dazu durchgerungen, sich ihre langen Haare abschneiden zu lassen. Mit zweifelhaftem Ergebnis. Nun stellt sich mir die Frage, ob ich, wenn sie mich fragt, ehrlich ihr gegenüber zugeben soll, dass mir die neue Frisur nicht gefällt, oder ob ich mich als guter Freund zu Loyalität und Ermutigung verpflichtet sehe und das Ergebnis somit schönreden soll.«[42]

Dieser Klassiker einer Moralfrage beschäftigt sich mit der neuen Frisur, aber man kann bei dieser Frage die »neue Frisur« durch alles Mögliche ersetzen: »neues Kleid«, »neues Buch« usw. Dann erkennt man, wie typisch diese Frage ist und wie häufig sie im Alltag auftaucht. Entsprechend häufig erreichen mich auch Anfragen zu dieser Grundkonstellation. Und ich glaube, ein Nachdenken über diese Frage führt zu dem, was Kant auch schon anschnitt, wenn es auch nicht im Zentrum seiner Überlegungen stand: Die Lüge torpediert unsere Sprache. Im Beispiel, das ich Ihnen präsentiert habe, fragt die Freundin, die sich die Haare hat schneiden lassen: »Wie gefallen dir meine Haare?« Der Befragte antwortet: »Oh, sehr gut!« Vielleicht ist es gut gemeint, weil er will, dass sie sich wohlfühlt. Es kann aber auch sein, dass er es nur möglichst einfach haben will. Vermutlich sagt er es aber ohne jegliche Schädigungsabsicht, besten Willens. Die Frisur gefällt ihm überhaupt nicht, dennoch sagt er: »Sehr gut«. Was bedeutet das? Eigentlich ist an dieser Stelle überhaupt keine Verständigung mehr möglich. Es wird die Frage unnütz, und es wird die Antwort unnütz. Das Gespräch enthält nichts mehr außer bewegter Luft. Luft, die von einer Sprachmaschine bewegt wird. Denn wenn man weiß, dass der andere jederzeit lügen kann, muss man sich natürlich die Frage stellen: Warum soll ich überhaupt noch fragen? Und umgekehrt entsprechend. Der Gefragte kann antworten, was er will. Wenn man jederzeit damit rechnen muss, dass er lügt, kann man nie wissen, ob es seiner Meinung entspricht, der Fragesteller kann nichts mit der Antwort anfangen, und sie bleibt notwendig ohne irgendeine Konsequenz. Der Gefragte wird sich entsprechend fragen: Warum soll ich überhaupt noch antworten? Durch die Freigabe der Lüge wird das Gespräch unmöglich, es wird zum Schein-Gespräch.[43]

Und es führt noch zu einem zweiten Punkt: Die unsichere Freundin hat überhaupt keine Chance mehr zu erfahren, ob ihre Frisur gut ist oder nicht. Womöglich wird sie ihr Leben lang mit einem hässlichen Mopp auf dem Kopf herumlaufen, weil sie, egal wen sie fragt, immer die Antwort erhält: »Ja ja, sehr gut.« Man beraubt sie der Möglichkeit, etwas über sich zu erfahren und damit auch etwas zu verbessern. Wenn ich heute nach der Vorlesung frage: Wie hat es Ihnen gefallen? Und ich frage in der Absicht, das, was nicht gut war, zu verbessern. Und alle sagen: Großartig! Dann fühle ich mich natürlich geschmeichelt. Aber was wird sein? Die Studierenden, Studentinnen und Studenten, werden niemals eine bessere Vorlesung bekommen. Und die Leser kein besseres Buch. Weil ich ja keine Rückkopplung bekomme. Ich erfahre streng genommen nichts. Und das nächste Mal werde ich dann auch gar nicht mehr fragen. Doch, vielleicht werde ich noch einmal fragen, aus Eitelkeit, weil ich das gerne höre: wunderbar. Aber es hat überhaupt keinen Sinn mehr. Es ist nur noch hohl.

Die parasitäre Natur

An dieser Stelle kann man noch einen Schritt weitergehen: Die Lüge kann nicht ohne das Wahrheitsgebot existieren. Aber umgekehrt: Die Wahrheit ohne die Lüge sehr wohl.[44] Das will ich kurz ausführen. Rufen Sie sich die augustinische Definition der Lüge noch einmal in Erinnerung: Eine Lüge ist eine unwahre, mit dem Willen zur Täuschung vorgebrachte Aussage. Notwendiges Element der Lüge ist der Wille zur Täuschung. Bei der Frage nach der Frisur will man, dass die Fragestellerin sich besser fühlt, man will ja die Scherereien vermeiden, die entstehen könnten. Man will vielleicht beliebt sein bei ihr usw. Das erreicht man, indem man die Fragestellerin darüber täuscht, dass die Frisur ihr nicht steht. Nur dann ist sie beruhigt. Dieses Täuschen kann aber nur gelingen, wenn sie davon ausgeht, dass das, was sie gesagt bekommt, stimmen müsste. Wäre es vollkommen freigestellt zu lügen, könnte sie aus der Aussage überhaupt keinen Anhalt mehr dafür entnehmen, ob das stimmt oder nicht. Dann kann durch die Lüge keine Täuschung mehr gelingen. Dann ist es, als wenn ich »bla bla bla« sage. Und mit »bla bla bla« kann ich niemanden täuschen. Ich kann mit einer Aussage nur jemanden täuschen, wenn er im Grunde davon ausgeht, dass das, was ich sage, stimmt. Der Getäuschte muss ein gewisses Vertrauen in die Richtigkeit der Aussage haben. Und deswegen kann die Lüge nicht existieren ohne das Wahrhaftigkeitsgebot, ohne das Gebot, das zu sagen, was man für wahr hält, also wahrhaftig zu sein. Umkehrt kann aber die Wahrheit zu sagen, wahrhaftig zu sein, ohne die Lüge funktionieren. Es gibt das Gebot, wahrhaftig zu sein. Dieses Gebot benötigt nichts weiter. Das ist natürlich auch einer der Gründe, warum Kant die Lüge so vehement ablehnt. Man landet an dieser Stelle nämlich bei Kants kategorischem Imperativ: Handle nur nach derjenigen Maxime, durch die du zugleich wollen kannst, dass sie ein allgemeines Gesetz werde. In einer anderen Formulierung, der sogenannten Naturgesetzformel, heißt es sogar, dass die Maxime deiner Handlung durch deinen Willen zum allgemeinen Naturgesetz werden sollte. Wendet man darauf die Überlegungen zur Lüge und Wahrhaftigkeit an, merkt man schnell: Es ist nicht möglich. Das Vorhaben, ich werde nicht die Wahrheit sagen oder ich antworte auf eine Frage einmal gelogen, einmal nicht, kann als allgemeines Gesetz nicht funktionieren, weil ein Gespräch nicht mehr möglich wäre. Und deswegen findet man bei Kant die absolute Verurteilung der Lüge und die absolute Pflicht zur Wahrheit.[45]

Manipulation

Bei Kant findet sich auch ein weiteres Argument, warum die Lüge schlecht ist, und dieses Argument ist für mich persönlich das Entscheidende und der eigentliche Grund, warum ich wirklich aus innerer Überzeugung das Prinzip der Lüge ablehne. Wieder geht es um die Täuschung. Weil es sich bei der Lüge um eine Aussage mit dem Willen, den anderen zu täuschen, handelt, beinhaltet jede Lüge notwendigerweise eine Manipulation des Gegenübers. Man sagt etwas Falsches, um zu täuschen, mit dem Ziel, beim anderen etwas zu erreichen. Man will, dass der andere sich z. B. wohlfühlt, dass der andere oder man selbst keinen Ärger hat. Vielleicht will man auch nur gut dastehen. Man will selbst irgendwie angenehm wirken, man möchte nicht, dass jemand schlecht über einen denkt. Aber indem ich lüge, damit der andere nicht schlecht über mich denkt, manipuliere ich ja dessen Denken. Ich krieche gewissermaßen in ihn hinein, implantiere etwas Falsches in sein Denken, in sein Gehirn und erreiche, dass er anders über mich denkt, als es eigentlich richtig wäre und als er es tun würde, wenn er die Wahrheit kennen würde. Und hier kommt man zu einem sehr bedenklichen Punkt. Denn dadurch, dass ich den anderen manipuliere, gebrauche ich ihn als Mittel. Indem ich etwas Bestimmtes zu ihm sage, nämlich die falsche Information, die falsche Aussage im Sinne Augustinus', benutze ich diesen Menschen – ohne dass er es bemerkt – dazu, dass er das tut, was ich möchte. Ich betrachte ihn damit nicht als eigenständige Person, sondern als Mittel für etwas, das ich erreichen möchte. Und einen anderen Menschen als Mittel zu benutzen ist ein Angriff auf dessen Würde. Im

Endeffekt ist jede Lüge, die ich in der Absicht einer Täuschung bei jemandem loswerde, ein Angriff auf dessen Würde und auf dessen Freiheit. Ich nehme ihm die Freiheit, etwas so zu beurteilen, wie er es bei richtiger Kenntnis der Lage tun würde, weil ich ihm ja eine falsche Grundlage seiner Beurteilung unterschiebe. Selbst wenn ich nur lüge, um Konflikte zu vermeiden, oder falsche Komplimente mache, nehme ich dem Belogenen die Freiheit zu entscheiden, ob er sein Gegenüber in Wirklichkeit mag oder nicht.

Kann es Situationen geben, in denen die Lüge gerechtfertigt ist, gut oder sogar geboten?

Nach all den Gründen für eine Ablehnung der Lüge kommt man damit zur dritten Frage: Kann sie denn nicht manchmal gerechtfertigt, gut oder sogar geboten sein?

Der bekannteste Streit zu diesem Thema betraf etwas, das ich schon bei dem Zitat von Quintilian angekündigt hatte: Darf oder muss man lügen, wenn ein Mörder fragt, ob sein Opfer, das er umbringen will, sich im Haus versteckt hat, und man weiß, dass es sich darin versteckt hält? Um diese Frage, die, wie wir bei Quintilian gesehen haben, schon in der Antike bekannt war und auch bei Augustinus vorkommt,[46] hat sich in der Neuzeit ein schwerer Streit entflammt. Der berühmteste Streit wahrscheinlich der Philosophiegeschichte. Zwischen Immanuel Kant und dem französischen Philosophen Benjamin Constant.[47] Denn Costant sagte: Natürlich darf man an dieser Stelle lügen. Es kann kein Recht auf eine Wahrheit geben, die einem anderen Menschen schaden kann.[48] Kant widersprach dem heftig in der bekannten Schrift

»Über ein vermeintliches Recht, aus Menschenliebe zu lügen«; im Endeffekt mit den Argumenten, die ich schon bei der Ablehnung der Lüge vorgetragen habe. Kant betonte: Egal was ist, egal was passiert, es kann kein Recht geben zu lügen, auch wenn noch so viele Menschen daran zugrunde gehen.

Die vermeintliche Menschenliebe

Das ist natürlich, um es vorsichtig auszudrücken, nicht unumstritten. Man tut sich schwer, hier Kants rigorosem Kurs zu folgen. Für umso interessanter halte ich ein anderes Beispiel, das man an einer ganz anderen Stelle findet: bei Hans Kelsen. Hans Kelsen war Rechtstheoretiker, und zwar ein Vertreter der reinen Rechtslehre des Rechtspositivismus, nach dem die Gesetze Geltung per se beanspruchen; aber darum soll es hier nicht gehen. In seinem Buch »Was ist Gerechtigkeit?« bringt Kelsen ein Beispiel wieder aus der Medizinethik:

»Nach sorgfältiger Untersuchung eines Patienten stellt ein Arzt eine unheilbare Krankheit fest, die innerhalb kurzer Zeit zum Tode führen muss. Soll der Arzt dem Kranken die Wahrheit sagen, oder soll er sogar lügen und dem Kranken sagen, dass seine Krankheit heilbar ist und keine unmittelbare Gefahr besteht? Die Entscheidung hängt von der Rangordnung ab, die wir in dem Verhältnis der beiden Werte: Wahrhaftigkeit und Menschlichkeit annehmen. Dem Patienten die Wahrheit zu sagen bedeutet, ihn den Qualen der Todesfurcht auszusetzen; den Kranken belügen bedeutet, ihm diese Qual zu ersparen. Wenn das Ideal der Wahrhaftigkeit über dem der Menschlichkeit steht, muss der Arzt die Wahrheit sagen; wenn dagegen das Ideal der Menschlichkeit über dem der Wahrhaftigkeit steht, muss der Arzt lügen. Aber die Antwort auf die Frage, welcher der beiden Werte der höhere ist, ist auf Grundlage rational-wissenschaftlicher Erwägungen nicht möglich.«[49]

Ich halte dieses Beispiel von Kelsen für so gut, weil es einen Schritt weiterführt. Während wir bei Kant, Constant und dem versteckten Mordopfer uns vermutlich doch einig sind, dass man entgegen Kant wohl lügen sollte, liegt der Fall hier keinesfalls so klar. Und darüber gelangt man zu zwei Erkenntnissen. Die eine Erkenntnis ist: Die Wahrhaftigkeit ist ein hoher Wert. Kant hat sie als absolut angesetzt, aber dieses Beispiel zeigt eben sehr schön: Sie ist ein Wert, aber ein Wert unter anderen. Es gibt auch andere Werte. Und die können von Zeit zu Zeit den Wert der Wahrhaftigkeit überwiegen. Doch was hier bei Kelsen besonders eindrücklich herauskommt, ist ein zweites Problem. Man kommt wieder zurück zur Manipulation. Auch wenn man die Wahrheit aus Menschlichkeit nicht sagt, manipuliert man diesen Menschen. Es handelt sich um Paternalismus, wie man es heute in der Medizinethik nennen würde, und zwar um einen fast schon übelster Sorte. Denn dieser Mensch will ja vielleicht wirklich wissen, wie es um ihn steht. Er hat vielleicht gezielt gefragt. Dieser Mensch will vielleicht sein Leben planen. Er will sich überlegen: Was will ich noch tun vor dem Tod? Will ich ein Testament machen, will ich meine Enkelkinder noch sehen, oder will ich noch mal eine Reise unternehmen usw.? All dies nimmt man ihm, wenn man ihm aus Menschlichkeit, um ihm die Todesqual und die Angst zu ersparen, diese Wahrheit vorenthält. Natürlich gibt es auf der anderen Seite ein Recht auf Nichtwissen. Das ist etwas sehr Wichtiges, und ich habe selbst als Arzt oft erlebt, dass Patienten ganz klar sagen: Nein, ich will es nicht wissen. Aber auch das ist eine Entscheidung des Patienten, und es ist sehr gefährlich, über diese – ich möchte hier den Ausdruck verwenden: vermeintliche – Nächstenliebe den Patienten zu dominieren, ihn zu manipulieren und ihm die Freiheit zu nehmen.

Nur ein Wert unter anderen

Der französische Philosoph André Comte-Sponville formuliert das ziemlich drastisch in seinem Buch »Ermutigung zum unzeitgemäßen Leben – Ein kleines Brevier der Tugenden und Werte« – ein Buch, das ich sehr schätze. Er nimmt wieder das Kant'sche Beispiel auf, das Verstecken eines Freundes vor dem Mörder. Comte-Sponville ist ein Schüler des großen französischen Philosophen Vladimir Jankélévitch, der sehr viel über das Problem des Holocausts gearbeitet und das Beispiel übertragen hat. Dementsprechend schreibt Comte-Sponville:

»Sie haben einem Juden oder einem Résistancekämpfer auf ihrem Speicher Unterschlupf geboten. Die Gestapo sucht ihn und vernimmt Sie. Sagen Sie die Wahrheit? Verweigern Sie die Antwort (was auf das Gleiche hinausliefe)? Natürlich nicht! Jeder ehrenhafte, gutherzige, ja selbst jeder pflichtbewusste Mensch wird sich nicht nur berechtigt, sondern sogar gehalten fühlen zu lügen. Ich sage *zu lügen*. Denn die Lüge bleibt, was sie ist – eine absichtlich falsche Aussage.«[50]

Comte-Sponville zitiert hier Jankélévitch, der meinte:

»Die deutsche Polizei zu belügen, die uns fragt, ob wir bei uns einen Patrioten verstecken, das ist nicht lügen, *das ist die Wahrheit sagen.*«[51]

Dem widerspricht Comte-Sponville und betont:

»Die deutsche Polizei zu belügen ist selbstverständlich lügen, aber das beweist einfach nur (da die Lüge in dem angeführten Beispiel mit Sicherheit tugendhaft ist), dass die Wahrhaftigkeit keine absolute Pflicht ist, ganz gleich, was Kant darüber denkt, dass sie keine unbedingte Pflicht, keine universale Pflicht ist, und vielleicht, dass es überhaupt keine absoluten universalen unbedingten Pflichten gibt (also überhaupt keine Pflichten im kantschen Sinne), sondern nur mehr oder weniger hohe Werte, nur mehr oder weniger wertvolle, vordringliche oder notwendige Tugenden. Ich möchte noch einmal wiederholen, dass die Wahrhaftigkeit eine von ihnen ist, aber sie ist nicht so wichtig wie die Gerechtigkeit, wie das Mitleid, wie die Großherzigkeit, nicht so wichtig natürlich wie die Liebe, oder vielmehr weniger wichtig als Liebe zur Wahrheit, denn als Liebe zum Nächsten.«[52]

Und Comte-Sponville greift hier auch wieder das Beispiel des Sterbenden auf, ob man ihm immer die Wahrheit sagen müsse. Auch hier widerspricht Comte-Sponville seinem Lehrer Jankélévitch, der gemeint habe, das dürfe man nicht, denn man würde ihn ohne Grund in »quälende Verzweiflung« stürzen. Aber Comte-Sponville betont eben auch das Recht des Menschen auch im Sterben auf die Wahrheit:

»Deshalb, sofern der Sterbende in der Lage dazu ist, muss er selbst entscheiden, wie wichtig die Wahrheit für ihn ist; und wenn er selbst dazu nicht in der Lage ist, kann es kein anderer für ihn tun.«[53]

Comte-Sponville betont noch einmal den Wert der Liebe und des Mitleids, die oft über der Wahrheitsliebe stehen können, konstatiert aber auch:

»Dennoch ist und bleibt die Wahrheit ein Wert, den man einem anderen nur aus sehr guten Gründen und mit sehr großer Behutsamkeit vorenthalten darf. Vor allem, wenn er nach ihr fragt. Bequemlichkeit ist nicht alles. Wohlbefinden ist nicht alles.«[54]

Ein dritter Grund für die Lüge

Ich will hier aber noch einen dritten Grund dafür nennen, warum es manchmal geboten sein kann, zu lügen und nicht die Wahrheit zu sagen oder nicht wahrhaftig zu sein. Den Ansatz zu diesem dritten Grund möchte ich wieder aus dem täglichen Leben nehmen, aus folgender Gewissensfrage, die mich erreicht hat:

»Häufig fragen mich Leute nach meinem Befinden, mit denen ich eigentlich kaum etwas zu tun habe. Ich antworte dann auf die Frage: Wie geht es Ihnen denn? fast immer mit einem knappen ›gut‹. Auch wenn das gar nicht stimmt. Ich will einfach nicht jedem meine Probleme und Sorgen preisgeben. Ist es moralisch gerechtfertigt, auf die alltägliche Frage ›Wie geht's?‹ mit ›gut‹ zu antworten, auch wenn man das gar nicht so meint?«

Pufendorf: Nicht jede falsche Aussage ist eine Lüge

Man stößt hier auf einen meiner Meinung nach ganz entscheidenden Punkt, der interessanterweise relativ spät erst entdeckt wurde. Diesen Aspekt hat als Erster Samuel von Pufendorf, ein Naturrechtsphilosoph des 17. Jahrhunderts, vorgetragen. Er nahm 1672 eine Unterscheidung vor: Er trennte die Lüge von der Falschaussage. In einer für den Juristen ungewohnten Weise. In der juris-

tischen Terminologie ist man sonst gewohnt, die Falschaussage als das Negative zu sehen, weil im Gesetz die
falsche Aussage vor Gericht – die uneidliche oder eidliche
Falschaussage – unter Strafe gestellt wird. Pufendorf
meinte jedoch etwas anderes. Er differenzierte. Eine Lüge
liege, so wörtlich Pufendorf, dann vor,

»wenn die Zeichen und Worte eine andere als die wirkliche
Meinung unseres Inneren zeigen, obwohl der, auf den diese
Zeichen gerichtet sind, ein Recht darauf hätte, eben diese
[wirkliche Meinung] zu erkennen (*intelligendi & judicandi
ius*), und für uns [daher] die Verpflichtung (*obligatio*) bestehen
würde, dafür zu sorgen, dass er unsere [wirkliche] Meinung
erkennt.«[55]

Also eine Lüge, sagt Pufendorf, liegt nur dann vor, wenn
der andere eigentlich ein Recht auf die Wahrheit hat.
Und Pufendorf meint, es gebe etwas davon Getrenntes,
die Falschaussage. Eine Falschaussage zu machen heiße,
so Pufendorf,

»die Worte so zu verwenden, dass der andere daraus auf einen
von deinen inneren Gedanken unterschiedlichen Sinn er-
schließen muss. Wenn aber der andere nicht das Recht hat (*si
alteri nullum est jus*), den Sinn meines Inneren wirklich zu
kennen, und ihm kein weiterer Schaden (*noxa aliqua praeter
meritum*) entsteht, gibt es keinen Grund dafür, dass ich, wenn
es mir zuträglich ist (*si ita mihi expediat*), diese Worte eher
nach meinem Willen als nach dem des anderen benutze. Deshalb ist jede Lüge eine Falschaussage, aber nicht jede Falschaussage kann Lüge genannt werden.«[56]

Die Leistung Pufendorfs ist die Trennung zwischen der
Aussage, auf die der andere ein Recht hat – dann nämlich
wird die falsche Aussage zur Lüge –, und der Aussage, auf

die der andere kein Recht hat – dann ist es einfach nur eine falsche Aussage. Sein Verdienst bei dieser Trennung liegt darin, dass hier die philosophische Geburtsstunde der Privatsphäre zu erblicken ist: die Idee, dass es einen Bereich gibt, aus dem ich nichts preisgeben muss. Das ist ein ganz entscheidender Punkt, den wir bei der Frage, wann man lügen darf – Pufendorf würde es nennen: falsch aussagen darf –, noch nicht beachtet haben: die Privatheit.

Schutz der Privatsphäre

Ein sehr wichtiger Punkt, den Arthur Schopenhauer fast 200 Jahre später dann weiter ausbaute. In seiner »Preisschrift über die Grundlage der Moral« verglich Schopenhauer das Lügen mit Notwehr gegen einen Angriff und argumentierte: Wenn mich jemand angreift, dann darf ich mich doch tätlich zur Wehr setzen. Dieses Prinzip aber muss sich dann auch auf die Lüge übertragen lassen. Schopenhauer wörtlich:

»Denn, wie ich das Recht habe dem vorausgesetzten bösen Willen Anderer und der demnach präsumierten [anzunehmenden] physischen Gewalt physischen Widerstand ... entgegenzustellen ...; so habe ich auch das Recht, dasjenige auf alle Weise geheim zu halten, dessen Kenntnis mich dann dem Angriff Anderer bloßstellen würde.«[57]

Dazu nennt Schopenhauer folgendes Beispiel:

»Wer in dem Haus, in welchem ein Mann, um dessen Tochter er wirbt, wohnt, angetroffen und nach der Ursache seiner unvermuteten Anwesenheit gefragt wird, gibt, wenn er nicht auf den Kopf gefallen ist, unbedenklich eine falsche an. Und so kommen gar viele Fälle vor, in denen jeder Vernünftige ohne alle Gewissensskrupel lügt.«[58]

Denn ich muss nicht mein Inneres jedem, der mich fragt, preisgeben. Simone Dietz, eine Philosophin aus Düsseldorf, hat diese von Schopenhauer abgeleitete Idee sehr klar formuliert:

»Niemand hat allein durch seine Frage schon das Recht auf Auskunft. Wenn ich, um meine Privatsphäre zu schützen, den anderen belüge, verletze ich seine Rechte nicht, ich missachte ihn dadurch auch nicht.«[59]

Interessanterweise hat, das kennen Sie vielleicht, zwischenzeitlich sogar das Bundesarbeitsgericht ein offizielles Recht zur Lüge anerkannt. Und zwar dann, wenn ein Arbeitgeber im Einstellungsgespräch fragt, ob die Bewerberin schwanger ist. Hier würde, so die Rechtsprechung, sowohl das Zugeben: Ich bin schwanger, als auch: Dazu möchte ich nichts sagen, die entsprechende Bewerberin in ihren Rechten verletzen, da sie in beiden Fällen damit rechnen müsste, nicht eingestellt zu werden. Deshalb hat sie in diesem Fall nicht nur das Recht, die Antwort zu verweigern, sondern die offizielle höchstrichterliche Erlaubnis zu lügen.[60] Mit genau der Überlegung, die Schopenhauer auch anstellte.

Die »schwere« Frage

Zum Schluss der Überlegungen zur Lüge möchte ich noch einmal zum Begriff der Magna quaestio kommen, der Lüge als großer oder auch schwerer Frage der Ethik. Und ich glaube, es gibt im Bereich der Lüge tatsächlich eine große Frage, die immer wieder gestellt wird und die viele kennen, die in einer Partnerschaft leben. Eine – verzeihen Sie mir bitte den Kalauer – auch schwere Frage im doppelten Sinne. Diese Frage hat mir schon ganz am Anfang meiner Arbeit als Gewissensfragenbearbeiter eine Leserin geschickt. Sie schrieb:

»*Mein Mann war früher sehr sportlich und stolz auf seinen Körper. Seitdem er viel arbeitet, hat er zugenommen, und von der Sportlerfigur ist kaum noch etwas übrig. Das bedrückt ihn. Manchmal fragt er mich, ob ich ihn zu dick finde. Wenn ich ehrlich bin – ja. Auf jeden Fall hat er mir früher besser gefallen. Mache ich allerdings auch nur eine winzige Andeutung in diese Richtung, so ist er zutiefst gekränkt. Deshalb sage ich: ›Nein, natürlich bist du nicht zu dick.‹ Ist das falsch?*«

Ich habe der Dame folgendermaßen geantwortet:

Eigentlich scheint die Angelegenheit klar: Bei Ihrer Antwort handelt es sich um eine Lüge, und dass Lügen unmoralisch ist, sollte sich langsam herumgesprochen haben. Doch natürlich gibt es Ausnahmesituationen. Wenn ein Räuber Sie mit vorgehaltenem Messer fragt, ob Sie Wertsachen dabeihaben, dürfen Sie ohne Skrupel »Nein« sagen, selbst wenn Sie am Knöchel eine Rolex tragen. Ob es klug ist, den Ganoven zu verärgern, steht auf einem anderen Blatt; unmoralisch ist es nicht. Wenn derselbe Mann irr mit den Augen rollt und fragt, ob Sie ihn mögen, dürfen Sie wiederum lügen – und diesmal wäre es noch dazu klug.

Die Frage Ihres Partners, ob Sie ihn zu dick finden, ist aber keine solche Ausnahmesituation, es sei denn, er hätte den irren Blick und ein Messer in der Hand. Eine Kränkung zu vermeiden mag in einer Beziehung klug sein, moralisch ist es deshalb noch lange nicht. Trotzdem muss ein objektiv wahrheitswidriges »Nein« nicht immer unmoralisch sein. Dann nämlich nicht, wenn Sie und Ihr Partner sich einig sind, dass es sich um keine echte Frage handelt, sondern um ein Spiel: Er fragt, Sie sagen prompt: »Du bist nicht zu dick!«, doch in Wahrheit wissen Sie beide ganz genau, dass 15 Kilo runter müssen, und zwar so schnell wie möglich.

Ihrem Brief entnehme ich jedoch, dass es kein Spiel ist, sondern bitterer Ernst. Mein Vorschlag deshalb: Versuchen Sie es mit der Wahrheit. Und fügen Sie hinzu, dass Sie Ihren Mann so lieben, wie er ist. Das sollte dann allerdings auch stimmen.[61]

Leseempfehlungen

Simone Dietz, Die Kunst des Lügens. Eine sprachliche Fähigkeit und ihr moralischer Wert, Rowohlt Taschenbuch Verlag, Reinbek bei Hamburg 2003

Otto Lipmann / Paul Plaut (Hrsg.), Die Lüge in psychologischer, philosophischer, juristischer, pädagogischer, historischer, soziologischer, sprach- und literaturwissenschaftlicher und entwicklungsgeschichtlicher Betrachtung, Verlag von Johann Ambrosius Barth, Leipzig 1927

Volker Sommer, Lob der Lüge. Täuschung und Selbstbetrug bei Tier und Mensch, dtv, München 1994

Aurelius Augustinus, Die Lüge und Gegen die Lüge. Hrsg. von P. Keseling, Würzburg 1953

Jörn Müller / Hanns-Gregor Nissing (Hrsg.), Die Lüge. Ein Alltagsphänomen aus wissenschaftlicher Sicht. Wissenschaftliche Buchgesellschaft, Darmstadt 2007

Eberhard Schockenhoff, Zum Lügen verdammt?, Herder Verlag, Freiburg im Breisgau, 2. Auflage 2005

Rochus Leonhardt / Martin Rösel (Hrsg.), Dürfen wir lügen? – Beiträge zu einem aktuellen Thema, Neukirchener Verlag, Neukirchen-Vluyn 2002

Georg Geismann / Hariolf Oberer (Hrsg.), Kant und das Recht der Lüge, Königshausen und Neumann, Würzburg 1986

Immanuel Kant, Die Metaphysik der Sitten. Z. B., Reclam Verlag, Stuttgart 2001, Tugendlehre I. Ethische Elementarlehre. I. Von der Lüge, § 9

André Comte-Sponville, Ermutigung zum unzeitgemäßen Leben, Rowohlt Taschenbuch Verlag, Reinbek bei Hamburg 1996, Kapitel 16: Die Aufrichtigkeit, S. 229 ff.

RECHT UND GUT

Zum Verhältnis von Recht und Moral

In den Jahren 1920 bis 1922 wurde Ernst Troeltsch, der Namensgeber der Gastprofessur, auf deren Vorlesungen diese Ausführungen beruhen, von englischen Universitäten zu Vorträgen eingeladen, die nach seinem Tod publiziert wurden. Den ersten dieser Vorträge begann er mit folgenden Absatz:

»Sie haben mir die hohe Ehre erwiesen, mir drei Vorträge im Rahmen Ihrer berühmten Universität zu übertragen, und ich komme dieser Einladung mit dem ehrerbietigsten Danke nach. Diesen Dank und diese Ehrerbietung kann ich durch nichts besser erweisen als dadurch, dass ich ein Thema wähle, das den Kern meiner ganzen gegenwärtigen Gedankenarbeit darstellt und mir dadurch die Möglichkeit gibt, mich mit den wichtigen theoretischen und praktischen Sätzen Ihrer – wie ich hoffen darf – wohlwollenden Kritik zu stellen.«[1]

Auch ich habe ein Thema, das mich seit langem bei meiner Arbeit beschäftigt, das ich Ihnen hier zum gemeinsamen Nachdenken vorstellen möchte. Es ist ein anderes Thema als das, welches Ernst Troeltsch in seinem Vortrag – Das Verhältnis von Persönlichkeits- und Gewissensmoral – beschäftigt hat. Für mich als Jurist, der sich mit moralischen und alltagsmoralischen Fragen beschäftigt, ist dieses zentrale Thema das Verhältnis zwischen Recht und Moral.

Der Klassiker: die rote Ampel

Dieses Verhältnis hat mehr mit dem täglichen Leben zu
tun, als man auf den ersten Blick vielleicht meinen
möchte, wie eine Frage zeigt, die mich relativ früh in
meiner Arbeit an der Kolumne »Die Gewissensfrage«
erreichte. Eine Frage, die mich seitdem gewissermaßen
»verfolgt«:

*»Wenn ich als Radfahrer mitten in der Nacht an eine voll-
kommen leere rot geschaltete Ampelkreuzung komme, fahre
ich meist drüber. Natürlich schaue ich genau darauf, dass ich
mit meinem Verhalten niemanden gefährde, und achte auch
auf patrouillierende Streifenwagen. Trotzdem habe ich ein
schlechtes Gewissen und frage mich, ob ich aus moralischen
Gründen auch dann nachts stehen bleiben müsste, wenn gerade keine Polizei da ist. Oder ist das egal?«*[2]

Ich mag diese Frage sehr, weil sie eine ganz besondere
Konstellation aufzuweisen hat: Es handelt sich um einen ganz typischen Alltagsfall, den jeder von uns kennt,
eine rote Ampel und die Überlegung, ob man warten
muss. Normalerweise enthält diese Situation eine ganze
Reihe von zusätzlichen Parametern: andere Verkehrsteilnehmer, die Problematik der Gefährdung, die Frage
des Vorbilds für Kinder, die Gefahr, erwischt und bestraft zu werden usw. Das alles sind Punkte, welche die
Überlegungen beeinflussen und für das Ergebnis oftmals
entscheidend sind. Nur sehr Wagemutige würden an
einer unübersichtlichen Stelle bei Rot über die Ampel
gehen. Und es bräuchte schon ein gewisses Maß an
Chuzpe, um das direkt vor einem Verkehrspolizisten zu
machen. Nur sind hier alle diese auf den Alltag bezoge-
nen Punkte wie weggestrippt: Es gibt keinen anderen

Verkehr, es ist Nacht, kein Mensch ist weit und breit zu sehen, es kann niemand gefährdet werden. Es ist keine Polizei da – also besteht keine Strafgefahr. Es sind sicher keine Kinder da, die zusehen können – es entfällt die Problematik des Vorbilds. Das sind all die Punkte, derentwegen wir sonst sagen: An einer roten Ampel soll man stehen bleiben. Und obwohl dieser Fall hier aus dem Alltag gegriffen ist und kein idealisiertes Lehrbuchbeispiel darstellt, schafft er es, aus dieser ganz konkreten banalen Alltagssituation »Rote Ampel« durch Wegfall der sonst störenden Randthemen[3] eine einzige Frage stehen zu lassen: Ist es per se unmoralisch, gegen das Gesetz zu handeln, anders formuliert, das Gesetz zu brechen?

Ausflug in die Rechtsphilosophie

Diese Frage ist natürlich ein großes Thema in der Rechtsphilosophie. Wären wir jetzt hier in einer Rechtsphilosophievorlesung würde ich wahrscheinlich beginnen mit der Naturrechtslehre: Ob denn unsere Rechtsordnung aus natürlichen zugrunde liegenden Ordnungen schöpft und ob deswegen dieses Gesetz, das sich in der roten Ampel blinkend manifestiert, auf einem ganz zugrunde liegenden Prinzip des Menschlichen und damit auch des Sittlichen beruht. Oder ich würde beginnen mit dem Rechtspositivismus, der – vereinfacht ausgedrückt – sagen würde: Ob das irgendwie mit größeren Dingen zu tun hat, ist irrelevant. Dieser roten Ampel liegt die Straßenverkehrsordnung zugrunde. Und die Straßenverkehrsordnung wurde erlassen aufgrund des Straßenverkehrsgesetzes, das Straßenverkehrsgesetz wurde im

Bundestag beschlossen aufgrund der Mehrheit einer gesetzgebenden Körperschaft, die dieses gesetzliche Verfahren auf der Grundlage der Verfassung – bei uns des Grundgesetzes – beschlossen hat. Und deswegen, durch dieses ordnungsgemäße Verfahren bei der Gesetz- und Normgebung, ist etwas entstanden, das einen Wert hat, das man achten muss. Das wären jetzt diese zwei sich gegenüberstehenden Ansichten. Darüber könnte man jetzt wahrscheinlich ein Semester lang Vorlesung halten oder diskutieren.

Ausflug in die Antike

Ich möchte aber hier das Ganze einmal ein wenig von einer anderen Seite beleuchten und weggehen von dieser grundlegenden theoretischen Frage des Naturrechts oder des Rechtspositivismus. Sozusagen in die Geschichte hinein zu Platon, genauer gesagt zu dessen Dialog »Kriton«.

Platon schrieb in seinen Dialogen Gespräche nieder, die der Philosoph Sokrates meist mit seinen Freunden und Schülern führte. Diese Dialoge sind benannt nach dem jeweiligen Dialogpartner. Und den Dialog Kriton führte Sokrates mit seinem Schüler und Freund Kriton. Worum geht es darin? Sokrates hatte eine bestimmte Methode der Diskussion, die man Mäeutik nennt oder Hebammentechnik, weil Sokrates' Mutter Hebamme war. Dabei werden die Menschen durch gezielte Fragen – die sokratischen Fragen – in ihren Ansichten erschüttert und dann dazu gebracht, ihre Meinungen zu revidieren. Die Idee dahinter ist, dass die Wahrheit in der angeborenen Vernunft jedes Menschen schon enthalten ist und nur noch ans Licht gebracht werden muss, wie bei einer Geburt entbunden. Diese Methode des schonungslosen Offenbarens von Schwachstellen im Denken und in der Argumentation, die alles hinterfragt, ist natürlich geeignet, die politische Ordnung zu erschüttern. Deshalb sah man Sokrates als politische Gefahr an und machte ihm den Prozess.

Und zwar zum einen wegen Verführung der Jugend – Verführung im geistigen Sinne, Verführung zum Denken – und zum anderen, weil er die Götter nicht ausreichend beachtete, der Vorwurf lautete auf Blasphemie. In diesem Prozess, der formal richtig durchgeführt wurde, provozierte Sokrates wieder auf seine bekannte Weise und wurde am Schluss dieses Prozesses zum Tode verurteilt. Dies geschah in einem nach damaligem Recht ordnungsgemäßen Verfahren, dem aber, wie man es heute nennen würde, ein politischer Aspekt zugrunde lag. Eigentlich war es ein typischer politischer Prozess. Nun saß Sokrates im Gefängnis und wartete auf die Vollstreckung seines Todesurteils. Da besuchte ihn sein Freund Kriton, für den das alles eine Katastrophe darstellte: Der große Sokrates sollte sterben. Deshalb hatte er alles für eine Flucht organisiert: Er hatte die Wachen bestochen, Frauenkleidung zum Verkleiden herbeigeschafft, und unten im Hafen wartete ein Schiff, das Sokrates außer Landes bringen sollte. Alles war fertig, und sinngemäß sagte er dann beim Besuch im Gefängnis: »Los, Sokrates, alles wunderbar geregelt, nun aber los.« Nur Sokrates sprang nicht wie erwartet erfreut auf, sondern entgegnete: »Hmm … – pass mal auf, ist das denn überhaupt in Ordnung?« Daraufhin Kriton: »Ja selbstverständlich, dieses Todesurteil ist ja ein furchtbares Urteil, ein rein politisches Urteil! Du musst natürlich leben, das war alles vollkommen unberechtigt!« Worauf Sokrates entgegnete: »Nun ja, natürlich, das kann schon so sein, aber wir hatten doch ein ordentliches Gerichtsverfahren, das nach den Regeln unseres Staates abgelaufen ist. Und ich bin in diesem ordentlichen Gerichtsverfahren verurteilt worden. Wenn wir jetzt fliehen, stelle dir vor, auf dieser Flucht würden sich uns die Gesetze in den Weg stellen und fragen« – das ist jetzt wörtlich aus dem Dialog Kriton:

»Sage mir, Sokrates, was lässt du dir einfallen zu tun? Gehst du nicht geradezu darauf aus, durch dieses dein Beginnen uns, die Gesetze, sowie das ganze Gemeinwesen zugrunde zu richten, soweit es auf dich ankommt? Oder glaubst du an die Möglichkeit, dass ein Staat noch Bestand habe und vor dem Untergang bewahrt sei, in dem die einmal gefällten gerichtlichen Urteile keine Kraft haben, sondern von Unberufenen wirkungslos gemacht und vernichtet werden?«[4]

Und dem konnte dann Kriton nichts Ausreichendes entgegensetzen. Er musste zugestehen, dass es natürlich eine Erschütterung dieses Staates darstellt, wenn Sokrates, ein berühmter Bürger, flieht und damit zum Ausdruck bringt: »Na, was bedeutet schon ein Gerichtsurteil, darüber kann ich mich hinwegsetzen!«

Deshalb blieb Sokrates tatsächlich im Gefängnis und leerte ein paar Tage später den Schierlingsbecher und vollstreckte damit das Todesurteil an sich. Dies alles für den Grundsatz, dass ein Gesetz als Grundlage des Staates geachtet werden muss.

Zurück in die Gegenwart

Diese Idee ist in jüngerer Zeit weiterentwickelt worden. Der Rechtsphilosoph Norbert Hoerster versuchte, sie ein wenig von der Dramatik des Sokrates zu befreien, und setzte Prämissen. Die erste lautet: Der Staat liegt doch im Interesse aller. Hoerster formuliert es so:

»Der Staat ist, wie u. a. H. L. A. Hart gezeigt hat, eine Einrichtung, die normalerweise im Interesse *jedes* Bürgers liegt – jedenfalls solange der Staat seine fundamentalen Güter und Interessen (wie Leben, körperliche Integrität, Bewegungs- und Handlungsfreiheit) schützt.«[5]

Dies ist der erste Schritt der Überlegung. Der zweite Schritt lautet dann:

»Das Mittel, durch das der Staat dem Einzelnen in dieser Weise dient, ist die Rechtsordnung, das heißt ein System von Regeln, das in seiner *un*mittelbaren Wirkung dem Individuum Beschränkungen auferlegt und Opfer abverlangt. Das Individuum, und zwar jedes Individuum, muss sich jedoch bei nüchterner Kalkulation sagen, dass diese Nachteile einer Rechtsordnung durch die soeben genannten Vorteile überwogen werden. Das gilt jedenfalls alles in allem: für die Rechtsordnung als ganze und auf lange Sicht.«[6]

Und dann kommt der dritte Schritt. Wenn man das anerkennt, wenn man zustimmt, dass die Rechtsordnung für den Schutz aller Bürger da ist, kommt für Hoerster die letzte, entscheidende Überlegung:

»Wer erwartet, dass *seine Mitbürger* dem geltenden Recht Gehorsam leisten – auch dann, wenn sie dieses Recht für falsch halten und deshalb die vom Recht gebotenen Handlungen *als solche* nicht ausführen würden –, der ist moralisch verpflichtet, selbst ein Gleiches zu tun.«[7]

Ein Gedankenschritt weiter

Dieser Überlegung liegt der Verallgemeinerungsgrundsatz zugrunde: Ich muss mir vorstellen, dass das, was ich tue, alle tun. Dem Verallgemeinerungsgrundsatz oder Universalisierungsgrundsatz werden wir im Kapitel über die Goldene Regel auf Seite 149 ff. ausführlich wieder, begegnen. Hier taucht er in umgekehrter Form auf: Das, was ich von allen anderen erwarte, muss auch für mich gelten. Streng genommen ist es dann kein Verallgemeinerungsgrundsatz, sondern umgekehrt ein Individualisierungsgrundsatz. Und diese Überlegung möchte ich wieder umdrehen und den Gedanken weiterentwickeln, indem ich sage: Was passiert, wenn ich für mich das Recht herausnehme – neutraler wäre vielleicht, das Recht fordere –, dass ich Gesetze dispensieren kann, außer Kraft setzen kann, wenn ich sie für falsch halte? Die Antwort scheint klar: Wenn ich das für mich fordere, ist es ja eigentlich selbstverständlich, dass dann jeder andere das für sich fordern kann. Und nachdem ich für mich fordere, dass ich sie nach *meinen* Maßstäben außer Kraft setzen kann, kann jeder andere fordern, dass er sie – und das scheint mir das Entscheidende – nach *seinen* Maßstäben außer Kraft setzten kann. Und dann beginnt es aus meiner Sicht wirklich problematisch zu werden.

Man mag es für Unsinn halten, nachts an der roten Ampel stehen zu bleiben. Es gibt bestimmt viele, die das so sehen, aber auch etliche, die das anders sehen. Es mag aber ein anderer zum Beispiel unsere Eigentumsordnung für grob ungerecht halten: das Grundprinzip des Eigentums, das ermöglicht, dass einer mehr hat als der andere. Derjenige könnte sich auf den berufen, der die rote Ampel nicht beachtet, weil er es für Unsinn hält, sich nachts daran zu halten; und aus dieser Logik heraus dann *seiner* Überzeugung entsprechend alles mitnehmen, was er haben will, und jeden Diebstahl begehen. Er würde die Berechtigung dazu, dieses Recht, aus dem Grundsatz heraus ableiten, dass man sich nicht an Gesetze halten muss, die man für falsch erachtet. Wieder ein anderer ist der Meinung, sein Gegenüber sei ein unerträglicher Schwätzer und deswegen habe er das Recht, dem einfach eine aufs Maul zu hauen, weil es gegenüber unerträglichen Schwätzern ein Notwehrrecht gibt, das ihn berechtigt, den Körperverletzungsparagraphen auszuhebeln. Was will man dem entgegnen, wenn er das für sich entsprechend fordert? Und da beginnt es für mich schon sehr, sehr schwierig zu werden, weil ich für mich möchte, dass a) mein Fahrrad draußen stehen bleibt und nicht von jemandem mitgenommen wird und b) dass mir niemand hier nach der Vorlesung oder nach dem Lesen des Buches eine aufs Maul gibt, weil er denkt, ich habe hier zu viel Unsinn geredet oder geschrieben.

Bestätigung der Rechtstreue

Aber es gibt noch einen weiteren, zusätzlichen Aspekt, der im Bisherigen schon ein bisschen enthalten ist: die Bestätigung der Rechtstreue. Es geht sozusagen um die psychologische Kehrseite vom dem eben Genannten. Das Ganze hat nämlich neben den normtheoretischen

Überlegungen auch einen psychologischen Effekt: Ich muss mich an manchen Stellen an Gesetze halten, die mir nicht passen. Wenn ich aber sehe, dass sich ein anderer an anderen Stellen nicht an Gesetze hält, fällt es mir persönlich natürlich wesentlich schwerer, mich an die Gesetze zu halten, und ich werde in meiner Auffassung bestärkt, dass ich das nicht tun muss. Und das kehrt man nun um: Wenn ich sehe, dass jemand anderes sich auch dann an Gesetze hält, wenn es ihn stört, werde ich darin bestärkt, mich daran zu halten, wo es mich stört. Und das ist, glaube ich, im täglichen Leben, im tatsächlichen Zusammenleben in der Gemeinschaft ein ganz elementarer Punkt: dass der Mensch das Achten der Ordnung durch Andere auch wirklich sehen muss, damit er selbst sie auch achtet.

Ein persönlicher Einschub

An dieser Stelle sei mir ein kleiner persönlicher Einschub erlaubt: Sie haben festgestellt, dass ich die Rechtstreue und das Gefühl, dass man sich an die Gesetze halten soll, für sehr wichtig halte. Diese Grundüberzeugung ist vielleicht zum Teil auch der Tatsache geschuldet, dass ich Jurist bin. Aber ich glaube eben unabhängig davon auch, dass sie wichtig ist für unser Zusammenleben. Und deswegen bin ich tatsächlich der Meinung, dass man nachts an einer roten Ampel stehen bleiben sollte – aus grundsätzlichen Erwägungen.

Dann las ich aber am 15. Oktober 2008 in der Süddeutschen Zeitung einen Bericht über Vorkommnisse nach einem Lokalderby in München im Stadion an der Grünwalder Straße am 9. Dezember 2007, zwischen 1860

München, den Löwen, und dem FC Bayern. Dort heißt es:

»›Laut schreiend sind schwarzgekleidete Polizisten auf uns eingestürmt. Einige hatten die Schlagstöcke hochgenommen und prügelten wahllos auf die Leute ein.‹ So berichteten Augenzeugen. (…) Das Ermittlungsverfahren wurde eingestellt, da die Männer in ihren Uniform ›nicht zu individualisieren‹ seien, heißt es.«

Die Staatsanwaltschaft stellte in ihrer Einstellungsverfügung fest – das sagen also nicht nur die Zeugen, sondern auch die Staatsanwaltschaft –, dass wohl auch ohne rechtfertigenden Grund in die Menge geprügelt worden sei.

»Bei Schlägen habe es mehrere Hinweise gegeben, dass die Staatsgewalt in unverhältnismäßiger Weise und ohne rechtfertigenden (…) Grund mittels Schlagstöcken auf unbeteiligte Besucher, zum Teil Kinder und Frauen, eingeschlagen haben soll.«

Dennoch wurde das Verfahren eingestellt, weil die einzelnen Polizisten nicht eindeutig zu identifizieren gewesen seien. Ein Zeuge, der sich sicher war, er würde den Beamten, der ihm Pfefferspray ins Gesicht gesprüht hat, erkennen, bekam keine Gegenüberstellung. Es wurden nicht einmal die Personalien der eingesetzten Beamten in Erfahrung gebracht. Es gab keine Zeugenvernehmung und keine Befragung. Auf die Frage, warum denn die Polizisten nicht Namensschilder oder Nummern trügen, antwortete der Polizeisprecher wie folgt:

»›Nummern haben wir noch nie gehabt. Wir sind keine Nummern‹. Auch Namensschilder seien bei solchen Anschuldigungen nicht üblich, da habe es schon falsche Anschuldigungen gegeben.«

Die Autorin des Berichts in der Süddeutschen Zeitung, Susi Wimmer, fasst zusammen:

>>Wie und wann aber können dann überhaupt Polizeibeamte aus solchen Einheiten zur Verantwortung gezogen werden, wenn sie individuell nicht erkennbar sind? Darauf haben weder Polizei noch Staatsanwaltschaft eine Antwort.<<

Ich halte das für einen Skandal. Wenn wir uns hier überlegen, wie die Rechtstreue der Bürger, unser aller, gewahrt werden soll, und dann agieren der Staat und die Strafverfolgungsbehörden in einer solchen Weise, dass sie in einer Situation wie dieser die Ermittlungen einstellen, dann wird es natürlich sehr schwierig, für sich selbst eine Überzeugung zu finden, warum das Achten der Gesetze wichtig ist. Das ist verheerend für die Rechtstreue eines Staatsbürgers. So weit mein persönlicher Einschub, der mir an dieser Stelle gestattet sei.

Ein Gesetzesverstoß ist falsch …

Die Conclusio aus dem Ganzen, die ich ziehe, ist die folgende: Eine Handlung, die einen Rechtsbruch darstellt, die gegen ein Gesetz verstößt, ist insofern falsch, als sie gegen das Gesetz verstößt.

… aber vielleicht dennoch richtig

Damit sind wir aber noch nicht am Ende. Denn die Handlung kann dennoch aus anderen Gründen richtig sein, gegebenenfalls sogar geboten. Zum Beispiel dann, wenn es notwendig ist, ein Gesetz zu übertreten, um ein

Leben zu retten. Norbert Hoerster, den ich oben schon zitiert habe, hat für diese Fälle verschiedene Varianten aufgezeigt, die ich kurz anreißen möchte, weil sie sehr schön die Polarität zwischen dem Recht und der zugrunde liegenden Moral beleuchten.[8]

Vier Varianten

Es gibt die Möglichkeit, dass ein Gesetz eine Handlung verbietet, die auch moralisch verboten ist. Das wäre zum Beispiel der Mord. In dem Fall laufen Gesetz und Sittlichkeit, also Moral, im Einklang. Es kann aber auch sein, dass ein Gesetz etwas moralisch Gebotenes verbietet, wenn z. B. in einem Staat ein Gesetz die Rettung vom Staat unschuldig Verfolgter verbietet. Dann laufen Gesetz und Moral entgegengesetzt.

Das sind bekannte und relativ klare Fälle. Es kann aber auch sein, und das halte ich für die interessanteste Variante, dass ein Gesetz eine moralisch neutrale Handlung verbietet und dadurch unmoralisch macht. Das ist nun etwas, das man sich zunächst vielleicht nicht vorstellen kann, aber Hoerster bringt dafür ein sehr schönes Beispiel: das Rechtsfahr-Gebot, dass man im Straßenverkehr rechts fahren soll. Das beinhaltet umgekehrt das Verbot, links zu fahren. Auf welcher Straßenseite man fährt, ist per se neutral. Dass man es in England anders regelt, zeigt: Man kann es so oder so regeln. Aber sobald es im Gesetz geregelt ist, auf welcher Seite man fahren soll, wäre es hoch unmoralisch, auf der anderen Seite zu fahren, weil man andere Verkehrsteilnehmer gefährdet. Da hat also das Gesetz allein durch die Festlegung aus einer moralisch neutralen Handlung eine moralisch verwerfliche Handlung gemacht.

Und schließlich gibt es den vierten Fall, dass Gesetze eine moralisch neutrale Handlung verbieten, die aber dennoch moralisch neutral bleibt. Ein klassisches Beispiel wäre die homosexuelle Betätigung unter Erwachsenen, die wir als moralisch neutral ansehen. Wenn die verboten wird – bei uns ist das glücklicherweise heute nicht mehr so, aber in anderen Staaten immer noch –, bleibt sie auch moralisch neutral. Denn dem gesetzlichen Verbot kann etwas entgegenstehen, das die Handlung trotzdem rechtfertigt, zum Beispiel ein entsprechendes Grundrecht, hier das auf die Betätigung der eigenen Sexualität. Weil dieses Grundrecht dem gesetzlichen Verbot entgegensteht, kann das Verbot nicht aus einer moralisch neutralen Handlung eine unmoralische Handlung machen.

Antigone

Der Widerstreit zwischen dem vom Gesetz Gebotenen oder Verbotenen, dem Recht, und einer möglichen moralischen Rechtfertigung ist eine alte Problematik. Bekannt ist sie wahrscheinlich schon sehr lang, aber niedergelegt ist sie seit dem 5. Jahrhundert v. Chr., und zwar in einem der bekanntesten und größten Theaterstücke der Theatergeschichte, vielleicht sogar – zu dieser Auffassung würde ich fast tendieren – dem größten: *Antigone* von Sophokles. Sophokles lebte von 496 bis 406 in Athen und schrieb eine große Menge von Stücken, soweit ich weiß, sind 136 bekannt. Leider haben sich nur sehr wenige erhalten, aber darunter eben – zu unser aller Glück – auch *Antigone*. Immerhin führten seine Werke dazu, dass Sophokles zusammen mit Perikles zum Strategen im samischen Krieg gewählt wurde. Gemäß der Überlegung: Wer so kluge Stücke schreiben kann und argumentieren kann, der kann auch klug Kriege führen und Strategien für unsere Kriegsführung entwerfen.

Doch zurück zu *Antigone*. Worum ging es in dieser Tragödie? *Antigone* ist – heutzutage würde man sagen – das Sequel, also das Nachfolgestück zu einem anderen Stück von Sophokles, nämlich *König Ödipus*. Ödipus hatte auf dem Weg nach Sparta – Wanderer, kommst du nach Sparta ..., aber das ist eine andere Geschichte – im Streit seinen Vater erschlagen, ohne zu wissen, dass es sein Vater war. Später heiratete er seine Mutter Iokaste – auch ohne zu wissen, dass es sich um seine Mutter handelt – und wurde zum König. Irgendwann klärten sich die Zusammenhänge, und Ödipus blendete sich daraufhin selbst, Iokaste, seine Frau und Mutter, beging Selbstmord. Die beiden Söhne von Ödipus, Polineikes und Etheokles, übernahmen gemeinsam die Macht in Theben. Nach einiger Zeit zerstritten sich die beiden, und Etheokles vertrieb seinen Bruder Polineikes aus der Stadt. Polineikes ließ sich das nicht bieten, verbündete sich mit einer anderen Stadt und griff seine Heimatstadt an, um sich seinen – wie er meinte – rechtmäßigen Thron zurückzuerobern. Es kam zu einem grausamen Krieg, am Ende dieses Krieges war die Stadt nahezu vollständig verwüstet, und beide lagen tot auf dem Schlachtfeld. Daraufhin übernahm der nächste Verwandte, Kreon, die Macht im Staat und ordnete als Erstes zum Wiederaufbau des Staates und der staatlichen Gesellschaft an, dass der Verteidiger der Stadt, Etheokles, ein Staatsbegräbnis erhalten sollte, während sein Bruder Polineikes draußen liegen bleiben musste. Er durfte nicht bestattet werden, sondern war den Hunden und Vögeln zum Fraß freigegeben. Das Besondere daran ist, dass es ihm damit nach dem damaligen Glauben unmöglich war, ins Totenreich zu gelangen. Dieses Verbot, ihn zu bestatten, stellt sozusagen eine Art religiöse psychologische Kriegsführung dar. Darüber würden wir heute zunächst fast ein wenig schmunzeln, sogar uns ein bisschen wundern, wenn nicht plötzlich vor dem inneren Auge die Bilder aus Abu Ghraib auftauchen würden, auf denen man sehen konnte, wie dort die religiösen Überzeugungen der Inhaftierten benutzt wurden, etwa um sie zu demütigen, indem sie sich nackt ausziehen mussten, und Ähnliches mehr.

Zurück zu Antigone. Dem Verbot, Polineikes zu bestatten, widersetzte sich seine Schwester Antigone und streute symbolisch eine Handvoll Sand über ihn. Das erfuhr Kreon und stellte Antigone zur Rede, worauf sich folgender Dialog entwickelt:

KREON
　　Du aber sag mir – ohne Umschweif, kurz:
　　Hast du gewusst, dass es verboten war?
ANTIGONE
　　Ich wusst es, allerdings, es war doch klar!
KREON
　　Und wagtest, mein Gesetz zu übertreten?
ANTIGONE
　　Der das verkündete, war ja nicht Zeus,
　　Auch Dike in der Totengötter Rat
　　Gab solch Gesetz den Menschen nie. So groß
　　Schien dein Befehl mir nicht, der sterbliche,
　　Dass er die ungeschriebnen Gottgebote,
　　Die wandellosen, konnte übertreffen.
　　Sie stammen nicht von heute oder gestern,
　　Sie leben immer, keiner weiß, seit wann.
　　An ihnen wollt ich nicht, weil Menschenstolz

Mich schreckte, schuldig werden vor den Göttern.
Und sterben muss ich doch, das wusste ich
Auch ohne deinen Machtspruch. Sterbe ich
Vor meiner Zeit, nenn ich es noch Gewinn.
Wes Leben voller Unheil ist, wie meines,
Trägt der nicht, wenn er stirbt, Gewinn davon?
Drum schmerzt mich nicht, dass sich mein Schicksal nun
Erfüllt. Ja, hätte ich meiner Mutter Sohn,
Den Toten, unbestattet liegen lassen,
Das schmerzte mich, doch dies tut mir nicht weh.
Mag ich dir auch eine Törin scheinen –
Vielleicht zeiht mich der Torheit nur ein Tor.[9]

Kreon hörte sich diese Rechtfertigung an, dennoch verurteilte er Antigone zum Tode. Er schlug alle Warnungen
in den Wind, und erst sehr spät erkannte er seinen Fehler.
Zu spät, denn als er das Todesurteil widerrief, war Antigone bereits tot. Daraufhin töteten sich sein Sohn Haimon, der Verlobte von Antigone, und anschließend, als
sie es erfuhr, Kreons Frau Eurydike. Kreon, der König,
bleibt am Schluss allein übrig.

Antigone heute?

Es geht in diesem Fall um das Verhältnis von Recht und
Moral. Kreon, der König, sieht die Einhaltung der Gesetze im Vordergrund, Antigone beruft sich auf die Moral,
die über den Gesetzen steht, das göttliche Gesetz, und
meint, die menschlichen Gesetze könnten sie nicht daran hindern, dieser Moral zu folgen. Ein uraltes Problem.
Aber spielt dieses Problem bei uns heute, in unserer
Rechtsordnung, eine Rolle? Kann es heute überhaupt
eine Rolle spielen? Ich behaupte: ja.

»Es ähnelte der Konstellation in einer griechischen Tragödie:
Entweder ich verletze die Rechte des Beschuldigten, oder ich
verspiele das Leben des Opfers.«[10]

Dieser Satz stammt von Wolfgang Daschner, dem damaligen stellvertretenden Polizeipräsidenten von Frankfurt. Er hatte im Entführungsfall Jakob von Metzler dem Entführer Magnus Gäfgen Folter angedroht, falls er den Ort, an dem er das Opfer versteckt hielt, nicht nennt. Wolfgang Daschner setzte sich damit über sämtliche strafprozessualen und polizeilichen Vorschriften hinweg, um das Kind zu retten. Leider war es zu spät, Gäfgen nannte zwar angesichts der Drohung den Ort, das Kind war aber bereits tot.

Bei allem Verständnis, das man spontan empfindet, wenn es darum geht, buchstäblich alles zu tun, um ein entführtes Kind zu retten, stellt sich dennoch die Frage: Ist es in einer derartigen Ausnahmesituation zulässig, dass ein Vertreter des deutschen Staates mit Folter droht, um an eine Information zu kommen? Darf sich ein Vertreter der Staatsgewalt über das Folterverbot – hier im Sinne einer psychischen Folter, indem mit Schmerzen gedroht wird – hinwegsetzen?

Spätestens wenn Wolfgang Daschner sagt: »Es war wie in einer griechischen Tragödie …«, denkt man an Antigone. Speziell an ihre Sätze, in denen sie sich auf das höhere Gebot gegenüber den Gesetzen der Menschen beruft.

Wer ist wer?

Nun wird es interessant, darüber nachzudenken: Stimmt das? War es die Konstellation einer Tragödie? Die von Antigone? Und mehr noch: Wer ist wer in dieser griechischen Tragödie? Wer ist Antigone, wer ist Kreon? Zunächst, auf den ersten Blick scheint eindeutig Wolfgang Daschner den Part der Antigone zu repräsentieren. Er übertrat die Gesetze, die Strafprozessordnung, die polizeilichen Vorschriften, um das Leben eines Kindes zu retten. Der Richter hingegen, der ihn am Landgericht Frankfurt für sein Handeln verurteilte – zwar unter Strafvorbehalt, die Strafe wird also nicht vollstreckt, aber der Schuldspruch, das Urteil wurde verhängt –, der Richter wäre Kreon. Oder der Gesetzgeber, der das Folterverbot in der Strafprozessordnung fixierte, ohne Ausnahmen in Fällen wie diesen zu ermöglichen.

Kreon

Wenden wir uns, um dieser Frage auf den Grund zu gehen, einmal Kreon zu, dessen Figur interessanterweise recht umstritten ist. Mit dem Drama Antigone haben sich nahezu alle großen Geister auseinandergesetzt und dabei auch mit der Figur des Kreon. Goethe sah ihn sehr negativ:

»Kreon handelt keineswegs aus Staatstugend, sondern aus Hass gegen den Toten. Wenn Polineikes sein väterliches Erbteil, woraus man ihn gewaltsam vertrieben, wieder zu erobern suchte, so lag darin keineswegs ein so unerhörtes Verbrechen, dass sein Tod nicht genug gewesen wäre und dass es noch der Bestrafung des unschuldigen Leichnams bedurft hätte.«[11]

Hegel, der Philosoph, sah das ganz anders:

»Kreon ist nicht ein Tyrann, sondern ebenso eine sittliche Macht, Kreon hat nicht unrecht: er behauptet, dass das Gesetz des Staates, die Autorität der Regierung geachtet werde und Strafe aus der Verletzung folgt.«[12]

Das Folterverbot als höheres Recht

Spätestens dieser Widerspruch zweier so großer Geister sollte dazu führen, die Positionen noch einmal genauer zu hinterfragen. Was ist eigentlich im Fall Daschner/Gäfgen das Gebot der Götter, auf das sich ja Antigone beruft, und was das Gesetz der Menschen, das Kreons Anweisung repräsentiert? Dazu muss man sich überlegen, worauf das Folterverbot beruht. Und wenn man das tut, erkennt man, dass das nicht einfach eine in der Strafprozessordnung aus Praktikabilitätsgründen niedergelegte Idee ist, sondern dahinter steckt einer unserer elementaren Rechtsgrundsätze, nämlich die Achtung der Würde des Menschen.

Was ist das, diese »Würde des Menschen«? Die gängige Definition leitet sich ab von Immanuel Kant und seiner Selbstzweckformel oder Zweck-Mittel-Formel des kategorischen Imperativs:

»Handle so, dass du die Menschheit, sowohl in deiner Person als auch in der Person eines jeden anderen, jederzeit zugleich als Zweck, niemals bloß als Mittel brauchest.«[13]

Die Würde des Menschen verbietet, einen Menschen als Mittel für etwas anderes zu missbrauchen, ihn wie eine Sache zu verwenden. Was aber passiert bei der Folter? Die Folter zielt doch darauf ab, den Gefolterten, der ein

Geheimnis nicht preisgeben möchte, gegen seinen Willen dazu zu bringen, dieses Geheimnis preiszugeben, und zwar zu seinem eigenen Nachteil. Das bedeutet, man macht ihn in der Folter zum Mittel der Wahrheitserforschung. Man achtet ihn nicht mehr als eigenen Zweck, sondern man benutzt ihn, seinen Körper, sein Gehirn, sein Wissen, als Mittel, um bestimmte Ziele – mögen sie auch noch so hehr sein, mögen sie auch wirklich wichtig sein, im Fall Daschner / Gäfgen nämlich die Rettung eines Kindes – zu erreichen. Das bedeutet aber, das Folterverbot ist nicht das Gesetz der Menschen, das der Bundestag in Form der Strafprozessordnung beschlossen hat, weil es ihm sinnvoll erscheint, sondern im Folterverbot spiegeln sich die Würde und damit die Menschenrechte wider. Und wenn man die allgemeine Charta der Menschenrechte der Vereinten Nationen liest, findet man dort formuliert, dass es um die dem Menschen *innewohnenden* Rechte geht. Es sind nicht die dem Menschen *verliehenen* Rechte, sondern die *innewohnenden*. Und damit wäre das Folterverbot, das Achten der Würde des Menschen, das Gesetz der Götter. Dann wäre derjenige, der sich über dieses Gesetz hinwegsetzt, um ein anderes Ziel zu erreichen, eigentlich derjenige, der das Gesetz der Götter bricht. Dann wäre das Kreon. Ich glaube, das ist ein ganz wichtiger Punkt: Sich klarzumachen, dass es sich beim Verbot der Folter nicht nur um eine Beachtung von Formvorschriften handelt, sondern dass es dabei um einen elementaren Grundsatz geht.

Wer hat recht?

Was aber bedeutet das für die Beurteilung der Situation in Frankfurt? Ich persönlich bin der Meinung, dass es falsch war, Magnus Gäfgen mit Folter zu drohen. Dass dabei das »Recht der Götter« missachtet wurde. Ich glaube aber auch, dass Wolfgang Daschner durchaus recht hatte in seiner Einschätzung, dass es sich um eine Konstellation ähnlich einer griechischen Tragödie handelte. Nicht nur weil man, gleich wie man sich entscheidet, Schuld auf sich lädt. Sondern auch weil sich keine klare Antwort finden lässt. In dieser Richtung kann man auch Antigone verstehen. Es ist ein viel zu gutes Stück, und Sophokles ist viel zu klug, um hier nicht fast schon eine Lösung zu bieten. Denn Kreon, der ja am Schluss gestraft wird von den Göttern, wird, so sehen es die meisten, und so sehe ich es auch, nicht deswegen gestraft, weil er am Anfang sein Gesetz durchsetzen wollte – schließlich meinte er ja, durch das Bestattungsverbot würde er den Staat retten –, sondern weil er alle Warnungen in den Wind schlug. Er schlug die Warnung des Chors der thebanischen Greise in den Wind, er schlug den Rat seines Sohnes in den Wind, und erst der blinde Seher Theiresias konnte ihn schließlich zum Einlenken bringen. Die entscheidende Frage lautet: Ist er nicht deswegen am Schluss gescheitert, weil er glaubte zu wissen, wie es ist? Die Hybris, es genau zu wissen – das ist meines Erachtens der eigentliche Verstoß gegen das Gesetz der Götter. Es gibt eine sehr schöne Stelle, in der ihn Haimon, sein Sohn, darauf anspricht:

> Vater, die Götter selbst pflanzen die Vernunft
> dem Menschen ein als höchstes aller Güter.
> Ich könnte nicht behaupten, was du sagtest,

das sei nicht richtig, möcht' es auch nicht können,
nur kommt wohl auch ein anderer auf das Rechte.
(…)
Denn wer nur selbst einsichtsvoll sich dünkt,
begabt mit Geist und Seele wie kein Zweiter,
enthüllt bei Licht besehen sich als leer.
Auch für den Klugen ist doch keine Schande,
statt sich zu übernehmen, viel zu lernen.[14]

Darum geht es also: sich nicht der Hybris hinzugeben.

Die Weiße Rose

Doch zurück aus der Antike fast in die Gegenwart. Der Widerstreit zwischen den höheren Gesetzen und den Gesetzen der Menschen hat vor nicht allzu langer Zeit eine entscheidende Rolle gespielt. Leider in einem tragischen Zusammenhang. Historisch wie menschlich. Augsburg, die Stadt, in der die Vorlesungen gehalten wurden, auf denen dieses Buch beruht, liegt auf etwa halber Strecke zwischen Ulm und München. Diese Strecke ist bis zum Jahr 1944 neben vielen anderen ein Geschwisterpaar zum Studium nach München immer wieder gefahren: Hans und Sophie Scholl, bekannt als die Geschwister Scholl, die in München Widerstand gegen die Nationalsozialisten organisierten unter dem Namen ›Die Weiße Rose‹. Ihr »Verbrechen« bestand darin, dass sie an der Universität Flugblätter verteilten, in denen sie vor dem Krieg, vor dem Unmenschlichen warnten, vor den Verbrechen an der Menschlichkeit, und zum Widerstand dagegen aufriefen. Nun war das 1944, das Land befand sich im Krieg, und es rief jemand zum Widerstand auf. Das war gefährlich für den Staat, und der Staat –

dieser Unrechtsstaat – wehrte sich, indem er die Mitglieder der Weißen Rose, die Geschwister Scholl, andere Studenten und den Professor, der bei ihnen mitarbeitete, Kurt Huber, zum Tode verurteilte und dieses Urteil sehr rasch vollstreckte. Auch in diesem Fall haben die Mitglieder formal gegen das damalige Recht verstoßen, aber sie sahen es – und dass es so war, daran kann kein Zweifel bestehen – inhaltlich gerechtfertigt. Aus heutiger Sicht ist es vollkommen klar: Es waren Helden, und leider mussten sie ihren Heldenmut mit dem Leben bezahlen. In den Hinterlassenschaften von Kurt Huber fand sich das Manuskript für sein Schlusswort des Angeklagten vor dem Volksgerichtshof. Darin äußert er sich zu dem Thema, mit dem wir uns gerade beschäftigen:

»Was ich bezweckte, war die Weckung der studentischen Kreise, nicht durch eine Organisation, sondern durch das schlichte Wort, nicht zu einem Akt der Gewalt, sondern zur sittlichen Einsicht in bestehende Schäden des politischen Lebens. Rückkehr zu klaren, sittlichen Grundsätzen, zum Rechtsstaat, zu gegenseitigem Vertrauen von Mensch zu Mensch, das ist nicht illegal, sondern umgekehrt die Wiederherstellung der Legalität. Ich habe mich im Sinne von Kants kategorischem Imperativ gefragt, was geschähe, wenn diese subjektive Maxime meines Handelns ein allgemeines Gesetz würde. Darauf kann es nur eine Antwort geben: Dann würden Ordnung, Sicherheit, Vertrauen in unser Staatswesen, in unser politisches Leben zurückkehren. Jeder sittlich Verantwortliche würde mit uns seine Stimme erheben gegen die drohende Herrschaft der bloßen Macht über das Recht, der bloßen Willkür über den Willen des sittlich Guten.«[15]

Diese eindringliche Textstelle findet sich in dem Buch von Inge Aicher-Scholl, der Schwester der hingerichteten Hans und Sophie Scholl, »Die Weiße Rose«, das ich

neben »Erfolg« von Lion Feuchtwanger am liebsten als
Pflichtlektüre für jeden Studenten einführen möchte.
Auf jeden Fall kann ich diese beiden Bücher nur jedem
dringendst ans Herz legen.

Die Radbruch'sche Formel

Nach der Katastrophe des Nationalsozialismus, die sich
hier exemplarisch widerspiegelt im Schicksal der Mitglieder der Weißen Rose, standen die Rechtswissen-
schaft und auch die Rechtsphilosophie vor einem Trüm-
merhaufen. Sie hatten gesehen, dass die Befolgung der
Gesetze zu einer Katastrophe und zu den schwersten
Verletzungen elementarer moralischer Grundsätze führen konnte. Plötzlich war der ganze Dialog *Kriton*, die
Achtung der Gesetze, um den Staat zu erhalten, fragwürdig geworden. Einer der führenden Rechtsphiloso-
phen dieser Zeit, Gustav Radbruch, stand auch vor der
Problematik: Wie sollte er an dieser Stelle weiterma-
chen? Er veröffentlichte 1946 einen Aufsatz in der Süddeutschen Juristenzeitung, überschrieben: »Gesetzliches Unrecht und übergesetzliches Recht«, in dem er
versuchte, damit zurechtzukommen und die Problematik aufzuarbeiten: Wie sollen wir, nachdem wir gesehen
haben, zu welchen verheerenden Folgen falsches Recht
führen kann, noch mit einer Rechtsordnung, mit einer
Legalität weiter verfahren? Müssen wir nicht irgend-
etwas finden, eine Grenze, an der wir sagen: Bis dahin
sollte man die Gesetze befolgen und ab da dann nicht
mehr? Radbruch versuchte in diesem Aufsatz, eine Formel zu prägen, die dann tatsächlich als »Radbruch'sche
Formel« in die Geschichte der Rechtsphilosophie ein-

ging und die heute noch wichtig ist. Sie wurde zum Beispiel herangezogen bei den Mauerschützenprozessen nach dem Untergang der DDR. Radbruch formulierte folgendermaßen:

»Der Konflikt zwischen der Gerechtigkeit und Rechtssicherheit dürfte dahin zu lösen sein, dass das positive, durch Satzung und Macht gesicherte Recht auch dann den Vorrang hat, wenn es inhaltlich ungerecht und unzweckmäßig ist, es sei denn, dass der Widerspruch des positiven Gesetzes zur Gerechtigkeit ein so unerträgliches Maß erreicht, dass das Gesetz als »unrichtiges Recht« der Gerechtigkeit zu weichen hat. Es ist unmöglich, eine schärfere Linie zu ziehen zwischen den Fällen des gesetzlichen Unrechts und den trotz richtigen Inhalts dennoch geltenden Gesetzen; eine andere Grenzziehung kann dagegen mit aller Schärfe vorgenommen werden: wo Gerechtigkeit nicht einmal erstrebt wird, wo die Gleichheit, die den Kern der Gerechtigkeit ausmacht, bei der Setzung des positiven Rechts bewusst verleugnet wurde, da ist das Gesetz nicht etwa nur ›unrichtiges Recht‹, vielmehr entbehrt es überhaupt der Rechtsnatur.«[16]

Rechtssicherheit

Ich weiß nicht, ob ich den zweiten Teil, dass das Unrecht überhaupt der Rechtsnatur entbehrt, unbedingt für richtig halte, weil zu überlegen wäre, ob nicht ein Gesetz, das formal erlassen wurde, auch wenn es vollkommen falsch ist, immer noch ein Recht ist, aber eben das unrichtige Recht. Nichtsdestotrotz ist der erste Teil ein ungemein wichtiger Grundsatz. Es ist meines Erachtens deshalb von so großer Bedeutung, weil sich darin widerspiegelt, dass in der Rechtsidee – und ich zitiere hier den Münchener Rechtsphilosophen Arthur Kaufmann[17] – drei Teile enthalten sind: Einmal die Gerechtigkeit als Gleichheit; einmal die Gerechtigkeit als soziale Gerechtigkeit, dass man das verwirklicht, was man gesellschaftlich haben möchte. Das ist das, was Radbruch die Zweckmäßigkeit nannte. Und als Drittes die Gerechtigkeit als Rechtssicherheit. Während viele sicherlich sagen würden, die Gleichheit ist selbstverständlich ein hohes Gut, und auch die soziale Gerechtigkeit, die Zweckmäßigkeit, dass das Gesetz ebendiese Gerechtigkeitsidee verfolgt, auch das ist uns allen wichtig, scheint mir die dritte Idee, die Rechtssicherheit, in Gefahr, geringgeachtet zu werden. Aber davor möchte ich warnen. Die Rechtssicherheit ist ein hohes Gut, denn die Rechtssicherheit gilt in zwei Richtungen: Einmal, die Sicherheit, dass das Gesetz geachtet wird, aber umgekehrt enthält die Rechtssicherheit auch eine Sicherheit *vor* dem Recht. Die Rechtssicherheit bedeutet auch, dass der Staat über das Bestehen des Rechts hinweg nicht in die Rechte des Bürgers eingreifen darf. Die Rechtssicherheit, die Sicherheit zu wissen, woran wir sind, ist ein ganz wichtiger Punkt. Einer meiner juristischen Hochschullehrer, Wolfgang Fikentscher, hat nach dem Zusammenbruch der Ostblockstaaten ein kleines Büchlein geschrieben, »Demokratie. Eine Einführung«, in dem er auf wenigen Seiten versucht, die elementaren Grundsätze der Demokratie zusammenzufassen und den Menschen nahezubringen, die damit bisher wenig zu tun hatten. Darin findet sich ein interessanter Punkt. Fikentscher behandelt die Frage der Tages- und Geschäftsordnungen, wie sie z. B. in Parlamenten, Gemeinderäten usw. vorkommen; Tages- und Geschäftsordnungen sind zunächst eine typische formale Angelegenheit, bei der viele sagen werden: »Mein Gott, das ist doch alles jetzt nicht so wichtig!« Aber an dieser Stelle entgegnet Fikentscher: Nein! Das ist zu kurz gedacht. Er schreibt wörtlich:

»Tages- und Geschäftsordnung [darin, sie zu beachten, spiegelt sich eben die Rechtssicherheit wider] sind unentbehrliche Instrumente einer jeden Demokratie. Diktatorisch gesinnte Menschen, wie Nationalsozialisten oder viele der revoltierenden Studenten von 1968, tun Tages- und Geschäftordnungen als ›Formalkram‹ ab. Wann immer in einer Versammlung das Argument ›Formalkram‹ oder von ›System‹ kommt, ist die Demokratie in Gefahr und Vorsicht geboten.«[18]

Fikentscher weist darauf hin, dass die formalen Bestimmungen einen handfesten Sinn haben: Den Schutz vor Willkür und den Schutz von Minderheiten. Und das ist ein Punkt, für den die Rechtssicherheit so wichtig ist, weshalb ich nur davor warnen kann, sie geringzuschätzen.

Einzelfallgerechtigkeit

Nach diesen Ausflügen in die Geschichte einschließlich ihrer dunkelsten Kapitel wieder zurück in den Alltag. Wir haben die verschiedenen Aspekte der Gerechtigkeit betrachtet. Wir haben betrachtet die soziale Gerechtigkeit, die Gesetzestreue und auch die Gleichheit als wichtige, elementare Grundsätze. Vor einiger Zeit erreichte mich folgende Zuschrift eines Hochschullehrers, ein Fall, in dem diese Grundsätze eine Rolle spielen:

»Ein unter Depressionen leidender Student bleibt in einer wichtigen Klausur knapp unterhalb der geforderten Mindestpunktzahl. Ist es in Ordnung, da ein Auge zuzudrücken, weil

es ihn extrem belasten oder vielleicht sogar überlasten würde,
wenn er durchfiele? Als Korrektor könnte ich mir sagen, dass
der Student nicht über sein volles Leistungsvermögen verfüg-
te. Aber ist es nicht trotzdem unfair gegenüber den anderen,
die durchfallen?«[19]

Übertragen auf unsere bisherigen Überlegungen geht es
um Folgendes: Darf der Korrektor hier vom Gesetz und
von der Gleichheit vor dem Gesetz abweichen? Die Ver-
wirklichung der Rechtsidee im Sinne von »Gerechtigkeit als Gleichheit« würde besagen: Nein, der Korrektor
darf hier nicht abweichen. Entweder ist der Student prüfungsfähig, dann muss er auch geprüft werden, oder er ist
nicht prüfungsfähig. Und für diesen Fall gibt es bestimmte Vorgehensweisen und Mechanismen. Aber darf der
Korrektor auch ein Auge zudrücken, wozu wir – vermutlich die meisten von uns – wohl neigen?

Auch dieses Problem ist nicht neu. Überlegungen und
Bestimmungen dazu finden sich bei einer Organisation,
die damit viel Erfahrung haben muss, wie man mit rigi-
den Regeln umgehen und trotzdem ein Leben ermöglichen kann – der katholischen Kirche. Diese hat nämlich tatsächlich in ihren Lehrkanon ein Prinzip
aufgenommen, das schon seit der Antike bekannt ist: die
Epikie, die Billigkeit. Sie geht, wie so vieles, auf Aristoteles zurück. Aristoteles stellte die Billigkeit der Gerechtigkeit des Gesetzes gegenüber. Was versteht man unter
Billigkeit? Manche kennen den Begriff vielleicht aus der
Definition der guten Sitten im Zivilrecht als das »An-
standsgefühl aller billig und gerecht Denkenden«[20]. Der
Begriff »billig« ist heute bei uns leider in Verruf geraten,
weil man ihn mit ›Geiz ist geil‹ verbindet oder mit
schlechter Qualität. Die Billigkeit hat aber eine hohe
Bedeutung. Es handelt sich bei ihr um die sogenannte

Einzelfallgerechtigkeit, die von der allgemeinen Gerechtigkeit abweicht. Aristoteles hat das, wie üblich mit ein paar Schrauben, ansonsten aber wunderbar formuliert: Er schreibt im 5. Buch seiner Nikomachischen Ethik:

»Sodann ist von der Billigkeit und dem Billigen zu reden, wie sich die Billigkeit zur Gerechtigkeit und das Billige zum Gerechten verhält (...). Die Schwierigkeit kommt daher, dass das Billige zwar ein Recht ist, aber nicht dem Gesetze nach, sondern als eine Korrektur des gesetzlich Gerechten. Die Ursache ist, das jedes Gesetz allgemein ist [zum Beispiel: Jeder Student ist genau nach der Punktzahl zu behandeln, egal ob er Depressionen hat oder nicht], in einigen Dingen aber in allgemeiner Weise nicht korrekt gesprochen werden kann. Wo man allgemein reden muss, dies aber nicht angemessen tun kann, da berücksichtigt das Gesetz die Mehrzahl der Fälle, ohne über diesen Mangel im Unklaren zu sein. Dennoch geht es richtig vor. Denn der Fehler liegt weder im Gesetz noch im Gesetzgeber, sondern in der Natur der Sache. Die Materie des Handelns ist von vornherein von dieser Art. Wenn also nun ein Gesetz allgemein spricht, aber dabei ein Fall eintritt, der dem allgemeinen widerspricht, so ist es, soweit der Gesetzgeber allgemein formulieren lässt, richtig, dies zu verbessern, wie es ja auch der Gesetzgeber selbst getan hätte, wenn er dabei gewesen wäre; und wenn er diesen Fall gewusst hätte, hätte er ihn ins Gesetz aufgenommen. Daher ist das Billige ein Recht und besser als ein gewisses Recht, nicht als das Recht im allgemeinen, sondern als der Mangel, der entsteht, weil das Gesetz allgemein spricht. Dies ist also das Gesetz des Billigen, eine Korrektur des Gesetzes, soweit es aufgrund seiner Allgemeinheit mangelhaft ist.«[21]

Das heißt, man muss neben der allgemeinen Gerechtigkeit durch das Gesetz einen zweiten Teil sehen: die Einzelfallgerechtigkeit. Die ist sehr wohl notwendig, aber Vorsicht! Man kann natürlich über diese Einzelfallgerechtigkeit und Billigkeit alles aushebeln und einer Willkür geradezu Tür und Tor öffnen. Deshalb will zum Beispiel Thomas von Aquin, der sie im Gefolge Aristoteles' als Tugend ansieht, ihre Anwendung auf Fälle beschränken, in denen ein schwerer Schaden droht.[22]

Recht als ethisches Minimum

Aber ich möchte noch auf zwei weitere Aspekte des Verhältnisses von Recht und Moral hinweisen, die mir persönlich sehr wichtig sind. Es erreichte mich wieder einmal eine Frage:

»Ich habe neulich bei einem Versandhaus einen Pullover für einen Freund bestellt, der direkt an ihn geschickt wurde. Die Rechnung sollte zu mir kommen, ist aber bis heute nicht eingetroffen. Bin ich moralisch verpflichtet, die Firma um die Rechnung zu bitten? Schließlich habe ich ja ein Produkt in Anspruch genommen. Andererseits ist es doch Sache des Händlers, sich um seine Buchhaltung zu kümmern.«[23]

Bislang haben wir uns bei der Untersuchung des Verhältnisses von Recht und Moral auf die Bedeutung des Rechts für die Moral konzentriert und damit auf die Frage, ob es einen moralischen Grund gibt, das Gesetz zu achten, oder umgekehrt ein moralisches Recht, das Gesetz zu brechen. Hier jedoch sehen wir eine andere Konstellation: Es gibt keine gesetzliche Verpflichtung, hier eine Rechnung einzufordern. Es ist die Sache des Verkäufers, seine Forderung anzumelden. Das heißt, wenn sich die Fragestellerin nicht beim Versandhaus meldet, sich nicht rührt, handelt sie innerhalb des Gesetzes. Die Frage hier lautet also: Kann es unmoralisch sein, sich bei einer rechtlich geregelten Angelegenheit innerhalb des Rahmens zu bewegen, den das Gesetz vorgibt?

Diesen Aspekt des Verhältnisses zwischen Moral und Recht hat ein österreichischer Rechtstheoretiker, der in Leipzig promovierte, Georg Jellinek, untersucht. In seiner Dissertation mit dem Titel ›Die sozial-ethische Bedeutung von Recht, Unrecht und Strafe‹ hat er einen aus meiner Sicht sehr wichtigen Punkt herausgearbeitet. Er schrieb:

»Wenn wir nun bei einem historisch bestimmten Gesellschafts-zustand nach den Normen fragen, deren Befolgung die fortdau-ernde Existenz eines solchen Zustandes möglich macht, so erhalten wir das Recht dieser Gesellschaft. [Das sind also die Normen, die man braucht, um eine Gesellschaft aufrechtzu-erhalten. Und jetzt kommt seine Schlussfolgerung:] Das Recht ist nichts anderes als das ethische Minimum. Objektiv sind es die Erhaltungsbedingungen der Gesellschaft, soweit sie vom menschlichen Willen abhängig sind, also das Existenzmini-mum ethischer Normen, subjektiv ist es das Minimum sitt-licher Lebensbetätigung und Gesinnung, welches von den Ge-sellschaftsgliedern gefordert wird. (...) Das Recht verhält sich nach dieser Auffassung wie der Teil zum Ganzen, wie das Fun-dament zum Gebäude (...). Das Recht wird also, als das erhalten-de Moment, das Minimum der Normen eines bestimmten Ge-sellschaftszustandes bilden, d. h. diejenigen Normen umfassen, welche die unveränderte Existenz eines solchen sichern.«[24]

Zu dieser Auffassung, dass das Recht das »ethische Mini-mum« darstellt, gibt es, fast möchte ich sagen: wie üblich, eine Umkehrung, hier von dem Volkswirt Georg Schmol-ler. Ich zitiere dazu wieder den Münchner Rechtsphiloso-phen Arthur Kaufmann:

»Da es [das Recht] nämlich – jedenfalls in der Regel – über die Zwangsmittel verfügt, kann es Widerstand brechen, wobei in der Mehrzahl der Fälle schon die Androhung von Gewalt genügt, um zu rechtmäßigem Verhalten zu motivieren. Bedenkt man diese gewaltige Überlegenheit der Mittel, über die das Recht verfügt, so erweist es sich als geradezu ›ethisches Maximum‹, nämlich an Kraft, an Wirksamkeit, an Resultaten.«[25]

Aber das scheint mir nur ein kleines Wortspiel zu sein. Was ich bei Jellinek für entscheidend halte, ist folgende Erkenntnis: Das Recht setzt unserem Handeln Grenzen, die wir achten müssen, um gesellschaftliches Zusammenleben zu ermöglichen. Wenn wir uns über die Grenzen dieses Rechts hinaus begeben, wird das Zusammenleben unmöglich. Da beginnt es, an die Substanz zu gehen, das Minimum wird unterschritten. Das bedeutet aber nicht automatisch, dass innerhalb dieses Rahmens, den die Gesetze ausspannen, plötzlich alles richtig wird. Man kann nicht automatisch von der Tatsache, dass etwas rechtlich erlaubt ist, darauf schließen, dass es auch moralisch richtig ist. Der Rechtsphilosoph Arthur Kaufmann hat das folgendermaßen formuliert:

»Wie schon gesagt, hat es das Recht nicht mit dem Gesamtkomplex der moralischen Werte zu tun, sondern nur mit einem einzigen: mit der Gerechtigkeit, die nicht den höchsten Grundwert darstellt, sondern eher den niedersten, daher aber auch elementarsten und für das menschliche Zusammenleben bedeutsamsten. Was auf jeden Fall von Rechts wegen von allen gefordert werden kann und muss, können nur gewisse einfache moralische Handlungen sein, die auf die Erhaltung der notwendigen Bedingungen des menschlichen Zusammenlebens ausgehen.«[26]

Das heißt, ich muss mich innerhalb des Raumes, den mir das Recht lässt, immer noch ethisch rechtfertigen und mir überlegen, was ich an einer bestimmten Stelle richtig machen soll, wie ich mich sittlich und moralisch richtig verhalte. Das hat – wenig überraschend – auch Immanuel Kant gesehen, und dessen Ansicht möchte ich Ihnen noch an einem anderen Beispiel kurz darlegen. Wieder eine Frage aus dem Alltag:

»Nach dem Auszug hat uns der Vermieter nun eine Neben-kostenabrechnung über die Jahre 2004, 2005 und 2006 mit Nachzahlungen in Höhe von insgesamt 600 Euro geschickt. Der Inhalt ist nicht zu beanstanden, allerdings muss nach Mietrecht die Jahresabrechnung spätestens ein Jahr danach zugestellt werden, sonst kann der Vermieter seine Ansprüche nicht mehr geltend machen. 300 Euro aus 2004 und 2005 sind also verfallen, ich habe sie nicht bezahlt. Der Vermieter war darüber sehr enttäuscht, dabei lag es doch an ihm, rechtzeitig abzurechnen. Was meinen Sie?«[27]

Wenn wir versuchen, das zu analysieren, geht es um folgende Konstellation: Der Mieter zieht aus und sagt: »Ich habe eine Nebenkostenabrechnung bekommen, die war vollkommen berechtigt, die Nebenkosten sind alle angefallen, ich habe in dieser Wohnung gelebt, habe die Heizung, das Wasser, dies alles in Anspruch genommen, aber die Abrechnung kam zu spät. Deswegen muss ich das nicht mehr bezahlen, was ich in Anspruch genommen habe.« Dazu muss man beachten, dass die »kurze Verjährung«, wie der Jurist dazu sagen würde, ganz absichtlich vom Gesetzgeber eingeführt wurde, um eine Situation zu verhindern, in der man dann nach längerer Zeit die genaueren Umstände nicht mehr nachvollziehen kann, und um zu verhindern, dass auf einen Mieter plötzlich auf einen Schlag hohe Nachforderungen zukommen. Also ist die Tatsache, dass der Mieter hier nicht mehr bezahlen möchte, eigentlich im Sinne des Gesetzgebers. Die Frage ist nur, ist es denn auch moralisch richtig, sich hier auf das Gesetz zurückzuziehen und nicht zu bezahlen? Es ist auf jeden Fall nicht *un*moralisch, muss man als Erstes feststellen, denn der Gesetzgeber wollte das so, und wer nicht bezahlt, hält sich an die Idee des Gesetzes.

Moralität und Legalität

Nun hat aber Immanuel Kant eine Unterscheidung eingeführt. Und zwar unterschied er zwischen Moralität und Legalität. Kant meinte, die Legalität sei ein Handeln, so wie es dem Gesetz folgt, entsprechend dem Gesetz. Aber nicht unbedingt *wegen* der zugrunde liegenden Pflicht. Er unterschied das Handeln *gemäß* der Pflicht, also genau so, wie es die Pflicht fordert: die Legalität, vom Handeln *aus* Pflicht, weil man die Pflicht erfüllen möchte: der Moralität:

»Alle Gesetzgebung also (sie mag auch in Ansehung der Handlung, die sie zur Pflicht macht, mit einer anderen übereinkommen, z. B. die Handlungen mögen in allen Fällen äußere sein) kann doch in Ansehung der Triebfedern unterschieden sein. Diejenige, welche eine Handlung zur Pflicht und diese Pflicht zugleich zu einer Triebfeder macht, ist ethisch. Diejenige aber, welche das Letztere nicht im Gesetz mit einschließt, mithin auch eine andere Triebfeder als die Idee der Pflicht selbst zulässt, ist juridisch. (…) Man nennt die bloße Übereinstimmung oder Nichtübereinstimmung einer Handlung mit dem Gesetze, ohne Rücksicht auf die Triebfeder derselben, (also warum ich mich eigentlich daran halte) die Legalität (Gesetzmäßigkeit); diejenige aber, in welcher die Idee der Pflicht aus dem Gesetze zugleich die Triebfeder der Handlung ist, Moralität (Sittlichkeit) derselben.«[28]

Und das erläutert Kant anschließend an einem Vertrag, den man geschlossen hat. Kant geht davon aus, dass man einen Vertrag mit jemandem schließt, und in einem Vertrag verspricht man, dass man etwas Bestimmtes tun wird. Wenn man nun untersucht, wie es um die Verpflichtungen aus diesem Vertrag steht, in unserem Beispielsfall die Pflicht aus dem Mietvertrag, die Nebenkosten zu zahlen, dann unterscheidet Kant:

»So gebietet die Ethik, dass ich eine in einem Vertrage getane Anheischigmachung [also eine Verpflichtung], wenn mich der andere Teil gleich nicht dazu zwingen könnte, doch erfüllen müsse. [Also auch wenn die rechtliche Möglichkeit, diesen Vertrag durchzusetzen, nicht mehr da ist, fordert die Ethik, dass ich mich dennoch an die Verpflichtung aus diesem Vertrag halten muss.] Es ist keine Tugendpflicht, sein Versprechen zu halten, sondern eine Rechtspflicht, zu deren Leistung man gezwungen werden kann. Aber es ist doch eine tugendhafte Handlung (Beweis der Tugend), es auch da zu tun, wo kein Zwang besorgt werden darf.«[29]

Es geht also um die subjektive Einstellung zu dem Ganzen, dass man sich an etwas hält, auch wenn nicht das äußere Recht dazu zwingt, sondern nur das innere Gefühl der Pflicht. Dieser Wunsch, man möchte die Verpflichtung einhalten, ist moralisch hochwertig, tugendhaft.

Das ist mein gutes Recht

Ich möchte das Ganze abrunden mit einer Schlussbetrachtung zu etwas, das mir besonders wichtig ist. Ich habe es zwischendurch schon anklingen lassen. Wolfgang Fikentscher hatte, wie erwähnt, in seinem Buch

»Demokratie« geschrieben: »Immer wenn das Wort ›Formalkram‹ fällt, ist Vorsicht geboten und die Demokratie in Gefahr.« Ich würde diesen Gedanken gerne aufgreifen und behaupte: Immer wenn der Spruch fällt: ›Das ist mein gutes Recht!‹, ist die Moral in Gefahr. Denn wann immer jemand sagt: ›Das ist mein gutes Recht!‹, ist es meiner Meinung nach nicht das gute Recht, sondern es ist schlecht. Dieser Satz stellt einen Rückzug auf das unhinterfragte ethische Minimum dar. Auf das, was durch das Gesetz sozusagen gerade noch gewährleistet werden muss, aber nicht auf das, was man aufgrund moralisch-sittlicher Überzeugung für richtig halten kann. Es ist also nur das, was zwangsweise durchgesetzt werden kann, was also nach Kant die Legalität ausmacht. Aber eben nicht das, was tugendhaft oder ethisch ist. Ich behaupte deshalb, dass der Spruch: ›Das ist mein gutes Recht!‹ zu einem unethischen Verhalten führt.

Zurück zur roten Ampel

Doch will ich nicht enden, ohne Ihnen die Auflösung zur Eingangsfrage zu präsentieren. Wir haben ja begonnen mit der Radfahrerfrage, die eine so ganz zentrale Frage meiner Arbeit darstellt. Es ging um die Frage, ob man an einer roten Ampel stehen bleiben muss. Sie erinnern sich an den Dialog *Kriton*, an Sokrates, der sagte: »Wenn sich uns die Gesetze in den Weg stellen ...« Und das würde ich gerne übertragen auf die Überlegung, was passiert, wenn sich nachts plötzlich die Gesetze auf die Kreuzung werfen und Sie dann über die Gesetze radeln und die Gesetze Sie fragen, was Sie machen. Sie erinnern sich an die Überlegung, die Norbert Hoerster aufgeworfen hat: Wenn wir von anderen wollen, dass sie die Rechtsordnung einhalten, dass der Staat funktioniert, dann müssen wir uns auch daran halten. Das alles sind aber Werte, die man beim Radfahren nachts nicht so direkt als Erstes sehen kann. – Nebenbei bemerkt: Interessant ist übrigens, dass immer wieder der Gedanke auftaucht: Mit dem Auto würde niemand über die rote Ampel fahren, mit dem Fahrrad schon. Ich weiß nicht, ob es daran liegt, dass das Auto ein Kennzeichen hat und das Fahrrad nicht. Oder ob es an der größeren Gefahr liegt, die von einem Auto für die anderen Verkehrsteilnehmer ausgeht. Aber wir gehen ja jetzt von einer Situation aus, in der niemand weit und breit ist, also irgendwo draußen auf dem flachen Land. Man sieht über Kilometer, es ist niemand da, und trotzdem hätten die meisten mit dem Auto ein viel schlechteres Gewissen. Aber dies nur so am Rande. –

Zurück zum Kern: Alle diese Überlegungen führen uns dazu, dass es falsch ist, nachts über die rote Ampel zu radeln. Jetzt könnten Sie freilich entgegnen, dass Sie weder Sokrates sind noch ein Diplom in Rechtsphilosophie erwerben, sondern einfach nur nach Hause radeln wollen. Und dass Sie tief in der Nacht, alleine auf weiter Flur, ganz sicher niemanden gefährden und auch kein schlechtes Vorbild für Kinder sind. Das könnten Sie entgegnen. Und wenn Sie das tun, fällt mir auch kein zwingendes Argument mehr ein, warum Sie ein schlechtes Gewissen haben müssten.

Leseempfehlungen

Inge Scholl, Die Weiße Rose, Fischer Taschenbuch Verlag, Frankfurt am Main 1984

Lion Feuchtwanger, Erfolg, erschienen 1930 in Berlin. In vielen Ausgaben erhältlich

Sophokles, Antigone, übersetzt von Wilhelm Kuchenmüller, Reclam Verlag, Stuttgart 2000

Arthur Kaufmann, Rechtsphilosophie, Verlag C. H. Beck, 2. Auflage, München 1997

Immanuel Kant, Grundlegung zur Metaphysik der Sitten, Philipp Reclam jun., Stuttgart 2002

Immanuel Kant, Die Metaphysik der Sitten, Philipp Reclam jun., Stuttgart 2001, insbesondere die Rechtslehre

Platon, Kriton, zum Beispiel in: Platon, Sämtliche Werke. Übersetzt von Friedrich Schleiermacher, Band 1, Rowohlt Taschenbuch Verlag, Reinbek bei Hamburg 1994; oder in: Platon, Apologie des Sokrates. Kriton. Übersetzt von Manfred Fuhrmann, Reclam Verlag, Stuttgart 1987

Norbert Hoerster (Hrsg.), Recht und Moral – Texte zur Rechtsphilosophie, Philipp Reclam jun., Stuttgart 1990

Aristoteles, Die Nikomachische Ethik. V. Buch, zum Beispiel in der von Olof Gigon übersetzten Ausgabe, dtv, München 2002. Oder in der Übersetzung von Ursula Wolf, Rowohlt Taschenbuch Verlag, Reinbek bei Hamburg 2006

Gustav Radbruch, Rechtsphilosophie – Studienausgabe, hrsg. von Ralf Dreier und Stanley L. Paulson, C. F. Müller, Heidelberg 1999

Wolfgang Fikentscher, Demokratie – Eine Einführung, Piper, München 1993

DIE FORM DES GUTEN

Design und Ethik[1]

Im Jahr 2011 widmeten zwei bekannte Museen in Deutschland Ausstellungen dem Design einer Firma: Apple. In der ersten Hälfte des Jahres zeigte das Frankfurter Museum für Angewandte Kunst die Ausstellung »Der i-Kosmos. Macht, Mythos und Magie einer Marke«, in der zweiten Jahreshälfte das Museum für Kunst und Gewerbe in Hamburg die Ausstellung »Stylectrical«. Zu beiden Ausstellungen erschienen umfangreiche Kataloge, in denen das Design der Firma Apple gewürdigt wird.[2] Damit scheinen Apple und sein Design endgültig auch offiziell mit Segen zweier der bedeutendsten Designmuseen Deutschlands im fachlichen Olymp des Designs angekommen zu sein. Was den weltweiten merkantilen Erfolg und die Anerkennung der Kunden angeht, war Apple da ohnehin schon lange angekommen und hat mehr oder weniger alle Konkurrenten schon lange in den Schatten gestellt. Nicht nur die direkte Konkurrenz. Apple war Mitte 2011 zwischenzeitlich im Hinblick auf den Börsenwert das wertvollste Unternehmen der Welt, hatte Unternehmen wie General Electric und Exxon Mobile vom Spitzenplatz verdrängt. Nicht zuletzt ein Erfolg des klaren Designs.

Zu diesem klaren Design heißt es im Webauftritt des Verlages zum Katalog der Hamburger Ausstellung:

»Nicht zuletzt werden die deutlichen Bezüge des Apple-De-
signs zu den formreduzierten Produkten der deutschen Erfolgs-
marke Braun und den ›Zehn Regeln für gutes Design‹ von
deren Chefdesigner Dieter Rams aufgezeigt.«[3]

Dieter Rams als Benchmark des klaren Designs

Der Verweis auf Dieter Rams und die Firma Braun überrascht zwar einerseits, weil die Firma Braun zwar in der
Nachkriegszeit durchaus erfolgreich war, sich aber nie
mit dem wirtschaftlichen Erfolg oder der weltweiten
Bekanntheit von Apple auch nur annähernd hätte mes-
sen können. Andererseits kommt der Verweis auf Braun
und Dieter Rams nicht von ungefähr, gilt dessen Werk
doch geradezu als Benchmark für gutes, schlichtes Design. Dieter Rams' Wirken wird in eine Reihe mit dem
Deutschen Werkbund, dem Bauhaus, der »guten Form«
und der Ulmer Hochschule für Gestaltung gestellt.[4]
   Doch Dieter Rams gilt auch deshalb als Maßstab,
weil er sich nicht nur auf die Entwicklung und Gestaltung der Produkte beschränkte, sondern das auch theoretisch unterbaute. Er hatte auch die schon erwähnten
zehn Thesen für gutes Design aufgestellt, die manchmal auch als die »Zehn Gebote« des Designs bezeichnet
werden[5]:

Gutes Design ist innovativ.
Gutes Design macht ein Produkt brauchbar.
Gutes Design ist ästhetisches Design.
Gutes Design macht ein Produkt verständlich.
Gutes Design ist ehrlich.
Gutes Design ist unaufdringlich.

Gutes Design ist langlebig.
Gutes Design ist konsequent bis ins letzte Detail.
Gutes Design ist umweltfreundlich.
Gutes Design ist so wenig Design wie möglich.[6]

Spätestens an dieser Stelle, beim Verweis auf die »Zehn Gebote«, sind wir verbal, aber auch vom Inhalt dieser Thesen her bei der Moral angelangt; und auch die Ausstellung, die das Werk von Dieter Rams weltweit in vier großen Designmuseen, dem Suntori Museum Osaka, dem Fuchu Art Museum Tokyo, the Design Museum London und dem Museum für Angewandte Kunst Frankfurt, würdigte, lief unter dem Titel »Less and More. Das Design*ethos* von Dieter Rams« (Hervorhebung R. E.).

Der grüne Apfel

Mit der Frage der Moral von Design musste sich auch die Firma Apple auseinandersetzen, mit anderen Worten, sie musste darüber nachdenken. Und unter dem Motto »Nachdenken über Moral« stehen ja auch diese Ausführungen. Wenn auch in anderer Hinsicht: Die Umweltschutzorganisation Greenpeace hatte die Aktion »Green my apple« gestartet,[7] in der sehr wirkungsvoll auf Umweltschutzprobleme beim Produktdesign, speziell im Hinblick auf Herstellung und Entsorgung von Apple-Produkten, aufmerksam gemacht wurde. Die öffentliche Wirkung dieser Kampagne war so groß, dass Apple darauf mit einer Aktion namens »A greener apple« reagierte, die Steve Jobs, der damalige CEO, selbst verkündete. Darin versprach Jobs, das Design der Apple-Produkte in Richtung auf mehr Umweltschutz zu verbessern.[8] In der

Folge verweist Apple seither laufend auf Verbesserungen im ökologischen Design seiner Produkte.[9]

Design und Ethik – eine Frage des Umweltschutzes im Sinne des grünen, ökologischen Designs? Wir werden auch darauf später zurückkommen, allerdings halte ich es für interessanter, zunächst bei der Design-Ikone Apple zu bleiben und noch in einer anderen Richtung nachzudenken.

Weiß im Ohr

Einer der spektakulärsten Erfolge der Firma Apple war die Einführung des iPods im Jahre 2001. Mit diesen tragbaren Mediaplayern, zunächst Musikplayern in Verbindung mit dem Programm und Onlinestore iTunes, gelang Apple ein kaum glaublicher wirtschaftlicher Erfolg, es wurden auch neue Designmaßstäbe gesetzt und letztlich ein neuer Markt geschaffen. Das Besondere an den iPods von Apple war neben der neuen Technik ein schlichtes Design, das extrem an Dieter Rams erinnerte, und die Farbe Weiß für das Gerät und insbesondere auch die Ohrhörer. Ohrhörer, die man in den Gehörgang einführt, hatte es schon von verschiedenen Firmen gegeben, Apple setzte aber darauf, und tut das bei den Ohrhörern heute noch, sie ausschließlich in weiß zu produzieren. Ein Teil der Strategie war eine Werbekampagne: Vor bunten Hintergründen halten schwarze, schattenrissartige Figuren einen weißen iPod in der Hand, der über ein weißes Kabel mit ebenfalls weißen Ohrhörern verbunden ist.

Die weißen Ohrhörer stellen ein Wiedererkennungsmerkmal dar, mit dem sich die hochpreisigen Apple-

iPod-Werbung

Produkte von günstigeren Modellen anderer Firmen ab-
setzen. Offensichtlich ganz bewusst, wie ein Satz aus
der Produktbeschreibung des iPod-Shuffle zeigt: »Die
weißen Ohrhörer zeigen, dass Sie Ihre Musik mit Stil
genießen.«[10]

Das Design dient hier der Markenbildung, aber auch
der Distinktion des Produktes wie auch der Käufer und
Benutzer. Es kommt zur Abgrenzung der Menschen, die
sich das Produkt leisten können, von denen, die das
nicht können. Und das Besondere hier: Das soll öffent-
lich geschehen, die Menschen, die Musik hören, werden
durch die notwendigerweise weithin sichtbaren Ohrhörer voneinander unterschieden. Mit gesellschaftlichen
Folgen: 2004 veröffentlichte, einem Zeitungsbericht zu-

folge, die britische Polizei einen Aufruf, in der sie vor iPod-Diebstählen warnte und riet, auf die charakteristischen weißen Kopfhörer zu verzichten.[11] Einem Bericht von Focus online zufolge wurde am 2. Juli 2005 der fünfzehnjährige Christopher Rose in New York erstochen, weil zwei Gang-Mitglieder unbedingt einen iPod, den ein Freund des Jungen dabeihatte, haben wollten. Dass wegen eines iPods ein Jugendlicher ermordet wurde, habe Apple-Chef Steve Jobs nicht nur dazu gebracht, den Vater des Jungen anzurufen, sondern auch die Beerdigung zu bezahlen.[12]

Könnte man dann – darüber nachzudenken sei hier gemäß dem Motto des Buches erlaubt – womöglich von einer Verantwortung der Firma Apple sprechen, mehr noch des exklusiven Designs, der Markenbildung durch das Design, die auf Begehren abzielt? Von Verantwortung für den Tod des Jugendlichen? Gar von Schuld?

Können Dinge böse sein?

Offenbar hat Design mehr moralische Aspekte, als man im ersten Moment meint, wenn man vermutlich vor allem an das ökologische Design denkt.

Lassen wir einen bekannten Designer zu Wort kommen, Otl Aicher:

»der designer ist eine art moralist. er wertet. seine tätigkeit besteht aus wertungen.«[13]

Otl Aicher ist nicht nur irgendein Designer. Sein Lebenswerk ist umfangreich; hervorzuheben sind vielleicht am ehesten das epochenbeeinflussende Erscheinungsbild der Olympischen Spiele 1972 in München mit den bis heute verwendeten Piktogrammen, das visuelle Erscheinungsbild der Lufthansa und des Münchner Flughafens und seine Schrift »Rotis«, deren »A« heute auch im Logo der Stadt Augsburg zu finden ist. Er war in vielfacher Hinsicht auch mit Moral befasst. Wir sind dem Namen »Aicher« bei unseren Überlegungen schon an ganz anderer Stelle begegnet: Bei dem Buch »Die Weiße Rose« von Inge Aicher-Scholl (siehe das Kapitel über Recht und Moral, Seite 70). Inge Aicher-Scholl war die ältere Schwester von Hans und Sophie Scholl, den Protagonisten der Widerstandsgruppe »Die Weiße Rose«, die für ihren Widerstand vom Volksgerichtshof zum Tode verurteilt und hingerichtet wurden. Otl Aicher, ihr späterer Ehemann, und sie waren Mitbegründer der Ulmer Hochschule für Gestaltung, die versuchte, Design in der Tradition des Bauhauses auch mit dezidiert politischer Zielrichtung zu vermitteln.

Zurück zu Otl Aichers Satz. Er löst Fragen aus: Mit welcher Art von Gestaltung befasst sich der Designer, und welche Wertungen trifft er? Zwischen schön und unschön? Zwischen tauglich und untauglich? Zwischen gut und schlecht? Oder zwischen gut und böse? Mit Letzterem wäre man bei der klassischen Moral, ebenjener Unterscheidung zwischen »gut« und »böse«. Nur kann ein Produkt das jemals sein: »gut«, »böse«? Das bezweifelt zum Beispiel der Wuppertaler Designtheoretiker Siegfried Maser:

»Und überhaupt, was heißt denn ›Moral der Gegenstände‹? Es gibt zwar gute und schlechte Schuhe, aber keine wahren oder falschen Schuhe und keine moralischen oder unmoralischen Schuhe. Moralisch oder unmoralisch sind wir Menschen bei dem, was wir tun, nicht die Dinge, die wir dazu gebrauchen. Nicht das Messer, sondern der Mörder und seine Mordtat sind unmoralisch, ungerecht, böse, schlecht etc. (...) Die Ziele und Zwecke sind möglicherweise moralisch oder unmoralisch, nicht aber die Mittel, um solche Zwecke zu erfüllen.

Ethik und Design betrifft somit primär die Designer und die Designerinnen und das, was sie tun und lassen; erst sekundär, falls überhaupt, die von ihnen hervorgebrachten Produkte. Das Thema ist also nicht die Moral der Gegenstände, sondern die Moral der Designer/innen; ihre persönliche, ihre individuelle Ethik und Moral oder ihre gemeinsame Berufsethik oder beides.«[14]

Die Argumentation ist sicherlich im Ansatz richtig, ein Gegenstand kann sich nicht moralisch oder unmoralisch verhalten, zudem kann er nicht Adressat einer moralischen Forderung sein. Verantwortlich ist derjenige, der ihn hergestellt oder gestaltet hat – vielleicht auch der, der ihn nachgefragt und bezahlt hat. Dennoch greift Masers Argumentation meines Erachtens zu kurz.

»Böse Dinge« titelte 2009 eine bemerkenswerte Ausstellung des Berliner Museums der Dinge, die 2011 erweitert im Gewerbemuseum Winterthur zu sehen war. Ausgangspunkt des Konzepts der Ausstellung waren die Arbeiten des Kunsthistorikers Gustav Pazaurek,[15] der 1909 im Stuttgarter Landesgewerbemuseum eine »Abteilung der Geschmacksverirrungen« aufgebaut hatte. Imke Folkers, die Kuratorin der Ausstellung, geht im Begleittext zur Ausstellung auf die Frage ein, inwiefern Dinge »böse« sein können, und führt in Bezug auf Pazaureks Konzept aus:

»Die Bösartigkeit der Dinge bezieht sich dabei nicht auf Taten, die mit ihnen ausgeführt werden könnten, nicht auf ihren

Zweck oder ihren Zeichencharakter, sondern auf das Böse bzw. Schlechte, das sich in ihrer Ausführung, Gestaltung und in ihrer Funktionsfähigkeit manifestiert.«[16]

In Anlehnung an Pazaurek teilten die Kuratoren in ihrer Ausstellung die »Bösen Dinge«, erweitert um heutige Fehlerkategorien, ein (s. nebenstehende Tabelle):

Imke Folkers hat einen, vielleicht den zentralen Punkt herausgestellt, den Maser übersieht: Es gibt auf der einen Seite Gegenstände, deren Moral oder Unmoral sich erst im Gebrauch manifestiert, so das Messer, das beim Kochen positiv der Ernährung dient (ob das wirklich positiv ist, hängt auch vom Koch und den Zutaten ab), als Mordwaffe aber negativ verwendet wird. Die negativen Eigenschaften können aber auch im Gegenstand enthalten sein, sei es im Material, sei es in der Gestaltung. Eine Trinkflasche für Säuglinge, die aus einem Material hergestellt wurde, das Giftstoffe absondert – Pazaurek würde es als »Materialfehler« bezeichnen –, wird nicht erst durch den Gebrauch »böse«, das ist in ihr sozusagen schon angelegt. Wenn dieses falsche Material auf Gewinnmaximierung des Herstellers zurückzuführen ist, »manifestiert« sich, wie Imke Folkers es formulierte, diese böse Absicht im Gegenstand. Dass dieses Konkretisieren auch die Form betreffen kann und nicht nur das Material, werden wir später an Beispielen aus verschiedenen Lebensbereichen sehen. Man kann aber auch an dieser Stelle schon überlegen, ob sich die Absicht der Exklusivität und Distinktion und damit der Betonung und Verstärkung von Klassenunterschieden in der Gesellschaft im Design der weißen Apple-Ohrhörer so weit manifestiert hat, dass man sie trotz herausragenden Designs als »böse« oder gar »unmoralisch« ansehen muss.

GESCHMACKSVERIRRUNGEN NACH GUSTAV E. PAZAUREK

I. MATERIALFEHLER	II. KONSTRUKTIONSFEHLER	III. DEKORFEHLER	IV. KITSCH	HEUTIGE FEHLERKATEGORIEN
Schlechtes und verdorbenes Material	Relieftranspositionen	Abnorme Formen	Hurrakitsch	Förderung von Gewaltakzeptanz
Wunderliches Material	Ungünstige Gewichtsverteilung	Ornamentwut und Schmuckverschwendung	Aktualitätskitsch	Jugendgefährdendes Spielzeug
Material-Pimpeleien	Unzweckmäßigkeit / Tücke des Objekts	Kunst als Ausrede	Fremdenandenkenkitsch	Kinderarbeit
Materialvergewaltigung	Zweckkollisionen	Schmuck an falscher Stelle und in falscher Richtung	Heimat- und Jägerkitsch	Ressourcenverschwendung
Materialprotzerei	Funktionelle Lügen	Dekorbrutalitäten	Devotionalienkitsch	Umweltverschmutzung
Materialübergriffe	Konstruktionsattrappen und Künstlerscherze	Dekorübergriffe	Reklamekitsch	Kadaver-Chic
Materialattrappen	Techniksurrogate	Zufall und Rezept		Artenschutzverbrechen
Materialsurrogate	Patenthumor	Originelle Schmuckgedanken		Sexismus
Umgekehrte Surrogate	Billige Originalität	Unpassende Schmuckmotive		Rassismus
		Zeit- und landfremder Schmuck		Überzogenes Exklusivitätsgehabe
		Übertriebene Oberflächenbehandlung		
		Dekor-Primitivitäten		
		Hausknechtswesen / Hemdsärmelkultur		

Tabelle aus dem Begleitheft zur Ausstellung »Böse Dinge« im Museum der Dinge, Werkbundarchiv Berlin

Moral in der Geschichte des Designs

»Nachdenken über Moral« lautet unser Motto, und wenn man nachdenken will, ist es sinnvoll, den Gegenstand des Nachdenkens zu ordnen und einzuordnen. Ansätze zum Verhältnis von Design und Moral finden sich viele. An dieser Stelle kann nur ein kleiner Überblick über die bekanntesten erfolgen: Mit dem Buchtitel »Die gute Form« prägte 1957 der Bauhausschüler und Mitbegründer der Ulmer Hochschule für Gestaltung Max Bill einen feststehenden Begriff. »Die Moral der Gegenstände« titelte 1987 eine Ausstellung über die Ulmer Hochschule für Gestaltung im Bauhaus-Archiv. Das Bauhaus selbst wollte über Gestaltung die Lebensumstände der Menschen verbessern. Eine der Forderungen des britischen Arts and Crafts Movement bestand neben handwerklicher Qualität in Material»gerechtigkeit«.

Der Deutsche Werkbund hatte sich sogar zum Ziel gesetzt, über die Moral der Dinge, die gute Qualität, Menschen zu besseren Menschen zu erziehen. Das betont auch der große Gestalter Wilhelm Wagenfeld unter Berufung auf den Werkbund:

»Wir können nicht leugnen, daß unsere Umwelt selbst im Allerkleinsten ihren Einfluß auf uns ausübt. Es ist darum für niemanden gleichgültig, wie er wohnt und womit er seinen Alltag und Festtag umgibt.«[17]

Wagenfeld zitiert dort auch aus dem Vorwort des »Deutschen Warenbuchs«, das der Dürerbund gemeinsam mit dem Deutschen Werkbund herausgegeben hat:

»Die gute Ware fördert ein Volk nicht nur wirtschaftlich, auch sittlich und künstlerisch. Jeder Besitz wird Gutes und Böses schaffen. Wir erfahren aus den Dingen der häuslichen Umgebung und des alltäglichen Gebrauches fördernde und hemmende Eindrücke, niedere und hohe Stimmungen, Auffassungen und Gewohnheiten, die unbewußt unser Leben prägen und beeinflussen.«[18]

1964 und 2000 fanden sich Graphikdesigner zusammen, um in dem Manifest »First Things First« die Konzentration ihrer Arbeit auf das wirklich Wichtige, die gesellschaftlich relevanten Themen, zu geloben. Und heutzutage feiert das »Grüne Design« mit Verantwortung für die Umwelt in Zeiten von Erderwärmung und weltweiter Rohstoffverknappung eine neue Blüte.

Haben diese allseits bekannten Ansätze etwas gemeinsam? Laufen sie parallel oder gar gegeneinander? Versucht man sie zu ordnen, treten verschiedene Linien hervor, entlang deren Design und Moral aufeinandertreffen:

- die Erziehung zum besseren, moralischeren Menschen durch die gute Form,
- die Auswirkung der Funktion eines Gegenstandes auf die Lebensumstände (im Sinne einer Sozialmoral),
- die Auswirkung seines Gebrauchs auf die Umwelt (im Sinne einer ökologischen Moral),
- die Auswirkung seiner Herstellungs- und Entsorgungsprozesse (ebenfalls im Sinne einer ökologischen Moral),
- die Auswirkung der ästhetischen Aussage einer Gestaltung auf die Gesellschaft,
- eine mögliche Pflicht zur »Verschönerung der Welt«.

Materiell und nichtmateriell

Kann man die darin enthaltenen Gedanken noch weiter ordnen? Ich glaube ja. Am Ende scheinen diese Linien in zwei Grundprinzipien zusammenzulaufen, die auch das bekannte Motto des Münchner Designmuseums *Die neue Sammlung* widerspiegelt: »Design ist Kunst, die sich nützlich macht.« Kunst und Nutzen – ein Spiel mit Gegensätzen, das aber die beiden Pole des Designs zeigt.

Es geht im Endeffekt einerseits um die Auswirkungen des materiellen Anteils, der sich der Nützlichkeit, dem Gebrauch zuordnen ließe, und andererseits des nicht-materiellen Anteils, den man vereinfacht den künstleri-schen nennen könnte. Diesen Teil spaltet der Berner De-signhistoriker Beat Schneider in die ästhetischen und – hier vor allem wichtig – symbolischen Funktionen auf.[19] Der Designer Héctor Solís-Muñiz beschäftigt sich mit der semantischen Perspektive von Design und unter-scheidet die denotative, physische Ebene, auf der die tech-nischen- und Gebrauchsfunktionen erfahren werden, von der konnotativen Ebene, auf der die ästhetischen und symbolischen Funktionen erlebt werden.[20] Der Pots-damer Designtheoretiker Rainer Funke differenziert das weiter unter dem Motto: »Design ist Bedeutungsarbeit«, und sieht das Design als Gestaltung in Korrespondenz mit dem Nutzer in den Bereichen Informationen, das Fak-tische, Nutzen, Operationen, Umweltbezüge, ökonomi-sche Bezüge, reflexives Potential und kommunikatives Potential.[21] Alle diese Bezüge haben jeweils ihre spezifi-schen Auswirkungen auf das Miteinander der Menschen, und begreift man Moral als die Summe der Grundsätze, die unser Miteinander bestimmen, kann keiner dieser As-pekte losgelöst von moralischen Erwägungen bleiben.

Dennoch scheint mir die Unterscheidung in die beiden Grundprinzipien materieller Anteil und nichtmaterieller Anteil – man könnte sie auch materialer und nichtmaterialer Anteil nennen, um sie von der Assoziation mit dem Geld zu trennen – für die Überlegungen hier sinnvoll. Wie unterschiedlich diese beiden Grundprinzipien wirken, lässt sich an einem wirtschaftlich sehr bedeutenden und deshalb gestalterisch hoch ausdifferenzierten Bereich erkennen: dem Design von Autos.

An dieser Stelle wird nun mancher protestieren wollen: Das hat doch nichts mehr mit Nachdenken zu tun! Die Debatte um Autos, ihre Verbrauchswerte, CO_2-Ausstoß, Hybridfahrzeuge, Elektrofahrzeuge, Biosprit und dessen Auswirkungen auf den Regenwald oder die Ernährung wurden doch landauf, landab so breit diskutiert, dass das kaum mehr hierher unter das Motto »Nachdenken über Moral« passt. Das stimmt, wenn man es auf diese Aspekte begrenzen würde, aber ich will auf etwas anderes hinaus.

Ein Ausflug in die Autowelt

In der FAZ vom 20.11.2008 analysierte der Leiter des Kunstressorts Niklas Maak, anlässlich des drohenden Niederganges der Marke Opel das Verhältnis der deutschen Gesellschaft zu ihren Autos und berichtete über einen besonderen Vorfall:

»Am 21. September 1973 befasste sich der Bundestag mit Frontspoilern. Der Autohersteller BMW hatte der stärksten Variante des Modells 2002 den Schriftzug ›Turbo‹ auf das Luftblech unter der vorderen Stoßstange geschrieben, und zwar in Spiegelschrift, so dass die anderen Autofahrer die Botschaft im

BMW 2002 turbo mit und ohne Schriftzug

Rückspiegel lesen konnten: Turbo, Widerstand zwecklos, runter von meiner Spur. Der parlamentarische Staatssekretär Haar
erklärte in der Sitzung, die Bundesregierung betrachte ›Auswüchse sportlicher Aufmachung von Kraftfahrzeugen mit Sorge‹. Es war das erste Mal, dass die Politik sich in Designfragen
einmischte. BMW lieferte den 2002 ohne Turbo-Schriftzug
aus«[22]

Die Diskussion drehte sich ausschließlich um den ge-
stalterischen Teil des Autodesigns: es ging lediglich um
eine Beschriftung. Nur die Art der optischen Gestaltung
wurde als so bedrohlich wahrgenommen, dass es zu einer
Debatte im Bundestag kam und die Gestaltung geändert
wurde. Über 30 Jahre später kann man die Aufregung
über den Schriftzug kaum mehr nachvollziehen. Heute
würden wir das Auto als harmlos empfinden, was man
spätestens dann erkennt, wenn man es mit einem mo-

BMW 335i neben dem BMW 2002 turbo

dernen Serienauto desselben Herstellers vergleicht, dem
BMW 335i (s. Abb.).

Denn das Autodesign hat sich insgesamt in diese Richtung entwickelt. So sehr, dass sogar ein hochrangiger
Vertreter der Branche sich kritisch äußerte: 2007 schrieb
Murat Günak, früherer Chefdesigner bei Volkswagen, in
einem Beitrag unter der Überschrift »Autos dürfen nicht
mehr so aggressiv sein« darüber, dass die modernen Autos nicht nur größer und schwerer, sondern auch aggres-
siver werden.[23] Lutz Fügener, Professor für Transporta-
tion Design an der Hochschule Pforzheim, meinte in
einem Interview: »Wir sind längst bei animalischen Pro-
portionen angelangt, bei Falkengesichtern und Haifisch-
mäulern, weil wir Raubtieren noch mehr Durchschlags-
kraft beimessen als Menschen.«[24]

Audi von vorne   *Audi-Scheinwerfer*

Ich muss gestehen, dass ich diesen Eindruck auch habe. Allen voran scheint mir das bei einer Marke zuzutreffen, die in den letzten Jahren einen massiven Imagewechsel vollzogen hat, von einer eher biederen zu einer modernen, sehr sportlichen jungen Marke, und das mit großem wirtschaftlichen Erfolg: Audi. Deren Formensprache scheint mir die aggressivste im Massensegment zu sein, sowohl was den Gesamteindruck als auch was Details, wie etwa die Gestaltung der Frontscheinwerfer, angeht. Das bestätigt auch Fügener in seinem Interview, er spricht über die wuchtigen Kühler bei den Audi-Modellen: »Stattdessen tragen alle diese Jagdmaske, die mich an *Krieg der Sterne* erinnert: Darth Vader.«[25] Mittlerweile scheinen jedoch auch andere Marken diesem Trend zu folgen.

Autos mit Antlitz

Dass die Assoziation von Autodesign mit mehr oder weniger großer Aggressivität nicht nur ein subjektiver Eindruck von Einzelnen ist, zeigt eine Studie, die 2008 in der Zeitschrift »Human Nature« veröffentlicht wurde.[26] Die Wissenschaftler konnten darin nachweisen, dass die

Frontpartien von Autos mit zwei Scheinwerfern und dem Kühlergrill als Gesichter wahrgenommen und ihnen Eigenschaften wie Kind, Erwachsener, männlich, weiblich, freundlich, glücklich, aber eben auch arrogant, dominant oder feindlich zugeschrieben werden. Dies wird deutlich, wenn man sich typische Muster, wie sie in der Studie untersucht werden, ansieht (s. Abb. unten).

Dass das funktioniert, kann man auch an sich selbst überprüfen, wenn man typische bekannte Autos unter diesem Gesichtpunkt betrachtet (s. die Fotos und Schematen auf der folgenden Seite):

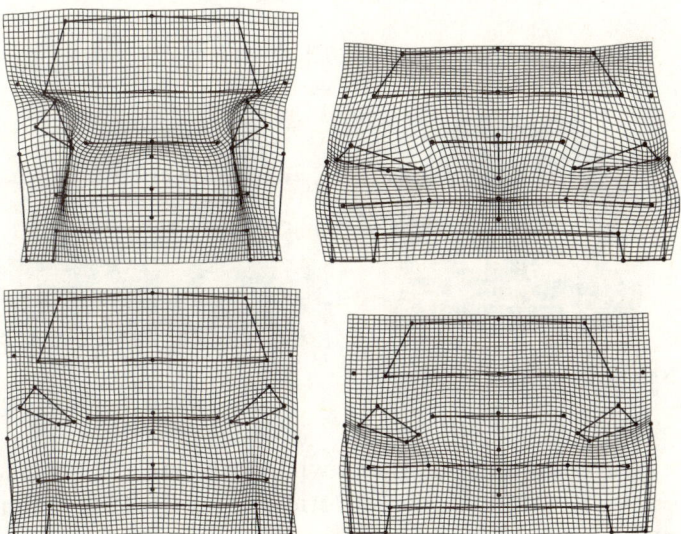

Fig. 3 Regression of shape onto PC1 "power" (*top*) and PC2 "sociability" (*bottom*)—predicted shapes (±3 SDs). The grids are deformed in the direction of decreasing (*left*) and increasing (*right*) power and sociability, respectively

Muster aus der Studie »Face to face«

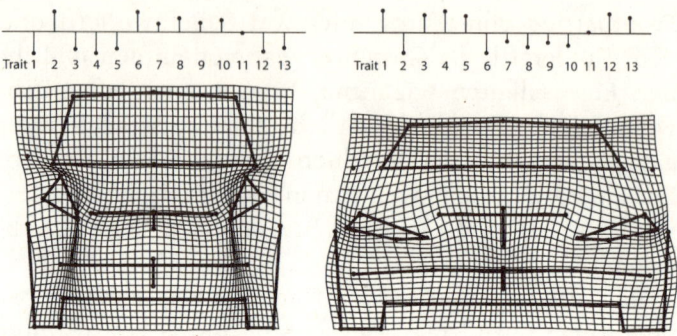

Fig. 4 Shape-trait PLS analysis. The plots visualize ±2 SDs along the first pair of PLS axes. Displacements represent magnitudes of the individual traits associated with the related spline plot and can be read *from left to right* as: child–adult (1), male–female (2), friendly–hostile (3), submissive–dominant (4), angry (5), afraid (6), happy (7), surprised (8), open (9), agreeable (10), content (11), arrogant (12) and aroused (13)

Muster aus der Studie »Face to face«

New Beetle und Audi A5

Man wird an Paul Watzlawicks bekanntes Zitat aus seiner Kommunikationstheorie erinnert: »Man kann nicht nicht kommunizieren.« Auch nicht in der Formensprache.

Demonstration der Macht

Doch wenden wir uns einmal den besonders umstritte-
nen Sport Utility Vehicles, abgekürzt SUV, zu, einer
Gruppe von PKW mit limousinenhaftem Fahrkomfort,
die in ihrem Erscheinungsbild sowie technisch Anlei-
hen bei Geländewagen nehmen. Diese sehr beliebten
Fahrzeuge sind aus verschiedenen Gründen heftig umstritten, teilweise werden Geschwindigkeitsbeschränkungen oder gar ein Verbot gefordert. Neben dem er-
höhten Unfallrisiko für andere Verkehrsteilnehmer
dreht sich die ethische Hauptdiskussion um die bereits
angesprochenen ökologischen Fragen: Ist es vertretbar,
ein Auto zu fahren, das zwanzig oder mehr Liter Benzin
auf 100 km verbraucht, ohne dass es dafür eine Notwendigkeit, etwa den Wohnort auf einer abgelegenen
Berghütte, gibt? Beide Fragen, erhöhte Fremdgefährdung
wie auch der Kraftstoffverbrauch und damit der CO_2-
Ausstoß, stellen Auswirkungen des materiellen Be-
reichs von Autodesign dar: Masse, Form, Stoffumsatz,
Ressourcenverbrauch und dergleichen. Das ist tatsächlich weithin diskutiert, fast möchte man sagen, ausdis-
kutiert.

Daneben gibt es aber auch die Frage nach der Aussage
der Formgebung gegenüber der Gesellschaft – vor allem
in ihrem symbolischen Gehalt im Sinne Beat Schneiders
oder der konnotativen Ebene im Sinne Solís-Muñiz' (s.
oben S. 98). Diese steht weitgehend getrennt von den
materiegebundenen Auswirkungen: Viele der modernen
SUVs benutzen die klare formensprachliche Aussage der
Macht, des Reichtums und der Abgrenzung. Verbunden
ist dies teilweise mit einem unterschwelligen Bedro-
hungspotential, das nicht unbedingt direkt aus der Grö-

SUV

ße erwächst, sondern sehr viel mehr mit martialischer Gestaltung, Form- und Farbgebung etc. verbunden ist.

Aus ethischer Sicht schließt sich hier die Frage an, welche Auswirkungen derartige Aussagen in einer einigermaßen ausgeprägten Konsensgesellschaft wie der deutschen haben. Der Brennpunkt der derzeitigen gesellschaftlichen Diskussion liegt in der Problematik der »Ausgrenzung«, wie es sich im Schlagwort des »abgehängten Prekariats« widerspiegelt. Dessen Hauptprob-

lem stellt nur zum Teil die Nichtbefriedigung materieller Bedürfnisse dar; wollte man es zugespitzt ausdrü-
cken, könnte man sagen, es mag hart sein, von Hartz
IV zu leben, es muss aber niemand erfrieren oder ver-
hungern. Daneben geht es aber vor allem um das Gefühl der Chancenlosigkeit und der Ausgegrenztheit aus
der Gesellschaft. Dieses Gefühl wird jedoch durch die
Konfrontation mit einem Design verstärkt, das Macht
und Luxus derjenigen, die zentral in der Gesellschaft
stehen, nach außen hin betont. Speziell in einer Zeit
der sozialen Unsicherheit kann, mehr noch als die Zur-
schaustellung von Luxus, gerade die Darstellung von
Macht und Abgrenzung gesellschaftszersetzende Wirkungen entfalten und damit allein aus der symbolischen Kraft des Designs heraus ethisch höchst fragwürdig sein.

Ein Phänomen, das übrigens nicht nur SUVs, sondern
auch andere Luxuslimousinen erkennen lassen: Auch in
diesem Segment zeigen in ihrer aktuellen Gestaltung
viele Wagen weniger Eleganz und Schnelligkeit als vielmehr Kraft, Macht und Behauptungsanspruch.

Man kann das beispielsweise an der Entwicklung des
Designs der Oberklassenlimousine von BMW, dem 7er,
über mehrere Fahrzeuggenerationen und fast 30 Jahre
erkennen, wie die Abbildungen auf S. 108/S. 109 zeigen.
  Unverkennbar hat sich das Aussehen des Modells
über die Jahrzehnte von sportlich-elegant in Richtung
auf massiv-machtvoll entwickelt. Zusätzlich fällt auf,
dass die Perspektive in sonst durchaus vergleichbaren
Aufnahmen gewechselt hat: statt schräg von oben oder
von der Seite werden sie eher leicht von unten fotogra-

BMW 7er Baureihe E 23 (1977–1986)

fiert, was die Aussage der Macht noch erhöht. Ein Vorgehen, das man bei vielen derzeitigen Werbeaufnahmen
von Sportwagen und Oberklassewagen und speziell den
SUV (s. Abb. auf S. 106) beobachten kann, gerade wenn
diese ohnehin eine eher aggressive oder dominante Formensprache aufweisen. Diese Effekte scheinen also
durchaus beabsichtigt zu sein. Es dreht sich hier auch
nicht um die Frage: Was ist schön und was nicht?, sondern um die weiteren Funktionen und Aussagen des
Designs, hier eben die Behauptung von Macht und
Raum.

BMW 7er Baureihe E 38 (1994–2001)

BMW 7er Baureihe E 65 (2001–2008)

Das Bauhaus

An dieser Stelle möchte ich zurückkehren zu den historischen Ansätzen. Das Bauhaus hatte die Lösung für
die sozialen Probleme in einer Schlichtheit gesucht, die
zugleich gesellschaftliche Gräben eher überwindet als
sie vertieft. Das Schlagwort dieser Wechselwirkung
zwischen Design und Ethik war der sozialreformerische
Ansatz. 1925 schrieb der Gründungsdirektor des Bauhauses, Walter Gropius, über die »Grundsätze der Bauhausproduktion«[27] und entwickelte darin die, wie er es
nannte, »neue Werkgesinnung«:

- Entschlossene Bejahung der lebendigen Umwelt der Maschinen und Fahrzeuge.
- Organische Gestaltung der Dinge aus ihrem eigenen gegen-
  wartsgebundenen Gesetz heraus, ohne romantische Beschränkungen und Verspieltheiten.
- Beschränkung auf typische, jedem verständliche Grundfor-
  men und -farben.
- Einfachheit im Vielfachen, knappe Ausnutzung von Raum,
  Stoff, Zeit und Geld.

Die Schaffung von Typen für die nützlichen Gegenstände des
täglichen Gebrauchs ist eine soziale Notwendigkeit. Die Lebensbedürfnisse der Mehrzahl der Menschen sind in der Haupt-
sache gleichartig. Haus und Hausgerät ist Angelegenheit des
Massenbedarfs, ihre Gestaltung mehr eine Sache der Vernunft
als eine Sache der Leidenschaft. Die schaffende Maschine von
Typen ist ein wirksames Mittel, das Individuum durch mecha-
nische Hilfskräfte – Dampf und Elektrizität – von eigener materieller Arbeit zur Befriedigung der Lebensbedürfnisse zu befreien und ihm vervielfältigte Erzeugnisse billiger und besser
als von Hand gefertigt zu verschaffen.

Gropius reflektiert dabei auf die effizientere Ausnutzung der Ressourcen im Hinblick auf die Verbesserung der Versorgung der Bevölkerung. Wenn Gegenstände so gestaltet werden, dass Materialeinsatz und Herstellung sie günstiger machen, kann dies sozial Schwächeren zugutekommen, die sich dann diese Gegenstände leisten können. Geht dies mit einer »guten Gestaltung« einher, können die Lebensverhältnisse in doppelter Hinsicht, ästhetisch wie materiell, verbessert werden. Ein Aspekt, der schon früher angesprochen worden war. Bereits 1908 hatte der österreichische Architekt Adolf Loos in einem Aufsatz mit dem oft zitierten Titel »Ornament und Verbrechen« beklagt, dass die ornamentale Gestaltung nicht nur unästhetisch sei, sondern auch die Gegenstände unnötig verteure:

» ...denn das ornament wird nicht nur von verbrechern erzeugt, es begeht auch ein verbrechen dadurch, daß es den menschen schwer an der gesundheit, am nationalvermögen und also in seiner kulturellen entwicklung schädigt.«[28]

Die Frankfurter Küche

Einen parallelen Ansatz in Richtung Verbesserung der Lebensverhältnisse durch Design verfolgte die Wiener Architektin Margarete Schütte-Lihotzky mit ihrer »Frankfurter Küche«. Dieser für das Frankfurter Hochbauamt entwickelte und über zehntausend Mal gebaute Küchentypus war eine der ersten funktionalen Einbauküchen. Aus dem Gesichtspunkt der Arbeitsersparnis heraus übertrug Schütte-Lihotzky amerikanische Zeiterfassungssysteme für die Industrie auf den Wohnungsbau und entwickelte eine Küche, die es der Hausfrau

ermöglichte, weniger Zeit auf die Küchenarbeit zu verwenden. 1927 schrieb sie dazu:

»Das Problem, die Arbeit der Hausfrau rationeller zu gestalten,
ist fast für alle Schichten der Bevölkerung von gleicher Wich-
tigkeit. Sowohl die Frauen des Mittelstandes, die vielfach ohne
irgendwelche Hilfe im Haus wirtschaften, als auch Frauen des
Arbeiterstandes, die häufig noch anderer Berufsarbeit nach-
gehen müssen, sind so überlastet, daß ihre Überarbeitung auf
die Dauer nicht ohne Folgen für die gesamte Volksgesundheit
bleiben kann.«[29]

Schütte-Lihotzkys Intention als Kommunistin und Frau-
enrechtlerin war eindeutig die Verbesserung der Lebens-
situation der Frauen über das Design der Küche.

»Die Tätigkeit des Architekten ist eine Tätigkeit der Organisation. Das Wohnhaus ist die realisierte Organisation unserer
Lebensgewohnheiten.«
    »Was sind also unsere Lebensgewohnheiten, die Lebens-
gewohnheiten, die alle Menschen des 20. Jahrhunderts ungefähr gleich haben, worin besteht unser heutiges Wohnen eigentlich? Erstens besteht es in Arbeit, und zweitens in Ausruhen,
Gesellschaft, Genuß.«[30]

Ich will nicht unterschlagen, dass Schütte-Lihotzky mit
ihrer Frankfurter Küche auch kritisiert wurde und wird,
weil sie die Frau aus dem Familienzusammenhang in
eine hocheffiziente, aber kleine abgeschlossene Koch-
fabrik verbannte. Und heute geht der Trend ja auch wieder umgekehrt in Richtung der Wohnküche. Stellt man
jedoch die damaligen faktischen Gegebenheiten der Familienstrukturen und die Möglichkeiten im sozialen
Wohnungsbau in Rechnung, scheint mir das ihre große
Leistung kaum zu schmälern. Und auch die Qualität des

»Frankfurter Küche«

Designs der Frankfurter Küche. Sie stellt nicht nur in technischer Hinsicht eine herausragende architektonische Designleistung dar, sondern eben auch in moralischer: Das Design der Küche war darauf angelegt, das Leben der Frauen, die in der damaligen gesellschaftlichen Realität neben der Berufstätigkeit auch die Hausarbeit zu bewältigen hatten, zu verbessern. Oder anders herum, durch eine Entlastung der Frauen bei der Hausarbeit ihnen die Aufnahme einer Erwerbsarbeit zu erleichtern oder zu ermöglichen und so zu ihrer Emanzipation beizutragen. Dieser Ansatz ist sozusagen im Design der Küche und damit in der Küche selbst enthalten. Es manifestiert sich dieser Wille der Designerin im Gegenstand.

Ein Detail der Küche war eine sogenannte »Kochkiste«, eine isolierte Kiste, in die ein Topf gestellt werden konnte, der nur kurz erhitzt worden war und dann mit seiner Restwärme die Speisen, z. B. Kartoffeln, über Stunden fertiggarte. An dieser Stelle horcht man auf, denn das ist auch eine Idee, die heute im Zusammenhang mit dem Energiesparen teilweise wieder ins Gespräch kommt. Also doch ein erster ökologischer Ansatz? Im Effekt schon, aber nicht in der Intention. Bei der Planung ging es Schütte-Lihotzky, wie sie mir bei einem Besuch in Wien im Nachbau ihrer Frankfurter Küche im Museum für Angewandte Kunst erklärte, nicht ums Energiesparen, sondern darum, es Frauen zu ermöglichen, trotz Berufstätigkeit ein warmes Mittagessen zuzubereiten, indem das Essen während des Vormittags vor sich hin garte.[31] Tatsächlich spielten ökologische Fragen damals eine geringere Rolle als heute, während umgekehrt die Emanzipation der Frau seitdem unter der moralischen Zielvorgabe »Gleichberechtigung« immense Fortschritte gemacht hat.

Grün = Rot?

An dieser Stelle lohnt es sich, kurz innezuhalten. Steht nun in Zeiten des Klimawandels das »Grüne Design« in der logischen und legitimen Nachfolge des sozialreformerischen? Ist Grün das neue Rot, zumindest im Design? Womöglich kommt der Frage nach Energieverbrauch und CO_2-Ausstoß heute dieselbe moralische Relevanz zu wie damals den sozialen Anliegen. Andererseits sind die sozialen Probleme nicht verschwunden, deshalb kann es sehr leicht zu einem Konflikt in der Gestaltung kommen. Häufig führt das ökologische Design zu höheren Kosten, etwa durch Verwendung teurer, nachhaltig erwirtschafteter Rohstoffe: Welchem Aspekt gebührt Vorrang? In der weiteren Folge könnte es, falls ökologisch korrekte Produkte zu einem neuen Statussymbol werden, auf dieser Ebene zu einer neuerlichen Ausgrenzung finanziell schwächerer Bevölkerungsanteile kommen – zu einem Non-Öko-Prekariat? Entwicklungen, die nicht so fern liegen und sich derzeit ja bereits auf dem Gebiet der Lebensmittel abzeichnen.

Uniformität

Allerdings hat der Ansatz des Bauhauses ein weiteres Problem, das aus der Idee der »Universalisierung« entsteht. Meines Erachtens steht es zwischen der materiellen und der immateriellen Seite des Designs, entsteht vielleicht sogar aus dem Versuch heraus, diese beiden Seiten zu verbinden. Gropius hatte ja die Standardisierung über Typen in den oben zitierten Grundsätzen der Bauhausproduktion niedergelegt, sie sollte ästhetisch wie materiell den sozialen Problemen entgegenwirken. Das ist zweifelsohne auch ein moralischer Ansatz. Nur wurde dieser Ansatz später in sozialistischen Ländern weiter verfolgt und beispielsweise in Form des Plattenbaus zum Prinzip sozialistischen Bauens erhoben. Dort jedoch führte neben bauphysikalischen Schwächen gerade auch die Uniformität, die geringe Auswahl z. B. an Tapeten – selbst wenn sie ein hohes Designniveau aufwiesen – zu Unbehagen, zu einem Gefühl der Monotonie. Gropius hatte diese Gefahr bereits gesehen, sie aber nicht hoch eingeschätzt.

»Eine Vergewaltigung des Individuums durch die Typisierung ist ebenso [wenig] zu befürchten wie eine völlige Uniformierung der Kleidung durch ein Diktat der Mode. Trotz typischer Gleichartigkeit der einzelnen Teile behält das Individuum Spielraum zu persönlicher Variation. Denn infolge der natürlichen Konkurrenz ist die Zahl der vorhandenen Typen für das einzelne Ding doch immer so reichlich, dass dem Individuum die persönliche Wahl des ihm am meisten entsprechenden Modells überlassen bleibt.«[32]

Hat nun das deindividualisierte Massendesign des Sozialismus gezeigt, dass dieser Ansatz des Bauhauses gut gemeint, aber eben nicht gut gemacht war? Der Verdacht liegt nahe, andererseits spricht der weltweite Erfolg von Modewellen und Marken, die ja auch eine Uniformierung darstellen, eher dagegen.

Der Designtheoretiker Rainer Funke, den ich oben schon zitiert habe, steht ohnehin dem asketischen Ideal, das sich darin auch widerspiegelt, kritisch gegenüber. Er sieht darin eine Fortsetzung der Tradition, »moralisch positives Bestreben mit Askese zu verbinden«, das in vielen Religionen, wie den monotheistischen, aber auch im Buddhismus und der antiken Ethik zu finden sei:

»Einen asketischen Aspekt hatte auch das Bestreben von Designern der Moderne, mittels Gestaltung das alltägliche Leben der Menschen – vor allem auch derjenigen mit geringem Einkommen und schwierigen Lebensumständen – grundlegend zu verbessern.«[33]

Dementsprechend sieht er auch das daraus resultierende reduzierte Design kritisch:

»Jedoch, was Harry Lehmann für die DDR feststellt, trifft auch für große Bevölkerungsgruppen Westdeutschlands zu: ›Der abstrakten Form fehlte die Volksnähe, sie besaß keine Fiktionswerte, die in der Lebenswelt der Bevölkerung verankert waren.‹[34] Diese Fiktionswerte fanden sich eher in den Gegenströmungen zum Funktionalismus. Mit der ornamentalen Romantisierung des Alltags der Nachkriegszeit sollten und konnten die überstandenen Schrecken von neuer, versöhnender Opulenz überdeckt werden, sollten und konnten neue Lebenslust, Zuversicht und Weltvertrauen Ausdruck finden. Unter diesen hatten sich die Lebensbedingungen der Menschen in den Industrieländern grundlegend gewandelt. Der Alltag bestand immer weniger aus dem bangen Ringen um Überlebensressourcen, sondern richtete sich immer mehr auf die Erlebnisqualität der Verrichtungen und der Dinge.«[35]

In der Folge sieht Funke auch einen Wandel in der Moral, vor allem auch im Hinblick auf das Design:

»Auch wenn die klassischen Normen, die 10 mosaischen Gebote[36] oder Kants Leitsätze individueller sittlicher Vernunft[37] grundsätzlich Gültigkeit behalten, werden sie auf dem Weg von einer Moral der Überlebensoptimierung hin zu einer Moral der Erlebnisoptimierung situativ und Milieu-bezogen differenziert, relativiert und erweitert.«[38]

Dennoch scheint die Wertschätzung des Bauhausdesigns ungebrochen, eher zunehmend. Wenngleich man fragen muss, ob die Wagenfeldleuchte genauso hoch geschätzt wäre, wenn es sie als Original für wenige Euro im Supermarkt gäbe? Oder bei Ikea?

Kapitalisten die besseren Sozialisten?

»Ikea« ist ein interessantes Stichwort. Schließlich handelt es sich um eines der erfolgreichsten Möbelhäuser. Und gerade Ikea zeichnet sich durch starke Standardisie-

rung aus. Das Billy-Regal ist der Inbegriff der Einfachheit, Schlichtheit, Standardisierung und eines daraus re-
sultierenden günstigen Preises. Und Ähnliches dürfte für
ein anderes stark expandierendes Unternehmen gelten:
H&M. Stellen somit Ikea und H&M mit ihren in hoher
Auflage günstig produzierten Produkten die wahren Protagonisten der Standardisierung im Sinne des Bauhauses
dar? »Democratic Design« lautete der Titel einer Ausstellung über das Design bei Ikea in der Neuen Sammlung
in München. »Democratic Design: real und erschwing-
lich – Möbel für alle« hieß es dazu in der Ankündigung
der Ausstellung,[39] die Anklänge an Gropius' oben zitierte
Grundsätze der Baushausproduktion sind unverkennbar.
Auch wenn die beiden Firmen den Forderungen nach
Materialgerechtigkeit und der Vereinigung von Kunst
und Handwerk weniger nachkommen, den Bauhaus-
Grundsatz der Standardisierung und daraus resultieren-
der Versorgung der Massen mit ordentlichem Design erfüllen sie. Und sind damit zumindest in ihrem Umgang
mit Design diese beiden Symbole des Kapitalismus zu
wirkmächtigen Vertretern sozialistischer Ideale auf-
gestiegen? Hier scheint sich die Besonderheit zu entfalten, dass ein erfolgreiches Produktmarketing, welches
das Ziel der Konsum- und Gewinnsteigerung, aber keine
moralischen Absichten verfolgt, die moralisch hoch-
gesteckten Ziele des Bauhauses vielleicht nicht auf dessen ästhetischem Niveau, dafür aber umso erfolgreicher
erreicht.

Verantwortung des Designers – Freiheit des Konsumenten

Angesichts dieser hohen moralischen Relevanz des Designs: Wie viel ethische Verantwortung trägt ein Designer? Für einen Teilaspekt davon gab es im Bereich des Werbedesigns 1964 und 2000 zwei vielbeachtete Vorstöße von Graphikern. Sie forderten, die Auswirkungen ihrer Arbeit zu bedenken und sie vom Konsum weg auf andere, in ihren Augen wichtigere Ziele zu lenken: First Things First. Im Manifest 2000 heißt es dazu:

»Noch nie zuvor da gewesene ökologische, soziale und kulturelle Krisen fordern unsere Aufmerksamkeit. Kulturelle Vermittlungsarbeit, soziale Marketingkampagnen, Bücher, Zeitschriften, Ausstellungen, Lehrmittel, Fernsehsendungen, Filme, Projekte für wohltätige Zwecke und anderes Informationsdesign bedürfen dringend unserer Fachkenntnis und Hilfe. Wir schlagen eine Umkehrung der Prioritäten vor, zugunsten nützlicherer, dauerhafter und demokratischer Kommunikationsformen – eine geistige Wende weg vom Produktmarketing und hin zur Ausschöpfung und Produktion einer neuen Sinngebung.«[40]

In der daraufhin aufgekommenen Debatte war vor allem umstritten, inwieweit sich der Designer damit zum Erziehungsberechtigten der Gesellschaft aufschwingen darf. Exemplarisch für die Gegenposition äußerte sich der Graphiker Alex Cameron:

»Wirklich problematisch am ›ethischen Design‹ ist die Art und Weise, wie hier für uns eine Vorauswahl getroffen werden soll. Es geht dabei nicht einfach darum, wie und wofür Designer und Graphiker gerne arbeiten möchten. Wenn der Designer als Vermittler durch den Designer als Priester des Guten abgelöst wird, bedeutet das, das Publikum zu entmündigen. Angesichts dieser Gefahr ist es allemal vorzuziehen, wenn die Menschen ihre Entscheidungen selbst treffen – ungeachtet der Tatsache, dass der Designer diese Entscheidungen möglicherweise falsch findet.«[41]

Die Debatte legt den Finger auf einen wunden Punkt. Die erzieherischen Ansätze, wie sie etwa der Werkbund oder auch das Bauhaus verfolgten, reiben sich mit demokratischen Grundsätzen. Wer legt fest, was als schön zu gelten hat? Führt eine Auswahl der Ziele nicht zu einer Gestaltungsherrschaft, zu einem Monopol der Bestimmung des Guten, Schönen und funktional Wahren? Zu einer Gestaltungsdiktatur? Gehört zu den Grundrechten nicht auch das Recht auf schlechten Geschmack? Der Kunsthistoriker Christian Demand etwa schreibt, dass es sich bei der Theorie der guten Form streng genommen um eine autoritative Theorie des gebildeten Geschmacks handele:

»Autoritativ deshalb, weil sie davon ausgeht, dass es eine allgemein verbindliche Hierarchie von Gestaltungslösungen gibt, eine eindeutige Stufung vom Schlechten über das Bessere zum meisterlich Gelungenen, die man mit der entsprechenden Schulung erkennen und über die man deshalb auch grundsätzlich Einigkeit erzielen kann.«[42]

Solch eine Bevormundung wäre tatsächlich höchst fragwürdig, ginge es nur um die Frage: schön oder hässlich. Bei der moralischen Frage von gut oder böse aber kann niemand seine Hände nach getaner Arbeit in Unschuld waschen. Ein Produzent von Landminen kann sich auch nicht darauf berufen, dass er die Kriegsparteien dieser Erde bei der Wahl ihrer Mittel nicht bevormunden will.

Design ist nun einmal, wie wir gesehen haben, nicht ethisch neutral, und ein Designer kann sich ebenso wenig wie jeder andere auf den Standpunkt zurückziehen, er tue nur seine Pflicht, was aus seiner Arbeit entsteht, gehe ihn nichts an. Wie weit die Verantwortung reicht, wird zu diskutieren sein, aber eines steht fest: Wer Teile der Welt gestaltet und dies auch noch professionell tut, kann dabei nicht außer Acht lassen, welche Auswirkungen seine Gestaltung auf diese Welt hat – in vielerlei Hinsicht.

Leseempfehlungen

Keiko Ueki-Polet and Klaus Klemp (eds.), Less and More. The Design Ethos of Dieter Rams, Katalog zur gleichnamigen Ausstellung im Suntori Museum Osaka, Fuchu Art Museum Tokyo, the Design Museum London und dem Museum für Angewandte Kunst Frankfurt, Die Gestalten Verlag, Berlin 2009

Beate Manske, Gudrun Scholz, Täglich in der Hand. Industrieformen von Wilhelm Wagenfeld aus sechs Jahrzehnten, Worpsweder Verlag 1987

Wilhelm Wagenfeld, Wesen und Gestalt der Dinge um uns. Reprint der Erstausgabe von 1948 im Verlag Eduard Stichnote, Potsdam, Worpsweder Verlag 1990

Beat Schneider, Design – eine Einführung, Basel 2005

Felicidad Romero-Trejador, Wolfgang Jonas (Hrsg.), Positionen zur Designwissenschaft, Kassel University Press 2010

Adolf Loos, Ornament und Verbrechen, in: Ders., Trotzdem 1900 – 1930. Unveränderter Neudruck der Erstausgabe 1931, Georg Prachner Verlag, Wien 1982

Rainer Funke, Matthias Schreckenbach, Harry Hermanns (Hrsg.), Gut & Böse. Moralische Dimensionen von Design bei jungen Menschen, Brandenburgische Universitätsdruckerei & Verlagsgesellschaft, Potsdam 2011

WAS DU NICHT WILLST ...

Die Goldene Regel und
ihre Schwächen

In der jüdischen Thora gibt es eine schöne Geschichte:

>»Es kam einmal ein Heide zu Schammai [einem Tora-Lehrer] und sagte zu ihm: Bekehre mich zum Judentum unter der Bedingung, dass du mich die ganze Thora lehrst, während ich auf einem Fuß stehe.«[1]

Dazu muss man wissen, dass das eine ziemlich freche Forderung darstellte. Das lebenslange Studium der Thora gilt im Judentum als besonders wertvoll. Dementsprechend griff der Gelehrte Schammai, der zugleich Schreiner war, nach seinem Zollstock und vertrieb den Heiden aus dem Haus. Der Heide aber ging dann zu Hillel, einem anderen Thora-Lehrer, der moderater war, und wiederholte dort seinen Wunsch. Hillel gab ihm zur Antwort:

>»Was dir verhasst ist, tue auch deinem Nächsten nicht an. Das ist die ganze Thora. Alles Weitere ist Kommentar dazu. Geh hin und lern.«[2]

Den Satz »Alles Weitere ist Kommentar« kennt man in der Philosophie übrigens meist in einem anderen Zusammenhang: mit Platon. Zu ihm gibt es das Bonmot, die gesamte abendländische Philosophie bestehe eigentlich nur aus Fußnoten zu Platon.[3] Hier, in der Geschichte aus der Thora, aber ist es noch zugespitzter; schließlich geht es ja nicht einmal mehr nur um das umfangreiche Werk eines Menschen, sondern nur um einen Satz: die Goldene Regel.

Weltweit

Vielleicht wird das verständlicher, wenn man den Blick weiter schweifen lässt. Fast überall, nicht nur in der abendländischen, westlichen Tradition stößt man auf die Goldene Regel. So zum Beispiel bei Konfuzius. In den Geprächen *Lun Yü* wird geschildert, wie sich einer seiner Schüler, Zi-gong, ratsuchend an ihn wendet:

»Zi-gong fragte den Konfuzius: Gibt es ein Wort, das ein ganzes Leben lang als Richtschnur des Handelns dienen kann? Konfuzius antwortete: Die Nächstenliebe [manchmal auch mit ›Sympathie‹ übersetzt]. Was man mir nicht antun soll, will auch ich anderen Menschen nicht zufügen.«[4]

Ähnliches wird im Buddhismus aus dem 5. Jahrhundert v. Chr. überliefert:

»Füge anderen nicht Leid durch Taten zu, die dir selbst Leid zufügen würden.«[5]

Oder in der babylonischen Achikar-Erzählung:

»Kind, was dir schlecht scheint, sollst du deinen Genossen nicht anfügen.«[6]

Die altägyptische Spruchsammlung des Anch-Scheschonki aus dem 4. vorchristlichen Jahrhundert enthält die Formulierung:

»Tue niemandem etwas Böses an, um nicht heraufzubeschwö-
ren, dass ein anderer es dir antue.«[7]

In der hinduistischen Mahabharata heißt es:

»Füge anderen nichts zu, das, geschähe es dir, dich schmerzen
würde.«[8]

Und ein altindisches Spruchgut lautet:

»Höre nun den Kern der Sittenlehre.
Höre ihn und lass dich von ihm leiten:
Was dir selbst zu dulden leidvoll wäre,
Darfst du auch den andern nicht bereiten.«[9]

Es überrascht tatsächlich, diesem Gedanken, der offenbar einen moralischen Leitgedanken darstellt, in den ver-
schiedensten Kulturen, verteilt über die gesamte Welt,
fast wortgleich zu begegnen. Woher mag das kommen?
Gemeinsame kulturelle Wurzeln wird man schwerlich
finden können, er muss sich also parallel entwickelt haben. Das wirft die Frage auf, wie es sein kann, dass sich
ein Gedanke parallel entwickelt. Vielleicht ist dieser Gedanke gewissermaßen im Menschen angelegt. Und diese
Überlegung führt zur Evolutionsbiologie.

Der wahre Egoist kooperiert

Kann das sein? In der Evolution geht es ja primär um
Vorteile: Der, dessen Verhalten für das eigene Überleben
am effektivsten ist und der die meisten Nachkommen
hervor- und durchbringt, kann so seine Gene, seine Eigenschaften bestmöglich weiterverbreiten. Man nennt
dies die evolutionäre Fitness. Das heißt, möglichst gut

für sich und seine Nachkommen zu sorgen ist evolutionär erfolgreich. Wie kann es dann trotzdem dazu kommen, dass sich eine Regel findet und über die Erde verteilt Fuß fasst, die offenbar gerade *nicht* den eigenen Vorteil maximiert, sondern es sogar umgekehrt verbietet, sich allein nach ihm zu orientieren? Diese Frage kann ein Teilgebiet der Evolutionsbiologie beantworten, die Soziobiologie, die sich mit den biologischen Grundlagen des Sozialverhaltens beschäftigt. Die Soziobiologen nun meinen, das müsse man etwas differenzierter betrachten, die Mechanismen seien komplexer als »Wer am schnellsten zuschlägt, gewinnt am Schluss«. In Wirklichkeit sei die Zusammenarbeit, die Wechselwirkung unter den Lebewesen das evolutionär erfolgreichere Modell. Warum? Eckart Voland, Professor für Philosophie der Biowissenschaften an der Universität Gießen, schreibt dazu in seinem sehr lesenswerten Buch »Die Natur des Menschen«, der in dem schönen Schlagwort »Der wahre Egoist kooperiert« wiedergegebene Grundsatz lasse sich erklären, wenn man sich die Vergangenheit des Menschen ansehe. Etwa 99,5 % der Menschheitsgeschichte habe der Mensch als Jäger gelebt, in Wildbeutergesellschaften, dies hat die Entwicklung entscheidend beeinflusst. Voland wörtlich:

»Stellen Sie sich vor: Als steinzeitlicher Jäger hatten Sie Jagdglück und konnten eine Gazelle erlegen. Ihr Nachbar allerdings hatte Pech und kommt mit leeren Händen von seinem Jagdausflug zurück. Als rationaler persönlicher Nutzenmaximierer sollten Sie bereitwillig von Ihrer Jagdbeute abgeben, denn dies sichert Ihrem Nachbarn das Leben, und es könnte ja sein, dass sich das Jagdglück morgen wendet, und dann Sie es sind, der mit leeren Händen ins Basislager zurückkehrt. In diesem Fall wird der Nachbar Ihnen aushelfen.«[10]

Mit anderen Worten: Wenn einer dieser Jäger nach erfolgreicher Jagd beispielsweise eine Gazelle nach Hause brachte, während seinem Nachbarn am selben Tag kein Jagderfolg zu Buche stand, gab es für den Erfolgreichen zwei Möglichkeiten zu handeln: Entweder, so kann er sich überlegen, ich behalte meine Gazelle für mich und bringe meine Kinder besonders gut durch, oder ich teile mit dem Nachbarn. Was ist langfristig günstiger? Bei genauerem Nachdenken kommt man darauf, dass es günstiger ist, mit dem Nachbarn zu teilen. Man weiß nämlich nicht, ob man morgen noch mal Jagdglück hat. Und sollte man mit ihm geteilt haben, wird er morgen wohl seine Beute auch teilen, was mir und meinen Kindern und damit meinen Genen das Überleben sichert.

Und deshalb zeige sich, dass die Kooperation, das wechselseitige Zusammenwirken, eine sehr sinnvolle, allein schon aus evolutionärer Sicht sehr positive Form des Lebens und des Zusammenlebens ist. Wesentlich positiver als der reine Egoismus, und daher rührt auch der Spruch »Der wahre Egoist kooperiert.« Es mag hart klingen, wenn man die Goldene Regel, einen der Inbegriffe des Uneigennützigen, so erklärt, ist es aber nicht, wie Voland betont:

»Kein Soziobiologe will freundschaftliche Kooperation diffamieren, will warmherzige Sympathien zu kaltherzigen Egoismen umdefinieren. Dennoch gilt, dass in diesem wie in vielen anderen vergleichbaren Beispielen sich das moralische Gut der Wechselseitigkeit als evolutionär logische Konsequenz eines unsentimentalen, amoralischen ›Gen-Egoismus‹ darstellt.«[11]

Spieltheorie und Reziprozität

Aus der Sicht der Spieltheorie wäre das Prinzip »Ich gebe etwas ab und bekomme etwas zurück« ein sogenanntes Nicht-Nullsummenspiel. Die Spieltheorie unterscheidet zwei Arten von Spielen: Das Nullsummenspiel, bei dem der Verlust des einen identisch ist mit dem Gewinn des anderen, das heißt, die Summe in diesem Spiel ist immer null, weil sich Gewinn und Verlust ausgleichen. Beim Nicht-Nullsummenspiel hingegen können am Ende beide Seiten einen Gewinn davon tragen: Es liegt eine Win-win-Situation vor. Das ist der Fall beim Teilen der Beute, mit deren Hilfe alle größere Überlebenschancen haben.

Bei diesen Überlegungen gibt es jedoch noch weitere Aspekte, teils auch biologischer Natur. Wenn das Teilen aufgrund der Überlegung erfolgt, dass dann das nächste Mal umgekehrt der andere mit mir teilt, liegt eine Wechselbezüglichkeit vor, die man auch Reziprozität nennt. Reziprozität bedeutet zunächst Gegenseitigkeit. Die kann direkt sein, etwa beim Tausch oder nach der Regel »Tit for tat – Wie Du mir, so ich Dir«, dass also Gabe bzw. Handlung genau der – vielleicht auch nur erwarteten – Gegengabe oder Gegenhandlung entspricht. Es gibt aber auch eine generalisierte oder indirekte Reziprozität, bei der man etwas nicht im exakten Austausch mit einem Anderen tut, sondern in der Erwartung, dass generell ein Anderer, vermutlich ein Dritter, es mir gleichtut, sollte ich in eine ähnliche Situation gelangen. Ein Beispiel wäre die Hilfe bei einem Verkehrsunfall. Niemand, der bei einem Verkehrsunfall Erste Hilfe leistet, erwartet, dass derjenige, den man am Straßenrand aus dem brennenden Auto zieht und wiederbelebt, das demnächst umgekehrt tut. Man hofft sogar, dass es niemals so sein wird, weil man nicht in diese Situation kommen möchte. Man hofft und erwartet aber, dass, sollte es doch einmal nötig sein, ein Anderer, der in dem Moment vorbeikommt, dann einem selbst hilft.

Moralorgan und Spiegelneurone

Es gibt eine Reihe von Neurowissenschaftlern, die behaupten, diese Grundregel sei so evident und so wichtig, dass wir sie in den Gehirnstrukturen finden. Dass das nicht etwas sei, das wir uns ausdenken, ersinnen, das wir lehren, das wir gelehrt bekommen, sondern dass es etwas sei, das im Gehirn verankert ist. Der Psychologe Marc D. Hauser spricht deshalb von einem »moral organ«, einem »Moralorgan«.[12] Hauser ist in den letzten Jahren leider wegen unsauberer Datenerhebung in die Kritik geraten und zog sich aus dem akademischen Leben zurück, die Vorwürfe betrafen aber nicht die Themen, um die es hier geht. Wie wir eine Leber haben – »The liver and the moral organ« heißt ein Aufsatz von ihm –, haben wir, so meint Hauser, auch ein Moralorgan, das uns sagt: Wir sollen kooperieren.

In der Neurobiologie kennt man die sogenannten Spiegelzellen oder Spiegelneuronen.[13] Diese bringen uns dazu, Gefühle unseres Gegenübers wahrzunehmen. Wenn uns jemand anlacht, lachen wir. Wenn uns jemand traurig anschaut, sind wir traurig usw. Diese jedem vertrauten Reaktionen rühren unter anderem daher, dass bestimmte Zellen im Gehirn auf die Sinnesreize des Ge-

genübers reagieren. Das Grundprinzip der Wechselbezüglichkeit, dass man auf den anderen reagiert, in bestimmten Maße sich in den anderen hineinversetzt, ist
demnach in gewissen Ansätzen schon in unserem Gehirn biologisch angelegt.

Inhalt der Goldenen Regel

Wenn wir jetzt festgestellt haben, dass sich die Goldene
Regel möglicherweise von der Evolutionsbiologie her
erklären lässt, sie also auch ein wichtiges Prinzip für das
Überleben zu sein scheint, stellt sich als Nächstes die
Frage: Welche Bedeutung hat sie in unserem heutigen
täglichen Leben, unserem Zusammenleben? Und man
kann weiter fragen in Richtung auf die Grundsätze, dir
für unser Zusammenleben gelten: Welche Bedeutung
hat sie in der Ethik? Dazu muss man aber zunächst
klären: Welchen Inhalt hat sie eigentlich, was bedeutet
sie genau?
    In ihrer bekanntesten Form lautet die Goldene Regel:
»Was du nicht willst, das man dir tu', das füg' auch
keinem andern zu.« Neben dieser negativen Formulierung gibt es aber auch die positive Formulierung: »Behandle andere so, wie auch du von ihnen behandelt werden willst.« Zwei unterschiedliche Formulierungen, und
wie so oft gibt es in der Philosophie einen Streit, ob die
beiden Formulierungen inhaltsgleich sind oder nicht.[14]
Ich persönlich bin der Auffassung, dass es keine substan-
tiellen Unterschiede gibt.

Moral des Egoismus?

Aber unabhängig davon gibt es für die Goldene Regel zwei grundsätzliche Deutungen. Bei dem Theologen Bruno Schüller kann man die erste lesen. Schüller schreibt, dass die Goldene Regel geeignet sei, den schlimmsten Egoisten von einer moralischen Tat zu überzeugen. Man müsse nämlich nur zu ihm sagen:

»Du willst nicht, dass andere dir Schaden zufügen. Das wirst du erfahrungsgemäß am ehesten dadurch erreichen, dass du andere nicht schädigst. Du willst, dass die anderen dir Gutes tun. So wie die Menschen nun einmal sind, kannst du sie dazu am ehesten bewegen, indem du ihnen auch Gutes tust.«[15]

Darin steckt das klassische Hin und Her, Wie du mir, so ich dir, tit for tat. Insofern könnte man vertreten, und das machen etliche, die Goldene Regel sei nichts weiter als eine Auslegung des Talionsprinzips »Auge um Auge, Zahn um Zahn«. Und demzufolge schrieb auch der evangelische Theologe Rudolf Bultman:

»Ob positiv oder negativ, enthält das Wort, als Einzelwort genommen, die Moral eines naiven Egoismus.«[16]

Diese Deutung der Goldenen Regel stellt eigentlich schon fast eine Abwertung dar. Einfach gesprochen, würde das bedeuten, dass die Goldene Regel egoistisch basiert ist. Hier scheint der Theologe das auszudrücken, von dem sich der Soziobiologe Eckart Voland distanziert hat.

Achtung des Menschen

Man kann dieser Bewertung jedoch zwei Gedanken ent-
gegenstellen: Zum einen ist die Goldene Regel entgegen
dem Prinzip »Auge um Auge, Zahn um Zahn« in die
Zukunft gerichtet. Sie will nicht vergelten für etwas aus
der Vergangenheit, sie will das zukünftige Handeln begründen. Und das kann man in einem zweiten Schritt
weiterentwickeln: Wenn man sich von der in die Vergangenheit gerichteten Vergeltungsidee entfernt und dann
überlegt, was die Regel ›Du sollst Andere so behandeln,
wie du behandelt werden möchtest‹ im Kern beinhaltet,
kommt man zu einem Verbot der Ungleichbehandlung.
Die Goldene Regel verbietet, für sich selbst etwas zu fordern, was der Andere nicht haben soll. Interessant wird
es dann, wenn man fragt: Warum? Und das führt zum
zweiten Gedanken: Gleich behandeln soll man dann,
wenn es keinen Grund für eine Ungleichbehandlung gibt.
Und den gibt es nicht, weil beide, ich und der Andere,
gleich sind in dem Sinne, dass wir beide Menschen sind.
Noch einmal Schüller:

»Die anderen sind deinesgleichen; sie sind Menschen wie du.
Darum sollst du sie so behandeln, wie du von ihnen behandelt
werden willst.«[17]

In der Goldenen Regel steckt somit die wichtige und
grundlegende Achtung vor dem Menschen als solchem.
Und das ist weit mehr als Egoismus oder egoistisches
Kalkül.

Der Klassiker: die Wechselgeldfrage

Doch nach dieser theoretischen Überlegung will ich zurück in die Praxis, in das tägliche Leben gehen. Und zwar zu einer der klassischsten Moralfragen des Alltags, die immer wieder auftaucht, die Wechselgeldfrage:

»Manchmal bekomme ich an der Kasse im Supermarkt zu viel Wechselgeld heraus. Oft bemerke ich es sofort, die Kassiererin aber offensichtlich nicht. Ist es unmoralisch, wenn ich dann nichts sage und das Geld einstecke, statt den Irrtum aufzuklären?«[18]

Das Schöne an dieser Frage ist, dass die Situation jeder kennt. Und ich wage zu behaupten, fast jeder zögert einen Augenblick lang. Ich hoffe, nur für einen Augenblick und nicht länger, denn aus meiner Sicht ist moralisch vollkommen klar, dass man hier auf den Irrtum hinweisen muss und das Geld nicht einfach einstecken darf. Man hat das Geld schließlich unberechtigt bekommen. Die Idee des Kaufes ist ein Austausch. Und beim Austausch soll, das kann man schon bei Aristoteles lesen,[19] eine arithmetische Gerechtigkeit herrschen, Leistung und Gegenleistung in einem rechnerischen Verhältnis zueinander stehen. Ware gegen Geld. Das zu viel erhaltene Wechselgeld zu behalten hätte hingegen eher etwas von einer Lotterie im Supermarkt – man geht in den Laden und hofft etwas zu gewinnen, und wenn man es gewonnen hat, darf man es behalten. Aber nachdem es das nicht ist, keine Lotterie, sondern eben ein Austausch, ein möglichst fairer Austausch von Ware gegen Geld, ist man nicht berechtigt, es zu behalten.

Funktioniert die Goldene Regel hier?

Interessant wird es allerdings, wenn man – ich mache das öfter – über dieses Problem diskutiert. Denn das Argument, das am häufigsten als Grund dafür genannt wird, warum man das Geld nicht behalten darf, lautet: »Denk doch an die Kassiererin. Die muss das doch bei der Abrechnung am Abend bezahlen.« Und damit wären wieder bei der Goldenen Regel. Das ist der einfachste Fall der Goldenen Regel: Denk doch an die Kassiererin. Die Aufforderung, sich in die Person der Anderen zu versetzen.

Oder es kommt eine Antwort, die man auch oft hört: »Ja, wenn die Kassiererin das bezahlen muss – dann würde ich das natürlich zurückgeben. Aber das trifft doch das Kaufhaus, die Aldi-Brüder, das sind doch die reichsten Deutschen überhaupt. Also, die merken die paar Euro, die ich da zu viel rausbekommen habe, überhaupt nicht!« Viele empfinden hier einen Unterschied, je nachdem, wer geschädigt wird. Und man bemerkt, hier taucht ein psychologisches Problem auf. Man kann sich gut in die Situation der Kassiererin versetzen, dabei helfen auch die Spiegelneurone, dass man, wenn man der Kassiererin in die Augen schaut, sich ganz gut in sie nicht nur hineindenken, sondern wörtlich hineinfühlen kann. Aber wenn dahinter eine Aktiengesellschaft steckt oder ein reicher Mensch, den man persönlich nicht kennt, funktioniert das nicht so einfach. Auf dieses psychologische Problem und wie man es überwinden kann, werden wir später bei den Weiterentwicklungen der Goldenen Regel speziell durch Richard M. Hare und John Rawls auf S. 151 ff. zurückkommen.

Und es gibt auch Menschen, die argumentieren: »Ja und? Das ist ja wohl die Schuld der Kassiererin. Es ist schließlich ihre Aufgabe aufzupassen. Ich würde an ihrer Stelle besser aufpassen, gerade wenn ich für den Fehlbetrag in der Kasse aufkommen müsste.« Oder sogar »Ich bin keine Kassiererin, mich kann es nicht treffen.«

Was ich mit diesen Argumenten aus der Praxis zeigen möchte, ist, dass die Goldene Regel, so klar sie in diesem Fall zunächst erschien, an dieser Stelle auch Probleme hat. Nur, wo und worin liegen die genau?

Gehalt und Fehler

Um das zu ergründen, muss man sich ein bisschen genauer mit der Theorie und dem Gehalt der Goldenen Regel beschäftigen. Dabei hilft ein Blick in das von Otfried Höffe herausgegebene »Lexikon der Ethik«. Höffe hat den Beitrag »Goldene Regel« selbst verfasst und schreibt:

»Die Goldene Regel ist eine Grundregel für das sittlich richtige Verhalten, die sich in mancher volkstümlichen Ethik, etwa bei Konfuzius und den Sieben Weisen (Thales), im indischen Nationalepos Mahabharata (s. S. 125), im Alten und im Neuen Testament findet.«[20]

Einem Teil dieser Quellen sind wir bereits begegnet.[21] Aber Höffe schreibt weiter:

»Wegen ihrer Einfachheit und Plausibilität eignet sie sich für die moralische Erziehung von Heranwachsenden, erweist sich aber bei näherer Betrachtung weder als zureichender noch als hinreichend genauer Maßstab.«[22]

Und nun folgt die Begründung, die uns hier weiterhelfen kann:

»Denn einerseits wird die sittliche Verantwortung nur gegenüber den Mitmenschen, nicht auch gegenüber sich selbst angesprochen, und andererseits führt die Goldene Regel zu offensichtlich absurden Resultaten, wenn man sie unmittelbar auf
die Bedürfnisse und Interessen des jeweils Handelnden bezieht.«[23]

Höffe spricht zwei Hauptprobleme der Goldenen Regel
an: zum einen die fehlende Verpflichtung gegenüber
sich selbst, darauf kommen wir später zurück. Und das
andere betrifft die Anknüpfung der Goldenen Regel am
Subjektiven. Das hat vielleicht am schönsten der irische
Satiriker und Dichter George Bernard Shaw formuliert.
In seiner Variante der Goldenen Regel heißt es nämlich:

»Behandle andere *nicht* so, wie du von ihnen behandelt werden möchtest, ihr Geschmack könnte eine anderer sein.«[24]

Shaw trifft wie so oft den Kern: Die Goldene Regel orien-
tiert sich an den Vorlieben des Handelnden. In diesem
Zusammenhang gibt es zwei klassische Beispiele, die
auch Höffe nennt und die er meint, wenn er von offensichtlich absurden Resultaten spricht. Das eine Beispiel
ist der Masochist, ein Mensch, der gerne gequält werden
möchte. Er wäre nach der Goldenen Regel verpflichtet,
jeden anderen zu quälen. Er muss, wenn er sich an die
Goldene Regel hält, als Sadist agieren. Das zweite Beispiel ist ein Mensch, der zu stolz ist, sich helfen zu
lassen. Ihm würde die Goldene Regel sogar verbieten,
anderen zu helfen. Es wäre für ihn falsch, jemandem in
einer Notsituation zu helfen!
  Den zweiten Fehler der Goldenen Regel hat Höffe so
formuliert: Die Goldene Regel vernachlässigt die Pflichten »gegenüber sich selbst«. Diesen Punkt kann man
am besten verstehen, wenn man die Goldene Regel

nicht allein betrachtet, sondern im Kontrast zu einer anderen bekannten Regel, Kants kategorischem Imperativ.

Weiterentwicklungen

Gerade weil die Goldene Regel diese zwei Probleme hat, gibt es nämlich eine ganze Reihe von – man kann sie Lösungen nennen – Weiterentwicklungen oder Alternativen zu ihr. Ganz oben bei diesen Weiterentwicklungen oder Alternativen könnte Kants kategorischer Imperativ stehen. Nur zur Orientierung: Ich werde noch vier andere Ideen präsentieren. Eine, die den meisten höchstwahrscheinlich unbekannt sein dürfte, weil sie nicht explizit schriftlich niedergelegt wurde: die Philipps'sche Spiegelung. Des weiteren die Analyse der Universalisierung des australisch-britischen Ethikers John Leslie Mackie. Eine Theorie, die man vielleicht kennt: John Rawls' »Theorie der Gerechtigkeit«; und abschließend dann von Richard M. Hare die Überlegungen zur Präskriptivität und Universalisierung. Keine Angst, dies ist nur ein Überblick. Es wird gleich sehr konkret.

Die Blitzer-Frage

Zurück zum Verhältnis Goldene Regel – kategorischer Imperativ. Vielfach werden die beiden gleichgesetzt, lediglich als zwei unterschiedliche Formulierungen aufgefasst.[25] Das halte ich für falsch. Warum? Das kann man an folgender Gewissensfrage erkennen – übrigens ein Beweis dafür, wie gut sich diese scheinbar banalen Mo-

ralfragen eignen, um grundlegende Moralfragen zu untersuchen und zu beleuchten:

»Jeder hat vermutlich schon einmal beim Autofahren erlebt,
dass entgegenkommende Fahrzeuge durch die Lichthupe auf
eine Radarfalle aufmerksam machen. Und genauso wird vermutlich jeder langsamer gefahren sein und sich darüber gefreut haben, nicht geblitzt worden zu sein. Nun meine Frage:
Darf ich andere Autos warnen? Schließlich ist der Zweck einer
Radarfalle, dass die Autofahrer langsamer fahren – was sie ja
tun, wenn ich ihnen ein Zeichen gebe. Muss ich sie, wenn man
so argumentiert, nicht sogar warnen? Wie man es dreht und
wendet – ich finde für beide Seiten Gründe und bin gespannt,
wie Sie die Situation sehen.«[26]

Wieder eine Frage, in der sich fast jeder – zumindest
jeder, der Auto oder Motorrad fährt, und das sind ja hierzulande die meisten – wiederfindet. Fast jeder ist schon
einmal irgendwann irgendwo ein bisschen zu schnell
gefahren, hat nicht auf den Tacho geschaut, die Ge-
schwindigkeitsbegrenzung übersehen usw. Keiner wird
gerne geblitzt, und jeder freut sich, wenn er gewarnt
wird und rechtzeitig vom Gas geht, und seien es auch
nur die 5 km/h von 55 auf 50. Damit man nicht das
Bußgeld zahlen muss. Oder, wenn man noch schneller
unterwegs war, keine Punkte in Flensburg bekommt
oder gar ein Fahrverbot. Kurz: man freut sich. Deshalb
folgt nach der Goldenen Regel – Behandle andere so, wie
du behandelt werden willst – ganz klar: man muss warnen. Danach ist es ein moralisches oder sittliches Gebot
zu warnen. Es ist nicht nur erlaubt, sondern es ist geboten.

Der kategorische Imperativ

Und jetzt betrachten wir das Ganze nach Kants kategorischem Imperativ, der in seiner bekanntesten Formulierung lautet:

»Handle nur nach derjenigen Maxime, durch die du zugleich wollen kannst, dass sie ein allgemeines Gesetz werde.«[27]

Die Entscheidung, ob etwas richtig oder falsch ist, richtet sich danach, ob der subjektive Grundsatz, nach dem man handelt, jederzeit als allgemeines Gesetz niedergeschrieben werden könnte. Überlegen wir, wie das hier wäre: Stellen wir uns vor, es gäbe also das Gesetz, dass jeder entgegenkommende Autofahrer mit Lichthupe, Handzeichen, roten Ballons, Leuchtraketen oder was auch immer vor Radarfallen gewarnt werden muss. Einen hinreichend ·dichten Verkehr vorausgesetzt, würde das bedeuten: Jeder kann jederzeit rasen, wie er will, weil er sicher sein kann, dass – wenn er nicht mutterseelenallein auf der Landstraße unterwegs ist – ihm schon einer entgegenkommt. Denn der ist ja durch ein allgemeines Gesetz verpflichtet, ihn zu warnen. Also würde er ihn wohl warnen. Jeder kann also fahren, wie er will, bis der Erste mit der Lichthupe kommt. Dann bremst er schnell, und alles ist wunderbar. Was wäre die Folge? Geschwindigkeitsbeschränkungen wären Makulatur. Sie stünden nur da, nicht auf dem Papier, sondern nur aus Blech am Straßenrand. Trotzdem kann jeder fahren, so schnell er will, denn er muss ja nicht befürchten, erwischt zu werden. Dass das natürlich nicht geht, weil viele Verkehrstote auf das Konto von überhöhter Geschwindigkeit gehen, ist vermutlich jedem klar. Deshalb kann man nicht wollen, dass es allgemeines Gesetz würde, vor Geschwindig-

keitskontrollen zu warnen. Und das bedeutet wiederum:
es ist nach dem kategorischen Imperativ falsch, es zu tun.
Damit kommen wir zu dem Ergebnis, dass Kants kategorischer Imperativ hier verbietet, das zu tun, was die Goldene Regel gebietet. Wie kann das sein? Kant selbst hat
sich dazu geäußert: nämlich zu der Problematik, ob denn
sein kategorischer Imperativ mit der Goldenen Regel
identisch sei. Eine Fußnote in seiner Grundlegung zur
Metaphysik der Sitten. Er schrieb

»Man denke ja nicht, dass hier das triviale quod tibi non vis fieri
[Was du nicht willst, dass dir geschehe ...] etc. zur Richtschnur
oder Prinzip dienen könne. Denn es ist, obzwar mit verschiedenen Einschränkungen, nur aus jenem abgeleitet; es kann kein
allgemeines Gesetz sein, denn [und jetzt kommt es:] es enthält
nicht den Grund der Pflichten gegen sich selbst, nicht der
Liebespflichten gegen andere (denn mancher würde es gerne
eingehen, dass andere ihm nicht wohltun sollen, wenn er es nur
überhoben sein dürfte, ihnen Wohltat zu erzeigen) [Das wäre
etwa ein Reicher, der sagt: »Nö, ich brauche keine Wohltaten
oder Leistungen des Sozialstaats. Ich finde, das ist Unsinn. Ich
brauche das nicht, dann muss ich auch nichts geben.« Der
Gesunde mit robustem Körper sagt: »Wozu eine allgemeine
Krankenversicherung, ich brauche das definitiv nicht« usw.],
endlich nicht der schuldigen Pflichten gegeneinander; denn der
Verbrecher würde aus diesem Grunde gegen seinen strafenden
Richter argumentieren usw.«[Hier stellt sich Kant folgenden
Dialog vor: Der Verbrecher könnte den Richter fragen: »Willst
du ins Gefängnis?« Worauf der Richter antwortet: »Nein, na-
türlich will ich nicht ins Gefängnis!« Und daraufhin kann der
Verbrecher argumentiere: »Ja bitte – dann darfst du mich gemäß
der Goldenen Regel auch nicht rein stecken!«][28]

Kant selbst sah hier also eine klare Trennung, und auch
wir haben sie bei der Radarfalle gesehen. Dennoch bleibt

die Frage, ob denn die Goldene Regel vielleicht im größer gepackten kategorischen Imperativ als Teil enthalten ist. Kant nannte schließlich verschiedene Gründe, warum die Goldene Regel nicht ausreicht, der kategorische Imperativ aber schon.

Noch einmal: die Wechselgeldfrage

An dieser Stelle helfen uns jedoch die Überlegungen zur Wechselgeldfrage. Wir hatten sie mit der Goldenen Regel dahingehend gelöst: Ja, man muss etwas sagen und das zu viel erhaltene Geld zurückgeben. Man würde selbst als Kassiererin auch wollen, dass man es zurückbekommt. Wie sähe das aus mit dem kategorischen Imperativ? Könnte man ein allgemeines Gesetz formulieren, dass man zu viel erhaltenes Wechselgeld nicht zurückgeben muss? Natürlich kann man es formulieren, das ist die geltende Rechtslage, unser allgemeines Gesetz. Es gibt keine gesetzliche Verpflichtung, zu viel erhaltenes Wechselgeld zu beanstanden. Wir sind weder zivilrechtlich verpflichtet, noch würden wir bestraft, wenn wir es nicht tun. Das heißt, nach dem kategorischen Imperativ würde auch die Wechselgeldfrage anders gelöst.

Sowohl bei der Radarfallenfrage als auch bei der Wechselgeldfrage kommen wir mit der Goldenen Regel und dem kategorischen Imperativ zu widersprüchlichen, entgegengesetzten Ergebnissen. Und zwar in unterschiedlichen Richtungen. Einmal ist die Goldene Regel strenger, einmal der kategorische Imperativ. Es muss sich also um getrennte Prinzipien handeln.

Was ist überlegen?

Doch es bleibt die Frage: Ist der kategorische Imperativ, Kants großes Gesetz, der trivialen, wie Kant sie nannte, Goldenen Regel womöglich überlegen? Bei der Radarfalle war er das. Bei der Wechselgeldfrage wird es schon ein bisschen schwierig. Aber jetzt nehme ich einmal eine anderes Beispiel, eine Frage, die mir zum Glück noch niemand gestellt hat: Jemand ist der Überzeugung, er müsse alle Andersgläubigen, alle, die nicht seines Glaubens sind, töten. Eine Verirrung, die in manchen Religionen vorkam oder vorkommt. Man kann hier das Wort Andersgläubige durch Nicht-Arier ersetzen, dann landet man im dunkelsten Kapitel der deutschen Geschichte und muss leider erkennen, dass das Beispiel noch vor gar nicht allzu langer Zeit hierzulande traurige Realität geworden ist. Und jetzt fragt man diesen Fanatiker: Könnte das allgemeines Gesetz werden? Da wird er erfreut rufen: »Ja, natürlich! Nichts will ich mehr auf der Welt, als dass das ein allgemeines Gesetz würde. Alle Andersgläubigen sind zu töten, oder alle Nicht-Arier sind zu töten. Das ist genau das, was ich will oder was meiner Meinung nach mein Gott oder meine Religion möchte oder was meiner Vorstellung von einem guten Leben entspricht!« An dieser Stelle, gegenüber dem religiösen oder weltanschaulichen Fanatiker, versagt der kategorische Imperativ. Er wünscht sich, dass das, was er haben möchte, allgemeines Gesetz würde. Meiner Meinung nach würde er dies bei der Goldenen Regel nicht tun. Denn wenn man ihn fragt: »Möchtest du von Andersgläubigen, von Andersdenkenden getötet werden?«, dann wird er darauf antworten: »Nein, das möchte ich nicht.« Und so verbietet ihm die Goldene Regel, es zu tun. Insofern wäre hier – vielleicht überraschenderweise – die Goldene Regel überlegen.

Wäre oder *bin*?

Doch muss man aufpassen: An dieser Stelle entsteht ein argumentatives Problem auch bei der Goldenen Regel. Was wäre, wenn dieser Fanatiker sagt – nehmen wir das Beispiel des fanatischen Nationalsozialisten: »Also für mich ist das Auslöschen der jüdischen Rasse so wichtig, dass ich, wenn ich selbst Jude wäre, es für richtig hielte, wenn ich und meine Familie getötet würden.« Vielleicht meint er das wirklich so, weil das seiner Vorstellung entspricht. Und nun wird es wichtig, sich zu überlegen, was in diesem Fall das ›Was du nicht willst, das man dir tu ...‹ genau ist. Denn die Goldene Regel sagt nicht, man soll sich hineinversetzen in den Anderen in dem Sinne, was wäre, wenn ich der andere *wäre*. Wenn man die Formulierung zulässt zu sagen, wenn ich der Andere *wäre*, lässt man den Betreffenden, der so argumentiert, seine Vorstellungen behalten und sie in den Anderen verpflanzen. Das scheint mir nicht gemeint und führt zu falschen Ergebnissen. Es muss heißen: Wenn ich der Andere *bin*. Erst dann kann die Goldene Regel ihre volle Kraft entfalten. Wenn ich an der anderen Stelle stehe, muss ich auch die Einstellungen des Anderen berücksichtigen und den Überlegungen zugrunde legen. Es geht beim Fanatiker eben nicht darum, wie er es wollen würde, wenn er ein Nicht-Arier oder Ungläubiger *wäre* (der er ja in seinem Denken dann nicht wirklich ist, sondern er denkt weiterhin, wie er bisher gedacht hat), sondern ob er als Ungläubiger oder Nicht-Arier an dieser Stelle so behandelt werden möchte. Das ist ein großer Unterschied. Wir werden diesem Unterschied in abgewandelter Form bei Mackies Universalisierung wiederbegegnen, und vermutlich löst das auch das Problem der Masochisten.

Die Philipps'sche Spiegelung

Doch zunächst sollten wir uns einer anderen, wie ich finde, sehr schönen Überlegung zuwenden, die ich Philipps'sche Spiegelung nennen möchte. Lothar Philipps ist emeritierter Rechtsphilosoph in München. Seine Theorie will ich an einer weiteren Gewissensfrage erläutern.

»Bei unserem Umzug entstand ein Bagatellschaden von ein paar hundert Euro, den die Versicherung des Umzugsunternehmens auch klaglos bezahlt hat. Inzwischen allerdings ist es mir zufällig gelungen, den Schaden selbst zu beheben, was nicht absehbar war, als wir den Schadensbericht einreichten. Sind wir nun moralisch verpflichtet, den Schadensersatz zurückzugeben?«[29]

Beginnen wir zu überlegen. Um die Goldene Regel anzuwenden, muss man sich in ein Versicherungsunternehmen hineinversetzen. Da weiß man zunächst nicht, ob es vielleicht ein Versicherungsunternehmen im Hinblick auf den Aufwand teurer kommt, eine einmal geschlossene Schadensakte wieder zu öffnen und neu zu bearbeiten, als das Geld verfallen zu lassen. Aber darauf will ich nicht hinaus, nehmen wir bei ein paar hundert Euro an, dass sich der Aufwand auch für ein großes Versicherungsunternehmen lohnt. Der entscheidende Punkt ist ein

anderer: Natürlich möchte das Versicherungsunternehmen dann das Geld zurück. Und der Fragesteller würde
das Geld lieber behalten. Das liegt sozusagen in der Natur der Sache. Wir stehen also vor der Problematik, dass
beide Seiten, die sich hier gegenüberstehen, ihre jeweiligen Interessen haben. Wenn man sich in denjenigen hineinversetzt, der sich freut, Geld zurückzubekommen,
also in die Position der Versicherungsgesellschaft, sollte
man das Geld zurückerstatten. Versetzt sich aber umgekehrt die Versicherungsgesellschaft bzw. der Sachbear-
beiter in den Geschädigten hinein, der das Geld gerne
behalten würde, sollte man auf eine Rückerstattung verzichten. Man kommt schlicht zur Erkenntnis, dass sich
entgegengesetzte Interessen gegenüberstehen. Welche
davon berechtigt sind und welche nicht, kann durch die
Goldene Regel zunächst nicht gelöst werden kann. Das
kann es aber mit Hilfe der Philipps'schen Spiegelung.

Lothar Philipps meint, dass es häufig hilft, wenn man
sich das Gegenteil des Effekts vorstellt.[30] Was ist hier
mit »Effekt« gemeint? Hier geht es darum, dass sich der
Schaden anders entpuppt hat, als es am Anfang ausgese-
hen hat, und zwar als geringerer. Das ist der Effekt. Und
den kann man spiegeln. Nicht in der Person, sondern im
Effekt. Man stellt sich vor, es hat sich im Nachhinein
gezeigt, dass der Schaden nicht viel geringer ist als angenommen, sondern umgekehrt viel größer. Zum Beispiel: Der Schreiner hat eine beschädigte Kommode aus-
einandergenommen und festgestellt, dass alle tragenden
Teile der Kommode zerbrochen sind. Die Kommode
muss komplett neu aufgebaut werden, das kostet das
Zehnfache des Kostenvoranschlags. Was möchte der Ge-
schädigte jetzt? Er erwartet natürlich, dass er die Versicherung anrufen kann und sagen: »Der Schreiner hat

die Kommode aufgemacht, es hat sich gezeigt, dass sie total kaputt ist, und ich hätte jetzt gern den höheren Schaden ersetzt.« Auch wir als außenstehende Beobachter würden erwarten, dass die Versicherung den höheren Schaden ersetzt. Es soll ja der reale Schaden ersetzt werden und nicht das, was man am Anfang angenommen hat. Das scheint die Regel zu sein, nach der man vorgehen sollte. Und nun, nachdem wir diese Regel durch das Spiegeln gefunden haben, können wir zurückspiegeln: Wenn man erwartet, das die Versicherung jederzeit einen höheren Schaden ersetzt, wenn er sich nachträglich als höher herausstellt, ist man umgekehrt genauso verpflichtet, den zu hoch bezahlten Schaden zurückzuerstatten, wenn er sich nachher als geringer herausstellt. Das ist das Ergebnis der Philipps'schen Spiegelung.

Wie aber sieht es mit der Spiegelung bei der Wechselgeldfrage aus, wenn wir zu diesem Prüfstein zurückkehren? Wir hatten die Wechselgeldfrage ja gelöst mit der Vorstellung, man sei an der Stelle der Kassiererin, und begegneten dabei dem Problem, dass jemand entgegnet: »Ich würde aufpassen. Das würde mir nicht passieren.« Auch da bemerkten wir, dass das Austauschen der Rollen allein nicht funktioniert. Was ist, wenn man nun das Prinzip der Philipps'schen Spiegelung darauf anwendet und nicht die Rollen austauscht, sondern den Effekt umkehrt? Wie würde man sich wünschen, dass die Kassiererin reagiert, wenn man versehentlich mit einem zu großen Schein bezahlt hat und das nicht bemerkt? An der Kasse ist das nicht so leicht vorzustellen, aber beim Bezahlen in einem Lokal oder einer Kneipe – abends, dunkel, womöglich unter Alkoholeinfluss – kann das leicht passieren: Man hat acht Euro zu bezahlen und will einen Euro Trinkgeld geben, zieht einen Zehneuroschein raus und sagt: »Ich hätte gerne noch einen Euro raus.« In Wirklichkeit hat man aber einen 50-Euro-Schein erwischt. Die Bedienung bemerkt das, sagt aber nichts, gibt einen Euro raus und macht die Geldbörse zu. Und dann bemerkt man selbst den Fehler. Wie würde man reagieren? Man wäre vermutlich empört. Insbesondere wenn man mitbekommt, dass die Bedienung es auch gemerkt, also das zu viel erhaltene Geld absichtlich eingesteckt hat. Man erwartet also, dass sich bei dieser Form des Austauschs derjenige, der zu viel bekommen hat, von alleine meldet und es zurückgibt. Die so gefundene Regel kann man nun wieder auf den Ausgangsfall anwenden. Wenn man in diesem Fall den Effekt spiegelt, nicht die Person austauscht, sondern das Zu-viel-Bekommen austauscht, also aus dem Zu-viel-Bekommen ein Zu-viel-Geben macht, scheint sich die Frage klarer zu beantworten.

Die Spiegelung als allgemeines Prinzip?

Interessant ist die Beschäftigung mit der Spiegelung auch deshalb, weil man, wenn man sich mit dem Prinzip in diesem Zusammenhang beschäftigt, eines bemerkt: Die Goldene Regel ist auch eine Spiegelung, ein Sonderfall, nämlich die Spiegelung der Person. Sie ist dann sinnvoll, wenn sich zwei Personen mit strukturell unterschiedlichen Positionen gegenüberstehen. Klassicherweise ein Starker und ein Schwacher. Wobei Stärke und Schwäche auf den unterschiedlichsten Gebieten bestehen können: körperlich, wirtschaftlich, intellektuell, sozial, psychisch, altersmäßig etc. In diesen Fällen hilft es sehr viel, einfach diese Personen auszutauschen, also zu spiegeln. Was man dabei erreicht, ist, das strukturelle Ungleichgewicht durch das Gedankenexperiment des Austausches zu beseitigen. Insofern ist die Goldene Regel ein Unterfall der Philipps'schen Spiegelung, die jedoch nur dort wirkt, wo strukturelle Unterschiede zwischen den Beteiligten oder deren Positionen bestehen.

Was ist mit dem kategorischen Imperativ? Ist auch er eine Spiegelung? Ich glaube, ja. Er ist eine Spiegelung an unendlich vielen Achsen. Er fragt: Kannst du dir vorstellen, dass das, was du tust, allgemeines Gesetz wird? Darf das überall vorgeschrieben sein, an jeder Stelle? Das ist die Aufforderung, in alle Richtungen zu spiegeln.

Und schließlich könnte man zur Auffassung gelangen, dass auch der Gedanke der Gleichheit mit der Spiegelung verwandt ist. Wir begegnen der Gleichheit bei den Grundlagen des Staatsrechts. Da Betrachtungen dazu uns zu weit vom Thema wegführen würden, sei nur an den Wahlspruch der Französischen Revolution und der heutigen französischen Republik erinnert: »liberté, égalité, fraternité – Freiheit, Gleichheit, Brüderlichkeit«, sowie an den Gleichheitsgrundsatz in Artikel 3 des Grundgesetzes: »Alle Menschen sind vor dem Gesetz gleich.« Auch in der Philosophie der Gerechtigkeit ist die Gleichheit ein wichtiges Prinzip, das selbst für den, der keine absolute Gleichheit vertritt, primär zur Anwendung kommen soll, wenn keine Gründe für eine Ungleichbehandlung vorliegen.[31] Wie tief dieser Gedanke verwurzelt ist, kann man auch bei Kindern sehen, die auf Ungleichbehandlung sehr empfindlich reagieren. Mir scheint, auch hinter diesem Gedanken, dass Menschen gleich behandelt werden sollen, steht das Prinzip der Symmetrie, das sich in Spiegelungen überprüfen lässt.

Stufen der Universalisierung

Die nächste Möglichkeit, die Goldene Regel ein wenig zu erweitern, bietet John Leslie Mackie in seinem Buch *Ethik*. In einem der Kapitel beschäftigt er sich mit der Universalisierung.[32] Er behauptet, die Goldene Regel sei ein Ansatz der Universalisierung, gehe aber nicht weit genug. Was meint er damit? Mackie sagt: Um zu prüfen, ob eine Regel, ein moralisches Urteil, das man fällt, richtig ist – was wir ja mit der Goldenen Regel tun –, sollte man in drei Schritten vorgehen.

Erste Stufe
Die erste Stufe nennt er die Irrelevanz numerischer Unterschiede. Das klingt verwirrender, als es ist, denn es bedeutet nicht Unterschiede in der Anzahl der Beteiligten. Er sagt ganz einfach: Verboten sind alle moralischen Regeln, die zwischen ›Ich‹ und ›Du‹ unterscheiden, also zwischen erster und zweiter Person. Beispiel wären Regeln, die mit Eigennamen unterscheiden: Hans darf keine Schokolade essen, Peter darf es. Wenn es zwischen den zwei Kindern sonst keinen Unterschied gibt, ist dies eine unmoralische Regelung, weil sie einfach numerisch unterscheidet. Der eine darf das, der andere nicht. Um dies zu verdeutlichen, bringt Mackie ein sehr schönes Beispiel dafür, was genau mit dem Verbot der Eigennamen gemeint ist. Um es zu umgehen, könnte zum Beispiel ein Italiener eine Regel aufstellen, dass die Bewohner stiefelförmiger Länder besondere Vorrechte genießen. Diese Regel enthält tatsächlich keinen Eigennamen eines Landes, kein »Ich«. Es sieht aus, als wäre es eine allgemeine moralische Regel. Man muss jedoch prüfen, ob das nicht nur dem Umgehen des

Eigennamens dient, und das macht Mackie folgendermaßen:

»[S]ollte eine solcher Patriot (...) auch bereit sein, einen ähnlichen Vorzug etwa für ein wiedervereinigtes Korea einzuräumen [das dann auch stiefelförmig auf der Landkarte wäre], dann hat seine Maxime diesen Test bestanden.«[33]

Daran erkennt man, ob mit der Bezeichnung »stiefelförmiges Land« in Wirklichkeit nur das Wort Italien ersetzt werden sollte. Dann wäre es keine allgemeine Regel.

Zweite Stufe

Darauf folgt die zweite Stufe: Man muss sich selbst in die Lage des anderen versetzen. Mackie nennt dies das »Beseitigen der artmäßigen Unterschiede«. Ich bin arm, du bist reich. Wenn eine Regel richtig sein soll, dann muss sie auch dann gelten, wenn der Arme sich in die Position des Reichen und der Reiche sich in die Position des Armen versetzen kann; wenn der Gesunde sich in die Person des Kranken versetzt usw. Diese artmäßigen Unterschiede müssten, so Mackie, aufgehoben werden. Dies erinnert uns an den Austausch der Personen bei strukturellen Unterschieden, den wir als einen der Vorzüge der Goldenen Regel erkannt haben.

Dritte Stufe

Doch Mackie geht weiter und schließt, womit er über die klassische Goldene Regel hinausgeht, eine dritte Stufe an: Es müssen auch die unterschiedlichen Vorlieben berücksichtigt werden. Wir erinnern uns, dass die Vorlieben eines der Probleme der Goldenen Regel waren: Der Masochist, der zum Sadisten werden müsste, der, der zu stolz ist, sich helfen zu lassen, der dann niemandem helfen dürfte. Die unterschiedlichen Vorlieben sollen also berücksichtigt werden, was bedeutet, dass man die eigenen Vorlieben beiseitelässt. Mackie erkennt sehr klar, dass »dann die Ausdrucksweise ›sich in die Lage des anderen versetzen‹ kaum noch sinnvoll« ist; »denn kaum etwas von einem selbst wird beibehalten«.[34] Doch Mackie betont, dass man erst nach dieser dritten Stufe tatsächlich eine echte Universalisierung erreicht hat, die dann eine Regel wirklich moralisch wichtig macht.

John Rawls

Die Überlegung leuchtet ein. Doch bleibt die Frage: Wie erreichen wir das? Wie kommt man dahin, wie prüft man, ob hier wirklich die eigenen Vorlieben ausgeschaltet sind? Wie stellt man sicher, dass man sie nicht unterschwellig immer noch mitberücksichtigt? Die schönste Idee, die ich dazu kenne, findet man bei John Rawls in seiner »Theorie der Gerechtigkeit«,[35] wahrscheinlich das wichtigste Buch zur Gerechtigkeitsethik in der zweiten Hälfte des 20. Jahrhunderts.

Wir können an dieser Stelle Rawls' Formulierung der Grundsätze der Gerechtigkeit nicht weiter vertiefen. Hier soll uns jedoch die Idee beschäftigen, mit der Rawls zu seinen Grundsätzen gelangt. Rawls meint, wenn man wirklich gerechte Regeln haben will, muss man von einem sogenannten »Urzustand« ausgehen.[36] Im Englischen heißt es »original position«. Ich halte die Formulierung »Urzustand« für gefährlich, weil man dabei an den sogenannten »Naturzustand« denkt: »homo homini lupus«, der Mensch ist des Menschen Wolf – alle gegeneinander. Das will Rawls nicht. Rawls meint damit auch nicht einen geschichtlichen Urzustand der Menschheit, konkret den der Steinzeit, sondern er sagt: Wir denken uns einfach alles, was uns unterscheidet, hinweg. Deshalb halte ich die Übersetzung »Ausgangszustand« für besser, weil sie verdeutlicht, dass man sie als Ausgangspunkt für eine Überlegung benötigt. Die »original position« besagt: Alle haben dieselben Ausgangsbedingungen. Und in diesem Zustand einigen sie sich auf die Regelungen, die für alle gelten sollen. Nur: Wie kommt man zu diesem hypothetischen Ausgangszustand, dieser *original position*? Es handelt sich schließlich um keinen geschichtlichen Zustand, den man historisch erforschen könnte.

Der Schleier des Nichtwissens

An dieser Stelle führt Rawls etwas Besonderes ein: den »Schleier des Nichtwissens«, »the veil of ignorance«.[37] Das ist nicht etwas, was einen zum Beispiel daran hindert, eine Prüfung zu bestehen, also eine Umschreibung für Dummheit, sondern eine sehr kluge Idee. Rawls sagt, man müsse über die Menschen, die entscheiden, wie eine Gesellschaft geregelt werden soll, diesen Schleier des Nichtwissens legen. Als Erstes führt der Schleier zu Selbstunkenntnis. Die Gesellschaftsmitglieder, die die Grundsätze festlegen, sollen keinerlei Kenntnis über ihr eigenes Einkommen, über ihr Vermögen, über ihren gesellschaftlichen Status haben. Sie kennen nicht ihre Vorlieben und Abneigungen, Triebe und Bedürfnisse, genauso wenig ihre besonderen körperlichen und geistigen Fähigkeiten und Fertigkeiten. All das, was sie aus persönlichen Gründen dazu bringen könnte, etwa zu entscheiden, man bräuchte keine Krankenversicherung, weil sie selbst eine robuste Gesundheit haben, fällt weg. Alles, weshalb jemand sagen könnte, er sei für die niedrigsten Steuersätze und gegen Sozialhilfe, weil er reich ist, fällt weg. Und umgekehrt! Trotzdem aber, betont Rawls, sollen diejenigen über allgemeines Wissen verfügen, die Zusammenhänge kennen. So sollen sie zum Beispiel in allgemeiner Hinsicht wissen, welche wirtschaftlichen Folgen zum Beispiel hohe oder niedrige Steuern haben.

Und es geht noch weiter: Diejenigen sollen auch keine Wahrscheinlichkeiten kennen. Sie sollen nicht wissen, mit welcher Wahrscheinlichkeit jemand eine Erbkrankheit hat, mit welcher Wahrscheinlichkeit jemand pflegebedürftig wird. Andernfalls könnten diejenigen anfangen zu rechnen und sagen: »Ach, das ist eine so niedrige Wahrscheinlichkeit, dass mich diese Krankheit trifft, das lass ich mal sein. Lieber zahl ich dafür nichts und hoffe darauf, dass mich die Krankheit nicht trifft.« Daneben sei aber Rationalität nötig. Alle sollten vernünftig reden und keine gegeneinander gerichteten Interessen haben, keine Vorlieben für das eine oder das andere. Und, das scheint mir interessant: keinen Neid! Neid muss ausgeschlossen sein bei denjenigen, die unter diesem Schleier des Nichtwissens Abmachungen treffen, die Grundsätze festlegen.

Ich halte diesen Schleier des Nichtwissens, abgesehen von der wunderbaren Poesie, die in ihm enthalten ist, für eine der klügsten Ideen, um zu Gerechtigkeit zu gelangen. Und damit wären wir wieder bei unserem Thema: Eigentlich ist der Schleier des Nichtwissens die Goldene Regel, in die Breite gegossen. Die Goldene Regel stellt die Idee dar: Ich versetze mich in den anderen. Nur, wie

funktioniert das in der Gesellschaft? Bei gesellschaftlichen Entscheidungen müssten sich alle in alle anderen
versetzen. Das scheitert oft. Aber ich glaube, mit Hilfe
der Idee des Schleiers des Nichtwissens kann man es
intellektuell schaffen, zu sagen: Überlege mal: Du weißt
nicht, ob du arm oder reich bist. Du weißt nicht, ob du
einen festen Job hast oder Hartz IV-Empfänger bist. Du
weißt nicht, ob du gut zu Fuß sein wirst oder im Roll-
stuhl sitzen und mit Treppen konfrontiert werden wirst,
die du nicht erklimmen kannst und dergleichen mehr.
Du weißt nicht, ob du Mieter oder Vermieter bist, Ar-
beitnehmer oder Arbeitgeber. Dann entscheide, welche
Regelung die richtige ist. Das halte ich für eine sehr
kluge und meiner Meinung nach eben deutlich leichter
umsetzbare Überlegung, als sich in das einzelne jeweilige Gegenüber hineinzuversetzen.

Richard M. Hare

Die psychologische Problematik, wie schwer es ist, sich
in den anderen hineinzuversetzen, hat auch der Vierte,
den ich hier heranziehen will, gesehen: Richard M. Hare. Seine Überlegungen möchte ich wieder an einer
Gewissensfrage erläutern, die Frederik J. aus Hamburg
stellte:

*»Ich gehe sehr gern auf Rock- und Jazzkonzerte, am liebsten
vorn mitten rein in die Arena. Da ich mit 1,92 relativ groß bin,
verstehe ich es, wenn sich Leute, die direkt hinter mir stehen,
beschweren, sie würden nichts sehen. Ich müsste mich also,
um niemandem die Sicht zu nehmen, nach hinten stellen.
Andererseits erwerbe ich mit der Arenakarte doch das gleiche
Recht wie alle anderen. Muss ich also ein schlechtes Gewissen*

haben, wenn ich durch meine ›freie Platzwahl‹ anderen Men-
schen bewusst – wenngleich nicht mutwillig – im Weg ste-
he?«[38]

Wenn man auf dieses Problem die Goldene Regel anwendet, scheint es zunächst relativ einfach. Will jemand
Schultern vor der Nase, genauer gesagt vor den Augen
haben während eines Konzerts? Nein. Also: Große müssen nach hinten. Punkt. Wenn man aber länger darüber
nachdenkt, stößt man auf ein Problem: Das sind die
Interessen der Kleinen. Kann es nicht sein, dass dabei
ganz einseitig zugunsten der Kleinen, zulasten der Großen entschieden wird? Hat denn das Interesse des groß
gewachsenen Rock/Pop-Fans, vorne mittanzen zu können, nicht auch ein Gewicht? Und wenn ja, welches?
Und müsste sich nicht umgekehrt der Kleine sagen: Ich
versetze mich jetzt in die Rolle des Großen, der will
doch vorne tanzen und nicht hinten. Deswegen muss ich
es ihm jederzeit klaglos zugestehen; ihm auch noch auf
die Schulter klopfen – wenn ich so weit hochkomme –
und sagen: Super! Fühl' dich wohl da vorne! Und man
erkennt: Man stößt bei diesem Fall mit der Goldenen
Regel auf ein Problem. Es geht, wie schon beim Versiche-
rungsschaden, wieder um die Frage der widerstreitenden
Interessen. Und dafür hat Richard M. Hare, wie ich finde,
eine überzeugende Lösung formuliert.[39] Er geht aus vom
Gleichnis vom unbarmherzigen Gläubiger im Matthäus-
Evangelium:

Mit dem Himmelreich ist es deshalb wie mit einem König, der
beschloss, von seinen Dienern Rechenschaft zu verlangen. Als
er nun mit der Abrechnung begann, brachte man einen zu
ihm, der ihm zehntausend Talente[40] schuldig war. Weil er aber

das Geld nicht zurückzahlen konnte, befahl der Herr, ihn mit Frau und Kindern und allem, was er besaß, zu verkaufen und so die Schuld zu begleichen. Da fiel der Diener vor ihm auf die Knie und bat: Hab Geduld mit mir! Ich werde dir alles zurückzahlen. Der Herr hatte Mitleid mit dem Diener, ließ ihn gehen und schenkte ihm die Schuld. Als nun der Diener hinausging, traf er einen anderen Diener seines Herrn, der ihm hundert Dinare schuldig war. Er packte ihn, würgte ihn und rief: Bezahl, was du mir schuldig bist! Da fiel der andere vor ihm nieder und flehte: Hab Geduld mit mir! Ich werde es dir zurückzahlen. Er aber wollte nicht, sondern ging weg und ließ ihn ins Gefängnis werfen, bis er die Schuld bezahlt habe. Als die übrigen Diener das sahen, waren sie sehr betrübt; sie gingen zu ihrem Herrn und berichteten ihm alles, was geschehen war. Da ließ ihn sein Herr rufen und sagte zu ihm: Du elender Diener! Deine ganze Schuld habe ich dir erlassen, weil du mich so angefleht hast. Hättest nicht auch du mit jenem, der gemeinsam mit dir in meinem Dienst steht, Erbarmen haben müssen, so wie ich mit dir Erbarmen hatte? Und in seinem Zorn übergab ihn der Herr den Folterknechten, bis er die ganze Schuld bezahlt habe. Ebenso wird mein himmlischer Vater jeden von euch behandeln, der seinem Bruder nicht von ganzem Herzen vergibt.[41]

Die Einführung des Dritten

Diese Stelle zog Hare heran und leitete daraus etwas ab. Hare geht von einer Grundannahme aus: Moralische Werte sind zum einen präskriptiv, sie fordern. Und zum anderen sind sie universalisierbar, das heißt, sie müssen für alle gelten. Wenn nun in diesem Beispiel der Gläubiger sagt »Ich will, dass mir meine Schuld erlassen wird«, dann muss er seinen Schuldigern gegenüber genauso handeln. Hares Idee nun ist, das Prinzip des unbarmherzigen Gläubigers zu übernehmen und in anderen Fällen als Entscheidungshilfe einen virtuellen Dritten einzuführen, und zwar so, dass derjenige, dessen Verhalten untersucht werden soll, in der Mitte steht.

Im Falle des Konzerts sähe das praktisch so aus: Der Fragesteller ist 1,92 m groß, hinter ihm stehen die Kleineren. Ich habe in den Zahlen des Statistischen Bundesamtes nachgelesen, der Durchschnittsdeutsche, Männer und Frauen gemittelt, ist 1,71 m groß. Der Fragesteller Frederik überragt den Durchschnitt somit um 21 cm. Das bedeutet, der Dritte, den man einführt, müsste ihn auch um 21 cm überragen, es würde sich also vor ihn jemand stellen, der 2,13 m groß ist. Und Frederik steht hinter ihm, aber vor dem durchschnittlich Großen mit 1,71 m, in der Mitte zwischen den beiden. Und nun kommt Hare mit der Forderung der Universalisierbarkeit. Wenn jetzt unser Fragesteller Frederik zu dem 2,13 m großen Riesen sagt, er möge doch bitte nach hinten – oder an die Seite – gehen, damit er etwas sehen könne, dann muss dieses moralische Gebot »nach hinten gehen« auch für ihn im Verhältnis zu dem Kleineren hinter ihm gelten. Das heißt, er muss mit dem Riesen zusammen nach hinten gehen. Durch diese Idee der Einführung des Dritten – und das ist der Witz daran – wird Frederik in der Mitte von dem moralischen Gebot ›Große nach hinten‹ sowohl begünstigt – weil der Große vor ihm weggehen muss – als auch belastet: er muss auch nach hinten. Wir haben durch diesen Kunstgriff erreicht, dass die Interessenlage, die zunächst gespalten war zwischen dem Kleinen und dem Großen – ein *inter*personaler Konflikt zwischen zwei Menschen, die etwas Unterschiedliches wollen –, sich in einem vereinigt hat, zum *intra*personalen Konflikt. Der eine ist jetzt sowohl kleiner als auch größer und muss sich entscheiden: Will er gar nichts sehen, weil der Große vor seiner Nase ist, oder will er nicht so gut sehen, weil er selbst neben dem Großen hinten steht. Vermutlich entscheidet er sich dafür, neben dem Großen hinten zu stehen. Und wenn er diese Abwägung getroffen hat, dass die Einschränkung, hinten zu stehen, geringer ist, als gar nichts zu sehen, kann man den Dritten wieder nach Hause schicken. Denn die Abwägung, was schlimmer und was weniger schlimm ist, muss genauso gelten – als moralische Regel ist sie universalisierbar –, wenn sie sich wieder auf zwei Menschen verteilt. Und damit haben wir eine Lösung für diese doch schwierige Frage erreicht – und zugleich eine Erweiterung der Goldenen Regel. Ich möchte allerdings an dieser Stelle noch kurz anmerken, dass es sich dabei auch um eine Spiegelung handelt. Wir haben nur nicht – wie üblicherweise bei der Goldenen Regel – zwischen den beiden, um die es geht, dem Großen und dem Kleinen, gespiegelt, sondern wir haben die Spiegelachse in denjenigen gelegt, der entscheiden muss. Und haben sozusagen vor ihn noch einmal die gleiche Situation gespiegelt.

Zusammenfassung

Zusammenfassend kann man feststellen: Die Goldene Regel ist nicht nur ein alter und vor allem ubiquitärer Grundsatz, den wir in der gesamten menschlichen Kultur finden, er ist auch in vielen Fällen sehr sinnvoll. Er ist vor allem sehr sinnvoll wegen seiner Eingängigkeit. Wie Höffe schreibt: Dadurch kann man ihn sehr gut in erzieherischer Hinsicht verwenden. Die Goldene Regel ist Grundlage für sehr viele gute andere ethische Theorien, einschließlich des kategorischen Imperativs, der meiner Meinung nach eine Weiterentwicklung darstellt, aber eine getrennte. Und ganz praktisch betrachtet, trotz aller Fehler, die die Goldene Regel haben mag: Wenn sich alle an sie halten würden, wäre schon sehr viel erreicht.

Leseempfehlungen

Eckart Voland, Die Natur des Menschen, Verlag C. H. Beck, München 2007

Regel, Goldene. In: Joachim Ritter, Karlfried Gründer und Gottfried Gabriel (Hrsg.), Historisches Wörterbuch der Philosophie, Band 8, Schwabe Verlag, Basel 1992, S. 452 ff.

Derek Parfit, On What Matters, Oxford University Press 2001, Volume 1, 14: Impartiality, insbesondere Chapter 46: The Golden Rule, S. 321 ff.

Alfred Bellebaum und Heribert Niederschlag (Hrsg.), Was du nicht willst, dass man dir tu'... – Die Goldene Regel – Ein Weg zum Glück?, UVK, Konstanz 1999

Hans-Ulrich Hoche, Die Goldene Regel. Neue Aspekte eines alten Moralprinzips, Zeitschrift für philosophische Forschung, Band 32 (1978) S. 355–375

John Leslie Mackie, Ethik – Die Erfindung des moralisch Richtigen und Falschen, Philipp Reclam jun., Stuttgart 2000, Kapitel 4: Universalisierung, S. 104 ff.

John Rawls, Eine Theorie der Gerechtigkeit, Suhrkamp Verlag, Frankfurt am Main 1975, Kapitel 3, S. 140 ff.

Günter Spendel, Die Goldene Regel als Rechtsprinzip, in: Josef Esser, Hans Thieme (Hrsg.), Festschrift für Fritz von Hippel, J. C. B. Mohr Verlag, Tübingen 1967, S. 491 – 516

Richard M. Hare, Freiheit und Vernunft, Suhrkamp Verlag, Frankfurt am Main 1983, Kapitel 6: Eine moralische Begründung, S. 105 ff.

SOLANGE MAN MICH NICHT STÖRT –

Wert und Grenzen der Toleranz

»Solange man mich nicht stört« – eine bewusst provokante Titelformulierung für eine Abhandlung über Toleranz. Den anderen gewähren lassen, ihm alles zugestehen, die größtmögliche Freiheit einräumen bis zu dem Punkt, an dem man selbst betroffen wird. Stellt das die weitestgehende Toleranz dar? Und damit die höchste Form? Oder ist das die einfachste Form? Womöglich sogar die niedrigste? Ist es überhaupt Toleranz? Und was geschieht in dem Moment, in dem ich dann doch betroffen werde? Endet sie dann, die Toleranz? Oder nur diese Form der Toleranz? Auch das wird hier zu ergründen sein.

»Wert und Grenzen der Toleranz« – der Untertitel ist neutraler, aber er spannt weit. Noch vor wenigen Jahren hätte man gefragt: Kann man denn über den Wert der Toleranz überhaupt große Ausführungen machen? Nachdenken darüber? Die Vorlesungen stehen ja schließlich unter dem Motto »Nachdenken über Moral«. Wo könnte es Widersprüche aus moralischer Sicht geben? Toleranz ist in aller Munde, scheint auch nahezu unbestritten zu sein – wer würde schon behaupten, er sei intolerant? Doch seit einigen Jahren wird viel diskutiert. Über Ängste und ob sie berechtigt sind. Auf jeden Fall lohnt sich, einen genaueren Blick darauf zu werfen. Nicht erst, aber besonders auch seit dem Aufflammen der sogenannten »Islam-Debatte« zur Frage, wieweit, wenn nicht gar »ob« unsere Gesellschaft das Erstarken einer bestimmten Religion, die historisch in Mitteleuropa wenig vertreten war, tolerieren darf, soll oder muss.

Eine Geschichte aus Mitte

Toleranz. Beginnen möchte ich das mit einer kleinen Geschichte. Ich lebe nahe Berlin-Mitte. Dort gibt es eine Straße, die Rosa-Luxemburg-Straße. Das ist die Straße, die vom Alexanderplatz direkt auf die Volksbühne zuführt, dort liegt auch das Karl-Liebknecht-Haus, vor dem Krieg Zentrale der Kommunistischen Partei, heute Sitz des Parteivorstandes der Linken. Wenn man so will, eine klassisch linke Gegend. In dieser Straße hatte Anfang 2008 ein Geschäft eröffnet, namens Tønsberg. Der Laden gehört zu Thor Steinar, einem Modelabel, das eindeutig rechten Kreisen zuzuordnen ist. Und zwar nicht in der Art, wie es zum Beispiel der Marke Fred Perry passierte. Fred Perry war und ist eine unbescholtene Sport- und Modemarke, die zeitweise von der Skinszene und dann von rechten Kreisen vereinnahmt wurde, sich aber immer davon distanzierte. Thor Steinar dagegen wurde Medienberichten zufolge von Mitgliedern der Neonaziszene gegründet, gilt diesen Berichten zufolge als »Designermarke von und für Rechte«[1] und hat deshalb Hausverbot im Deutschen Bundestag. Vor diesem Hintergrund stellt es natürlich eine Provokation dar, einen derartigen Laden in der Rosa-Luxemburg-Straße in Berlin-Mitte zu eröffnen. Das ließ man sich dort auch nicht bieten und reagierte entsprechend: Die Schaufenster wurden mit Farbbeuteln oder Steinen beworfen. Auf dem Bild sieht

Aktion Mitte gegen Rechts

man davor einen Container. Dieser Container stammt von einer Aktion, genannt »Mitte gegen Rechts«.[2] Das ist ein nettes Sprachspiel mit den Begriffen Berlin-Mitte und der politischen Mitte. Diese Aktion hat nun einen Container direkt vor das Schaufenster völlig legal auf den Parkstreifen gestellt, fast so breit und hoch wie der Laden selbst, so dass man nicht mehr viel von dem Laden sieht.

Was soll man davon halten? Farbbeutel und Scheibeneinwerfen sind sicherlich problematisch, weil es sich um Gewalt handelt. Wann und ob überhaupt Gewalt legitimiert sein könnte, darüber müsste man lange nachdenken, aber darum soll es hier gar nicht gehen. Was aber soll man davon halten, wenn man nur den Container betrachtet: gewaltfrei, sehr intelligent, mit Witz und wirkungsvoll. Abgesehen davon, dass ich es für eine wunderbare Aktion halte, die mir sehr sympathisch ist. Aber meine Sympathie ist keine moralische Kategorie. Ist diese Aktion denn so unbedenklich? An mehreren Stellen dieses Buches kommen Spiegelungen als Instrument der ethischen Reflexion[3] vor, speziell auch im Kapitel über die Goldene Regel. Jetzt möchte ich hier auch einmal spiegeln.

Mitte gegen Links?

Man stelle sich vor, ein linksliberaler Laden, ein Dritte-Welt-Laden, eine Asylantenanlaufstelle oder etwas in der Art eröffnet in – ich will an dieser Stelle gar keine Ortsnamen nennen –, sagen wir einmal in einem Ort oder in einer Gegend, die bekanntermaßen eine starke rechte politische Strömung hat. Und die rechte Szene dieser Gegend würde sich provoziert fühlen und einen Container vor den Laden stellen: »Mitte gegen Links«. Würde man das genau so gut finden, oder würde man in dem Fall sagen: Da stimmt etwas nicht. Und damit sind wir dank des Experiments der Spiegelung bei der Frage: Rechts? – ja, da habe ich das Gefühl, dagegen muss man etwas unternehmen. Und gegen links? – Äh, ja. Wenn jemand beispielsweise denkt, es könnte ja auch oder sogar vor allem von links her die wirkliche Gefahr für die Demokratie drohen. Derzeit haben wir ja mehr das Gefühl, der Staat wird vor allem von Rechts bedroht – wir sehen mit großer Sorge das Erstarken der rechten bis rechtsextremen Parteien in Europa, vor allem auch in traditionell offenen Ländern wie Holland oder den skandinavischen Staaten. Nicht zu vergessen das grauenvolle Massaker in Norwegen vom 22.7.2011. Das entspricht auch meiner persönlichen Meinung, dass der Staat vor allem von rechts bedroht wird. Viele aber sehen den Staat von links bedroht. Über Jahrzehnte sah eine große Mehrheit, man denke nur an die Zeiten der RAF und des kalten Kriegs in der Bundesrepublik, der Bonner Republik, die Gefahr für den Staat mehr von links. Ob man mehr Angst vor Rechts hat oder vor Links, scheint eine Frage der politischen Einstellung. Hat dann der »Mitte gegen Links«-Container die gleiche Berechtigung wie der theoretisch mögliche »Mitte gegen Rechts«?

An dieser Stelle wird das Ganze zu einer Frage der Toleranz. Wie geht man um mit den politisch Andersdenkenden? Was muss man tolerieren? Was kann man nicht mehr tolerieren? Was darf man nicht tolerieren? Und man merkt, an einer kleinen Aktion wie diesem Container, die mir persönlich eben sehr sympathisch ist – ich musste schallend lachen, als ich das erste Mal daran vorbeiging –, spannt sich das Problem auf: Wie geht man miteinander um? Man darf nicht vergessen: Der Container steht in der Rosa-Luxemburg-Straße, und von Rosa Luxemburg stammt der bekannte Satz: »Freiheit ist immer Freiheit der Andersdenkenden.«[4]

Toleranz jenseits der Politik

Wir wollen hier »nachdenken über Moral«, und da haben Überlegungen im politischen Feld – so wichtig sie auch sind – einen Nachteil: Oft hängen die Sichtweisen von der politischen Einstellung ab, und die Fronten einer Diskussion verhärten sich. Ich habe das durch den Kniff der Spiegelung versucht aufzubrechen, aber es

scheint mir noch sinnvoller, zunächst das politische
Feld ganz zu verlassen. Das Problem kann man nämlich
auch bei ganz anderen, wesentlich einfacheren Konstel-
lationen sehen. Vor einiger Zeit erreichte mich im Rahmen der Gewissensfrage eine Anfrage von Oliver B. aus
Berlin:

*»Ohne übertrieben eitel zu sein, lege ich bei mir Wert auf ein
gepflegtes Äußeres; bei anderen bin ich eher tolerant. Ein guter
Freund überschreitet jedoch meine modische Toleranzgrenze:
Ultra-enge, ultra-kurze Glattleder-Mini-Shorts kombiniert er
gern mit einem weinrot glänzenden Polyesterhemd oder einem eng anliegenden, schwarzen Nylon-T-Shirt. Mir ist dieses
Auftreten peinlich, zumal es im Bekanntenkreis schon mehrfach für Irritation sorgte. Folglich habe ich ihn gebeten, dieses
›Porno-Outfit‹ nie mehr in meiner Gegenwart zu tragen. Seitdem trägt er die Sachen noch häufiger und bezeichnet mich als
›Fashion-Faschisten‹. Kann ich meinem Freund gegenüber eine
Kleiderordnung aufstellen, oder muss ich seine Fehlgriffe um
der Freundschaft willen tolerieren?«[5]*

Offenbar spielt die Toleranz auch eine Rolle im Alltag,
jenseits der Politik. Es lohnt den Blick. Und ich möchte
diesen Blick in eine Reihe von Fragen gliedern, die ich
zunächst kurz formuliere, um sie dann der Reihe nach
durchzugehen.

– Was ist denn eigentlich die Toleranz genau?
– Was kann Objekt der Toleranz sein?
– Welche Aspekte gehören zur Toleranz?
– Welche Gründe gibt es für Toleranz?
– Muss man eine eigene Haltung zu einer Sache haben,
  um tolerant sein zu können?
– Welche Grenzen hat die Toleranz?

Das sind die Fragen, an denen ich das schillernde Bild der Toleranz ein wenig untersuchen möchte.

Was ist Toleranz?

Wenn man nach Definitionen sucht, stellt man fest, es ist leider wie so häufig in der Moralphilosophie und generell in der Philosophie: Es gibt eine Menge. Und gerade bei der Toleranz, die unsere Gesellschaft sehr stark prägt, gibt es noch mehr. Es gibt zum Beispiel eine Definition der Toleranz der UNESCO, der Organisation der Vereinten Nationen für Bildung, Wissenschaft, Kultur und Kommunikation. Die deutsche UNESCO-Kommission hat sie als Erklärung von Prinzipien der Toleranz veröffentlicht:

»Toleranz bedeutet Respekt, Akzeptanz und Anerkennung der Kulturen unserer Welt, unserer Ausdrucksformen und Gestaltungsweisen unseres Menschseins in all ihrem Reichtum und ihrer Vielfalt. Gefördert wird sie durch Wissen, Offenheit, Kommunikation und durch Freiheit des Denkens, der Gewissensentscheidung und des Glaubens. (…) Toleranz ist nicht gleichbedeutend mit Nachgeben, Herablassung oder Nachsicht. Toleranz ist vor allem eine aktive Einstellung, die sich stützt auf die Anerkennung der allgemeingültigen Menschenrechte und Grundfreiheiten anderer. Keinesfalls darf sie dazu mißbraucht werden, irgendwelche Einschränkungen dieser Grundwerte zu rechtfertigen.«[6]

Ja. Das würde man nahezu alles so unterschreiben, und es steckt auch, wie wir später sehen werden, sehr viel in dieser Definition, aber sehr viel klarer scheint mir das Ganze nicht geworden zu sein. Deswegen lohnt sich der

nächste Blick ins Lexikon der Ethik. Und hier wird es
meiner Meinung nach schon etwas präziser:

»Toleranz (lat. Duldung) meint das Gelten- und Gewährenlas-
sen (passive T.), besser noch: die Achtung, sogar freie Anerkennung (aktive und kreative T.) andersartiger Anschauungen und
Handlungsweisen.«[7]

Hier wird eine Unterscheidung getroffen, und es treten
weitere Aspekte hinzu, die ich später im Einzelnen darlegen möchte. Aber es gibt eine Definition, die mir noch
besser gefällt. Sie stammt von dem Moralphilosophen
Rainer Forst, der seine Habilitation über die Toleranz
geschrieben und später als Buch veröffentlicht hat: »Toleranz im Konflikt«. Ich werde noch mehrfach daraus
zitieren. Rainer Forst definiert folgendermaßen:

»Der Begriff »Toleranz« – lat. tolerare: ›dulden‹, ›zulassen‹, ›ertragen‹ – bezeichnet allgemein das Dulden von Überzeugungen,
Handlungen oder Praktiken, die einerseits negativ bewertet,
andererseits aber nicht vollkommen abgelehnt bzw. einge-
schränkt werden.«[8]

Diese Definition enthält schon viel mehr, aber eine Frage
bleibt noch offen, die im täglichen Leben eine Rolle
spielt: Ist denn die Toleranz eine Praxis oder eine Haltung? Bedeutet Toleranz, dass ich etwas tue oder nicht
tue, also entweder etwas Fremdes fördere oder darauf
verzichte, etwas zu bekämpfen? Oder ist es eine Haltung, benötige ich dazu eine innere Einstellung? Man
kann beide Meinungen vertreten und deshalb scheint es
mir sinnvoll, das auch im Wortgebrauch zu unterscheiden. Wenn ich etwas nur praktisch übe, also in meinen
Handlungen nur auf Gewalt verzichte, oder etwas Fremdes fördere, dann ist es ein »Tolerieren«. Nur wenn ich

eine innere positive Haltung dazu habe, ist es die »Toleranz«. Man kann es auch im Englischen so finden: »toleration« und »tolerance«.

Was kann Objekt der Toleranz sein?

Geht man einen Schritt weiter von den Definitionen der
Toleranz – zu denen wir aber immer wieder zurückkehren werden –, lautet die nächste Frage: Was kann Objekt
der Toleranz sein? Was ist der Gegenstand, den ich toleriere? Was oder wer? Das scheint zunächst müßig und
womöglich rein akademisch, wir werden aber sehen,
dass dahinter ein sehr wichtiger Punkt steckt. In der
Definition im Lexikon der Ethik war als Gegenstand
genannt: »Anschauungen und Handlungsweisen.« Und
bei Rainer Forst hieß es: »Überzeugungen, Handlungen
oder Praktiken.«

Betrachtet man das in den beiden Definitionen Genannte, fällt eines auf: Es handelt sich jeweils um Gegenstände, die willentlich geschehen, die man beeinflussen
kann.

Unabänderliches

Das ist der erste Punkt, der sehr wichtig ist: Man kann
umgekehrt Unabänderliches erst gar nicht einer echten
Toleranz unterwerfen. Welche Gegenstände wären das
demnach, die man gar nicht der Toleranz zuführen kann,
obwohl es oft gefordert oder versucht wird? Der erste
und vielleicht wichtigste davon ist: die Wahrheit. Die
Frage von Wahrheit oder Unwahrheit. André Comte-

Sponville, ein französischer Philosoph, den ich sehr schätze und dem wir im Laufe dieses Buches öfter begegnen, formuliert es so:

»Wenn über die Wahrheit Gewissheit herrscht, ist Toleranz gegenstandslos. Beim Buchhalter, der sich verrechnet, kann man nicht tolerieren, dass er den Fehler nicht korrigieren will. Beim Physiker, der vom Experiment widerlegt wird, auch nicht. Das Recht auf Irrtum gilt nur a parte ante; sobald der Irrtum nachgewiesen ist, ist er kein Recht mehr und verleiht auch keines: Im Irrtum a parte post verharren ist kein Irrtum, sondern eine Verfehlung.«[9]

Comte-Sponvilles Konsequenz daraus ist: Das Problem der Toleranz stellt sich nur bei Meinungsfragen. Denn bei Fragen, die einer Verifizierung, also einer Untersuchung, ob es wahr ist oder nicht, einer Falsifizierung, ob es falsch ist oder nicht, zugängig sind, geht das Ganze nicht. Denn ich kann nicht davon reden, ich toleriere, dass zwei und zwei fünf ist. Das ist richtig oder falsch, in diesem Falle wohl falsch, auch wenn Mathematiker an dieser Stelle gerne sagen, das kommt auf den Zahlenraum an. Ich beziehe meine Ausführungen auf den im täglichen Leben der Nichtmathematiker üblichen Zahlenraum. In diesem Zahlenraum kann ich höchstens tolerieren, dass jemand der Meinung ist, zwei und zwei ergebe fünf, aber ich kann nicht die Aussage als solche tolerieren.

Und wenn man das weiter überlegt, kommt man zu einer sehr praktischen und wichtigen Überlegung: Ich kann auch keine unveränderlichen Eigenschaften eines Menschen tolerieren oder nicht tolerieren. Ich kann nicht die Hautfarbe eines Menschen tolerieren. Ob jemand eine schwarze, weiße, gelbe, braune Hautfarbe hat oder aus welchem Land er stammt. Dies ist nicht etwas, das der Toleranz zugänglich wäre. Denn ich kann es nur hinnehmen.

Ebenso die sexuelle Orientierung. Ich kann die sexuelle Orientierung eines Menschen nicht tolerieren in dem Sinne, dass ich sie als etwas annehme oder nicht. *Es ist so* bei dem jeweiligen einzelnen Menschen. Die Art wie jemand damit umgeht – das kann wieder Gegenstand der Toleranz sein.

Der tolerante Rassist

Und das mit den Eigenschaften und Besonderheiten des Menschen führt zu einer weiteren sehr interessanten Problematik, die Rainer Forst in seinem Buch »Toleranz im Konflikt« beschreibt:[10] Gegenstand der Toleranz können auch nicht Vorurteile sein. Denn wenn jemand der Meinung ist, ein Mensch mit einer bestimmten Hautfarbe oder Herkunft sei minderwertig, ist das ein Vorurteil, eventuell empfindet derjenige sogar Hass gegenüber Menschen mit einer bestimmten Hautfarbe. Aber das, was man einem Menschen durch das Vorurteil zuschreibt, kann nicht Gegenstand der Toleranz sein. Andernfalls würde es nämlich zur »Paradoxie des toleranten Rassisten« führen:

Denn wenn ich das Vorurteil »dunkelhäutige Menschen sind weniger wert« als Objekt der Toleranz zulasse, dass man diesem Vorurteil gegenüber, wenn man es zur Grundlage seines Denkens macht, dann tolerant sein kann, würde das dazu führen, dass, je rassistischer ein Mensch denkt und dennoch den anderen Menschen nicht verfolgt, nicht unterdrückt, er plötzlich ein umso toleranterer Mensch wäre. Während der, der Menschen mit andersartiger Hautfarbe gar nicht geringschätzt, ihnen gegenüber nicht tolerant sein könnte. Und derjenige, der dieses Vorurteil hat, wäre umso toleranter, je schlimmer sein Vorurteil ist und je größer seine Missachtung des anderen.

Welche Aspekte gehören zur Toleranz?

Damit möchte ich zum nächsten Punkt kommen: Welche Aspekte gehören zur Toleranz?[11] Der erste Aspekt – damit schließe ich jetzt wieder an die Überlegungen zum Rassisten an – ist die sogenannte *»Ablehnungskomponente«*. Das überrascht zunächst, aber um tolerant zu sein, muss man das, dem gegenüber man tolerant ist, ablehnen – man muss es als schlecht oder falsch verurteilen. Einen anderen Glauben zum Beispiel. Wenn ich Christ bin, kann ich tolerant gegenüber Andersgläubigen sein, weil ich der Meinung bin, ich halte meinen Glauben für richtig, andere halte ich nicht für richtig, sonst würde ich dem anderen Glauben ja folgen. Also kann ich dem anderen Glauben gegenüber tolerant sein. Das ist eine logische Voraussetzung der Toleranz. Ich kann meinem eigenen Glauben gegenüber nicht tolerant sein, denn den bejahe ich. Man benötigt also eine Ablehnungskomponente. Das wirft die Frage auf: Ist es auch Toleranz, wenn man einer Sache indifferent gegenübersteht? Ich werde noch später darauf zurückkommen, weil es meiner Meinung nach einen wichtigen Punkt darstellt.

Daneben, neben dieser Ablehnungskomponente, muss als zweiter Punkt die *»Akzeptanzkomponente«* stehen. Man muss, obwohl man etwas für falsch hält und es nicht der eigene Glaube ist, nicht die eigene Meinung, nicht die eigene Überzeugung, dennoch das Ganze nicht so sehr ablehnen, dass es nicht auch positive Gründe dafür gibt, es gelten zu lassen. Man benötigt neben der Ablehnung auch positive Gründe, die für das Abgelehnte sprechen. Dazu werden wir im Anschluss kommen: Welche Gründe gibt es für die Toleranz?

Und als drittes weist die Toleranz eine sogenannte »*Zurückweisungskomponente*« auf. Ab einem bestimmten Grad an Falschheit darf man Bestimmtes nicht mehr zulassen. Das ist die Grenze der Toleranz, wenn die Ablehnungsgründe zu groß werden. Ein Beispiel wäre, wenn jemand behauptet, Menschen mit dunkler Hautfarbe oder mit einem bestimmten Glauben oder ohne einen bestimmten Glauben seien nichts wert, er dürfe sie jederzeit wie Tiere behandeln. Diese Einstellung darf man nicht tolerieren. Hier ist eine Grenze überschritten. Es gibt hier nicht mehr genügend Gründe, das zu akzeptieren, deswegen kommt die Zurückweisungskomponente zum Tragen.

Und nun folgen noch zwei Punkte, die nicht sehr häufig in diesem Zusammenhang genannt werden, die ich aber für interessant halte. Der erste davon ist: Man braucht, um Toleranz üben zu können, die theoretische Möglichkeit, eingreifen zu können. Wenn man keine Möglichkeit hat einzugreifen, ist es ein schlichtes Erdulden. Wenn jemand von einem übermächtigen Gegner geschlagen wird, ist er dem gegenüber nicht tolerant, sondern er erduldet es.

Und der letzte Punkt: Um wirklich tolerant zu sein, muss man persönlich von diesem Übel, dem gegenüber man Toleranz übt, betroffen sein. La Rochefoucauld schrieb: »Wir alle haben genügend Kraft, um die Übel der anderen zu ertragen.«[12] Übel, die gegenüber anderen bestehen, hinzunehmen – das ist keine echte Toleranz.

Welche Gründe gibt es für die Toleranz?

Nachdem wir diese fünf Aspekte durchgegangen sind, kommen wir zu einem der ersten Punkte, an denen es ein bisschen schwierig wird: Welche Gründe gibt es für die Toleranz? Oder: Warum sollte man tolerant sein? Da stutzt man zunächst. Warum sind überhaupt Gründe für die Toleranz nötig? Die Toleranz scheint uns ja ein so wichtiges Prinzip unseres Zusammenlebens zu sein, dass wir gar nicht auf irgendwelche Gründe für sie angewiesen zu sein scheinen. Versteht es sich denn nicht von selbst? Man kann etwa ein frühes Buch, in dem die Toleranz behandelt wird, aufschlagen – John Stuart Mill: »On liberty« – und findet folgendes Zitat:

»Dies Prinzip lautet: dass der einzige Grund, aus dem die Menschheit, einzeln oder vereint, sich in die Handlungsfreiheit eines ihrer Mitglieder einzumengen befugt ist, der ist: sich selbst zu schützen. Dass der einzige Zweck, um dessentwillen man Zwang gegen den Willen eines Mitglieds einer zivilisierten Gemeinschaft rechtmäßig ausüben darf, der ist: die Schädigung anderer zu verhüten.«[13]

Das heißt mit anderen Worten – eigentlich eine Selbstverständlichkeit –, man muss alles tolerieren, was einen selbst oder andere nicht schädigt. Allerdings muss man bedenken, dass Mill Utilitarist war, einer der Begründer der Nützlichkeitsethik. Ihn interessierte nur das Ergebnis, die Haltung dazu ist für den Utilitaristen relativ bedeutungslos. Nur das Problem, das dabei entsteht, ist:

Mit dieser Begründung der Toleranz lassen sich nur äußere Handlungen der Toleranz unterwerfen. Nicht aber Meinungen. Wenn man sich nur auf dieses Zitat stützt, kann man jederzeit sagen: Schwarze sind nichts wert. Mein politischer Gegner ist nichts wert. Der Andersgläubige ist nichts wert. All dies könnte man tun, solange man den- oder diejenige nur nicht verfolgt. Aber das wollen wir ebensowenig. Das sind Haltungen, die wir nicht akzeptieren können und wollen. Und damit kommt es zu einer Problematik, für die ich auch wieder eine Formulierung von Rainer Forst verwenden will: »Wie [kann] es moralisch richtig oder gar geboten sein (…), das moralisch Falsche oder Schlechte zu tolerieren?«[14]

Wenn man der Auffassung ist, im Sinne der Ablehnungskomponente, das, was der andere tut, sei falsch, wie kann es ein moralisches Gebot geben, das mich dazu bringt, dieses Falsche beim anderen zu tolerieren? Darin sehe ich tatsächlich eine logische Schwierigkeit. Und es zeigt, man benötigt Gründe für die Toleranz, die es aber sehr wohl gibt. Ich will versuchen, diese Gründe in einer gewissen Reihenfolge, einer Rangfolge aufzubauen.[15]

Unabänderlich

Der erste Grund, weshalb man tolerant sein soll, könnte der sein: Weil man nichts ändern kann. Hierin kann man einen Widerspruch zu dem erblicken, was ich am Anfang gesagt habe, dass in diesen Fällen gar keine Toleranz vorliegt, sondern lediglich ein Erdulden. Dennoch will ich es an dieser Stelle anführen, auch aus historischen Gründen. In einem der ersten Bücher über die Toleranz,

»A Letter concerning Toleration – Ein Brief über Toleranz« aus dem Jahr 1685, formulierte John Locke auch die erste Begründung für die Toleranz. Er schrieb:

»For no man can, if he would, conform his faith to the dictates of another. – Denn niemand kann, selbst wenn er wollte, seinen Glauben dem Diktate anderer anpassen.«[16]

Das war Lockes Begründung, warum man anderen Religionen gegenüber tolerant sein sollte: derjenige kann seinen Glauben nicht ändern gegenüber dem Zwang anderer, also muss man ihn tolerieren. Also eine rein faktische Überlegung. Man kann fremdem Glauben ohnehin nichts entgegensetzen außer vielleicht einen Missionierungsversuch, also muss man ihn tolerieren. Man kann sicherlich darüber streiten, ob das wirklich Toleranz ist oder ein schlichtes Erdulden. Vermutlich ist es das Letztere, aber man kann es auch als Einstieg sehen hin zur echten Toleranz.

Klugheit: Politische Vorsicht

Der zweite Grund, warum man tolerant sein soll, wäre: Toleranz ist geboten aus praktischen Gründen, aus politischer Vorsicht. Und zwar dann, wenn man von folgender Überlegung ausgeht: Man kann einen *modus vivendi* erreichen, eine Möglichkeit des Zusammenlebens, bei dem das Tolerieren des anderen – auch wenn man das, was er tut, ablehnt – das kleinere oder unvermeidliche Übel ist. Weil nämlich das Nicht-Tolerieren zu größeren Problemen führen könnte.

Eines der Grundgesetze der Toleranz, eine der ersten Toleranzregeln, die wir kennen, war das »Edikt von

Nantes«, das die Auseinandersetzung zwischen Katholiken und Hugenotten in Frankreich beenden sollte.
Heinrich IV. wollte einen Schlussstrich ziehen, ein Zusammenleben, Toleranz ermöglichen. Und dazu formulierte er:

»Um keinen Anlass zu Unruhen und Streitigkeiten zwischen
unseren Untertanen bestehen zu lassen, haben wir erlaubt und
erlauben wir den Anhängern der sogenannten reformierten
Religion, in allen Städten und Ortschaften unseres Königrei-
ches und Ländern unseres Machtbereiches zu leben und zu
wohnen, ohne dass dort nach ihnen gesucht wird oder sie
bedrückt und belästigt und gezwungen werden, etwas gegen
ihr Gewissen zu tun.«[17]

Interessant ist hier die Begründung, die Heinrich VI. her-
anzog: »Um keinen Anlass zu Unruhen und Streitigkeiten zu geben«. Das bedeutet, dass er die Toleranz – oder
war es nur ein Tolerieren? – als das geringere Übel an-
sah. Die Überlegungen, die dahinterstehen, könnten so
aussehen: Möglicherweise stärkt die Verfolgung die
Minderheit, weil die historische Erfahrung gelehrt hat,
dass Verfolgung die Verfolgten zusammenschweißt und
nur die falschen Ansichten bestärkt, statt sie auszurot-
ten. Vielleicht erregt es Aufsehen, oder es führt eben
direkt zu Unruhen.[18] Und deswegen ist es geschickter,
eine andere Meinung zu tolerieren, als das durchzusetzen, was ich möchte.

Das ist ein rein praktisches Vorgehen, ein Akt der
Klugheit. Eine Vorsicht, die dazu führt, dass man den
Anderen einfach gewähren lässt, weil ihn nicht gewähren zu lassen deutlich gefährlicher wäre. Interessanterweise findet man auf dieser Ebene auch Begründungen
in der Kirchengeschichte, nämlich bei Augustinus, der

Toleranz Andersgläubigen gegenüber für geboten hielt.
Gabriel meint im Historischen Wörterbuch, das sei bei
Augustinus »instrumentell begründet«:

»Zwecks Sicherung des Zusammenhalts der Kirche und der
christlichen Gemeinschaft rät er zur T[oleranz] gegenüber sün-
digen Mitchristen und Juden sowie Prostituierten, da dies im
Verhältnis zu den Folgen der Nichtduldung das kleinere Übel
sei.«[19]

Das hat auch Thomas von Aquin aufgegriffen. Bei der
Frage: »Sind die Religionsgebräuche der Ungläubigen zu
erdulden?«

»Ich antworte: Die menschliche Regierung wird von der göttlichen Regierung abgeleitet und schuldet ihr Nachahmung.
Wiewohl aber Gott allmächtig und in höchster Weise gut ist,
lässt er doch zu, dass im Einall etliches Üble, das er verhindern
könnte, geschieht, damit nicht mit seiner Aufhebung größere
Güter wegfallen oder auch bösere Übel die Folge sind. Der-
gestalt lassen also auch bei der menschlichen Regierung die
Ausübenden mit Recht etwelche Übel gewähren, damit nicht
irgendwelche Güter behindert werden oder auch damit man
nicht in bösere Übel sich verstrickt.«

Und nun kommt eine schöne Formulierung, jetzt greift
er Augustinus auf und schreibt:

»(...) gerade wie Augustinus sagt: ›Jage die Huren aus dem
menschlichen Treiben hinaus und du wirst alles mit Geilhei-
ten verwirren.‹«[20] .

Augustinus war der Meinung, die Prostitution solle man
tolerieren, denn sie nicht zu tolerieren würde zu größeren Problemen führen. Eine sehr praxisnahe Begründung,
die mich überrascht hat von jemandem, der, wie wir

gesehen haben, bei der Frage der Lüge so rigoros urteilte. Aber vermutlich hatte er tatsächlich recht.

Koexistenz

Auf dieser Ebene der rein praktischen oder politischen Vorsicht läge auch die Überlegung der Wechselseitigkeit: Wenn ich dich toleriere, wirst du mich auch tolerieren. Das ist vor allem dann sinnvoll, wenn man die tatsächlichen oder zukünftigen Machtverhältnisse nicht sicher weiß. Oder wenn es um annähernd gleich große Gruppen geht, die sich gegenüberstehen.

Dieses Argument stellt gewissermaßen einen Zwischenschritt dar hin zur nächsten Ebene bei der Überlegung, warum man Toleranz üben sollte: zur Frage der Koexistenz. Man kann in der Toleranz eine universale, vielleicht sogar unverzichtbare Methode des Zusammenlebens sehen. Wenn ich in die Vernunft des Anderen vertraue, wenn ich der Meinung bin, der Andere mag zwar anderer Meinung sein, mag einen anderen Glauben haben, aber ich vertraue ihm so weit, dass er damit nichts Schlechtes anführt oder ausrichtet, dann komme ich zur gegenseitigen Toleranz. Ich kann es einfach hinnehmen, weil ich ihm vertraue, und das Besondere daran ist, das Ganze findet auf horizontaler Ebene, auf Augenhöhe statt, der Tolerierte ist zugleich Tolerierender und umgekehrt.

Und hier an dieser Stelle sieht man: Die Toleranz ist das Fundament der Demokratie. Die Demokratie funktioniert so, dass ich der Meinung bin, der Andere mag eine andere Auffassung, eine andere politische Auffassung haben, als ich sie habe, aber ich kann sie hinnehmen und ihm, wenn er die Mehrheit hinter sich hat, die Macht überlassen, denn er toleriert auch meine Auffassung und überlässt mir, wenn ich die Mehrheit hinter mir habe, die Macht. Und das ist die beste Methode der Koexistenz: die unterschiedlichen Auffassungen gewähren zu lassen und auf diese Weise zu einem demokratischen Staat zu kommen.

Wirkliche Anerkennung: Respekt

Doch damit sind wir immer noch auf der Ebene der praktischen Überlegung. Die verlassen wir erst bei der nächsten Ebene, auf der es, wenn man so will, zur wirklichen Anerkennung kommt. Denn die nächste Ebene der Gründe, weshalb man Toleranz üben sollte, ist der Respekt vor dem Anderen. Wenn ich den Anderen so weit respektiere, dass ich sage: Er hat unabhängig von allen praktischen Erwägungen das Recht, eine andere Meinung zu haben, komme ich zur Toleranz aus den Menschenrechten. Toleranz ergibt sich mehr oder weniger zwangsläufig, wenn man dem Menschen ihm innewohnende Grundfreiheitsrechte zugesteht. Man kann nicht Menschenrechte zugestehen und zugleich intolerant sein. Mit den Menschenrechten überlassen ich dem Anderen Freiheiten: die Religionsfreiheit, die Gewissensfreiheit, die Meinungsfreiheit. Wenn ich jedoch diese Freiheiten dem Anderen gewährleiste, muss ich seine abweichende Meinung tolerieren, sonst würde ich diese Freiheiten ja nur auf dem Papier gewährleisten. Und an dieser Stelle kommt es zur schönsten Begründung für die Toleranz: Das ist die Idee der Gleichheit. Der Andere ist genauso viel wert wie ich, und deshalb muss ich seine Meinung, ganz genau wie meine, hinnehmen und tolerieren. Das ist, noch abstrakter formuliert, die Idee des Menschen: Ich sehe in dem anderen einen Menschen, und deswegen muss ich seine Meinung auf derselben Ebene wie meine Meinung anerkennen.

An der Stelle landet man wieder bei Kant. Es gibt eine sehr schöne Formulierung, was die Toleranz aufgrund des Menschseins bedeutet: Jeder ist König in seinem Reich der Zwecke im Sinne Kants.

Was bedeutet das? Kant hat die Menschenwürde, das ›Jeder muss immer zugleich Zweck sein und niemals bloß als Mittel gebraucht werden‹ folgendermaßen begründet:

»Es gehört aber ein vernünftiges Wesen als Glied zum Reiche der Zwecke, wenn es darin zwar allgemein gesetzgebend, aber auch diesen Gesetzen selbst unterworfen ist. Es gehört dazu *als Oberhaupt*, wenn es als gesetzgebend keinem Willen eines andern unterworfen ist.«[21]

Dahinter steckt auch die Idee des kategorischen Imperativs. Kant sagt: Im Reich der Zwecke ist jeder zugleich Zweck, und er ist nur dem kategorischen Imperativ unterworfen. Er soll so handeln, dass die Maxime seines Handelns allgemeine Gesetzgebung werden könnte. Und in dem Moment ist er auch Gesetzgeber im Reich der Zwecke und damit ein König in seinem Reich der Zwecke.

Bezogen wieder auf die Toleranz, formuliert Rainer Forst in diesem Zusammenhang sehr schön: »Respektiert wird die Person des anderen, toleriert werden seine Überzeugungen und Handlungen.«[22] Wenn ich den Anderen respektiere und als meinesgleichen anerkenne, als

Mensch wie ich, muss ich seine Überzeugungen und seine Handlungen zunächst bis zu einem gewissen Grad tolerieren.

Wertschätzung des Anderen

So weit werden die meisten folgen wollen. Aber es geht noch eine Ebene weiter zu einer Begründung, die nicht mehr allgemein geteilt wird. Das ist dann der Fall, wenn man in den Bereich der sogenannten *»Wertschätzungskonzeption«*[23] der Toleranz kommt. Das bedeutet, dass man nicht nur die Person des anderen respektiert und auch seine Überzeugungen und Praktiken toleriert, sondern sie als ethisch wertvoll schätzt. Das geht einen Schritt weiter als nur zu respektieren. Das bedeutet nicht nur, ich nehme sie hin, ich lasse sie gelten, ich respektiere sie, sondern ich schätze sie, auch wenn sie nicht meine sind, als ethisch wertvoll. Das ist eigentlich die Grundlage für den heutigen Wertepluralismus. Ich erkenne diesen anderen Wert, auch wenn es nicht meiner ist, als gleichberechtigt an; ich wertschätze ihn, auch wenn ich ihn nicht teile. Und an dieser Stelle scheiden sich die Geister. Bis zur Ebene des Respekts gehen fast alle mit, aber an dieser Stelle, der des Wertepluralismus, kommt es dann zu den Trennungen. Ich nenne nur den Begriff des Multikulturellen, die Diskussion über die Leitkultur und dergleichen mehr. Das zu erörtern würde jedoch, so interessant und wichtig es auch sein mag, den Rahmen hier sprengen. Aber man bemerkt an dieser Stelle auch, man muss auch für sich überlegen – eben nachdenken über Moral –: Wie weit geht man hier mit?

Mittel zur Wahrheitsfindung

Gewissermaßen neben dieser Stufenabfolge steht der sechste Grund für die Toleranz. Beim sechsten Grund verlassen wir jetzt den Menschen und gehen in die Theorie. Nämlich: die Toleranz als Mittel zur Wahrheitsfindung. Diese Idee stammt vor allem von Norberto Bobbio, einem italienischen Philosophen, der der Meinung ist, dass die Wahrheit gefunden werden muss über das Kämpfen verschiedener Ansichten miteinander.[24] Allerdings kann man Ansätze in dieser Richtung auch schon früher finden, etwa bei John Stuart Mill in »On liberty«. Dort findet sich der schöne Satz:

»Sowohl Lehrer wie Jünger schlafen auf ihrem Posten ein, sobald kein Feind in Sicht ist.«[25]

Das heißt, um die eigene Meinung und Lehre zu vertreten, brauche ich den Reibungspunkt mit den anderen. Oder ich brauche zum Finden der Wahrheit das Gegenüberstellen verschiedener Positionen und dann ein Herauskristallisieren oder gar eine Synthese dieser verschiedenen Möglichkeiten.

Die Ringparabel

Vielleicht hat es Sie schon gewundert, dass ich beim Nachdenken über Toleranz Sie bisher mit einer Quelle nicht behelligt habe, an der man eigentlich nicht vorbeikommt, wenn man über Toleranz spricht: der »Ringparabel« aus Lessings »Nathan der Weise«. Worum geht es in der Ringparabel? Lassen wir Lessing selbst zu Wort kommen:

NATHAN

Vor grauen Jahren lebt' ein Mann im Osten,
Der einen Ring von unschätzbarem Wert'
Aus lieber Hand besaß. Der Stein war ein
Opal, der hundert schöne Farben spielte
[Jetzt bitte aufpassen, das brauchen wie später]
Und hatte die geheime Kraft, vor Gott
Und Menschen angenehm zu machen, wer
In dieser Zuversicht ihn trug. Was Wunder,
dass ihn der Mann in Osten darum nie
Vom Finger ließ; und die Verfügung traf,
Auf ewig ihn bei seinem Hause zu
Erhalten. Nämlich so. Er ließ den Ring
Von seinen Söhnen dem geliebtesten;
Und setzte fest, dass dieser wiederum
Den Ring von seinen Söhnen dem vermache,
Der ihm der liebste sei, und stets der liebste,
Ohn Ansehn der Geburt, in Kraft allein
Des Rings, das Haupt, der Fürst des Hauses werde.
(…)
So kam nun dieser Ring, von Sohn zu Sohn,
Auf einen Vater endlich von drei Söhnen;
Die alle drei ihm gleich gehorsam waren,
Die alle drei er folglich gleich zu lieben
Sich nicht entbrechen konnte.

Was machte der Vater dann in dieser Ringparabel? Er
schickte nach einem Künstler, der ihm nach Vorlage
dieses Rings zwei weitere anfertigen sollte, die genau
gleich aussehen sollten. Und das gelang dem Künstler
wohl sehr gut, denn tatsächlich, heißt es in der Ringparabel, konnte der Vater die beiden nachgefertigten
Ringe vom Original selbst nicht mehr unterscheiden. Er
gab sie jeweils getrennt voneinander seinen Söhnen und

sagte zu jedem: Du bist mein liebster Sohn, ich gebe dir diesen Ring. Und verschied.

> Kaum war der Vater tot, so kömmt ein jeder
> Mit seinem Ring, und jeder will der Fürst
> Des Hauses sein. Man untersucht, man zankt,
> Man klagt. Umsonst, [jetzt folgt der berühmte Satz:]
>> der rechte Ring war nicht erweislich.

In dieser Parabel geht es um die drei monotheistischen Religionen: Judentum, Islam und Christentum, diese sollen die drei Söhne darstellen. Und nun begannen die drei Söhne, die sich nicht einigen konnten, zu streiten und gingen zum Richter, der entscheiden sollte, welcher denn nun der richtige sei. Der Richter ließ sich die Ringe vorlegen und sagte: Tut mir leid, ich kann die Ringe beim besten Willen nicht unterscheiden. Wie kann ich das lösen? Das kann ich eigentlich nur, wenn ich den Vater, der die Ringe weitergegeben hat, herbeiziehe. Was natürlich nicht geht, weil der Vater ja verstorben ist – und das würde nebenbei bemerkt auch nicht weiterhelfen, weil der Vater die Ringe ja auch nicht unterscheiden konnte. Dennoch, der Richter sprach:

> Wenn ihr mir nun den Vater
> nicht bald zur Stelle schafft, so weise ich euch
> von meinem Stuhle. Denkt ihr, dass ich Rätsel
> zu lösen da bin? Oder harret ihr,
> bis der rechte Ring den Mund eröffne? –
> Doch halt! [jetzt kommt die Wendung:] Ich höre ja, der rechte Ring
> besitzt die Wunderkraft beliebt zu machen;
> vor Gott und Menschen angenehm. Das muss
> entscheiden! Denn die falschen Ringe werden
> doch das nicht können! – Nun; wen lieben zwei

von euch am meisten? – Macht, sagt an! Ihr schweigt?
Die Ringe wirken nur zurück? und nicht
nach außen? Jeder liebt sich selber nur
am meisten? – O so seid ihr alle drei
betrogene Betrüger! Eure Ringe
sind alle drei nicht echt. Der echte Ring
vermutlich ging verloren. [Das ist die zweite weithin bekannte Formulierung] Den Verlust
zu bergen, zu ersetzen ließ der Vater
die drei für einen machen.

An der Stelle endet zumeist die Reflexion über diese
Ringparabel. Doch ihr eigentlicher Clou beginnt meiner
Meinung nach erst jetzt. Der Richter hatte ja gesagt: Der
echte Ring besitzt die Fähigkeit, beliebt zu machen. Das
heißt, es müssten zwei der Söhne den dritten lieben, und
das wäre dann derjenige, der den echten Ring hat. Das
funktioniert aber offensichtlich nicht, sonst würden die
Brüder darüber nicht streiten. Womöglich hat dann keiner den echten Ring – übertragen würde das auch bedeuten, dass keine der Religionen die richtige ist. Aber, sagt
der Richter dann, er kann es zwar nicht entscheiden,
aber er gibt den Brüdern einen Rat mit. Und dieser Rat
beinhaltet den sechsten Grund für die Toleranz:

Mein Rat ist aber der: Ihr nehmt
Die Sache völlig wie sie liegt. Hat von
Euch jeder seinen Ring von seinem Vater:
So glaube jeder sicher seinen Ring
Den echten. (…)
Es eifre jeder seiner unbestochnen
Von Vorurteilen freien Liebe nach!
Es strebe von euch jeder um die Wette,
    Die Kraft des Steins in seinem Ring an Tag
    Zu legen! komme dieser Kraft mit Sanftmut,

Mit herzlicher Verträglichkeit, mit Wohltun,
Mit innigster Ergebenheit in Gott,
Zu Hülf'! Und wenn sich dann der Steine Kräfte
Bei euren Kindes-Kindeskindern äußern:
So lad' ich über tausend Jahre,
Sie wiederum vor diesen Stuhl. Da wird
Ein weisrer Mann auf diesem Stuhle sitzen,
Als ich, und sprechen. Geht! – So sagte der
Bescheidne Richter.[26]

Worauf will ich hinaus? Durch den Mund des Richters
sagt Lessing: Im Rahmen des Wettstreits der drei Ringe
muss jeder sich bemühen, der Beliebteste zu werden. Das
heißt, nicht der Ring selbst hat die Kraft, beliebt zu machen, sondern der Wettstreit zwischen den drei Ringen. Er
soll in tausend Jahren dazu führen, dass jeder sich bemüht
hat, der Beliebteste zu sein. Und das ist der eigentliche
Zauber des Rings. Nicht eine magische Kraft, sondern die
Konkurrenz untereinander, das Bemühen, der Beliebteste
zu sein. Und darin kann man auch die Idee erblicken, dass
man durch den Widerstreit der Meinungen besser zur
Wahrheit gelangen kann. Meiner Ansicht nach ist das ein
Aspekt der Ringparabel, der weit über das allgemein bekannte »Der rechte Ring war nicht erweislich« und damit
die Gleichwertigkeit der Religionen hinausgeht. Es ist
eine Bereicherung, wenn man viele widersprüchliche
Meinungen zulässt. Und das scheint mir eine der schönsten Begründungen für Toleranz zu sein: Dass ich die anderen Meinungen gelten und auf mich wirken lasse, um
meine eigene Überzeugung vielleicht voranzubringen.

Muss man eine eigene Haltung haben,
um tolerant zu sein?

Doch ich will weitergehen zur nächsten Frage: Muss
man eine eigene Haltung haben, um tolerant zu sein?
Und wenn ich jetzt das wiederaufgreife, was am Anfang
behandelt wurde, scheint es relativ klar. Denkt man an
die Ablehnungskomponente: Ja. Denn andernfalls handelt es sich um Indifferenz oder Bejahung. Also braucht
man die eigene Haltung, um tolerant zu sein, so die herr-
schende Meinung. Ich kann mich dieser herrschenden
Meinung leider nicht ganz anschließen. Denn es macht
doch für das Zusammenleben keinen Unterschied, ob
ich etwas aus eigener Haltung heraus toleriere oder es
aus Indifferenz gelten lasse. Der Unterschied ist rein
geistig, im Innern.

Aber woher kommt diese Unterscheidung dann? Woher kommt die Überlegung, das eine ist wertvoll, das
andere nicht? Man denke an das Kapitel Recht und
Moral: Dort sind wir der Kant'schen Unterscheidung
zwischen »pflichtgemäß« und »aus Pflicht« begegnet.
Kant unterscheidet zwischen zweierlei Verhalten. Das
eine ist die Handlung gemäß der Pflicht, und das andere ist das Handeln aus Pflicht. Er nennt hier das Beispiel des Kaufmanns: Ein Kaufmann betrügt keine Kunden, weil er weiß, das gibt einen schlechten Ruf, das
wird das Geschäft schädigen, die Leute kommen nicht
mehr zu ihm. Über den sagt Kant: Das ist kein guter
Mensch, das ist ein kluger Kaufmann, der macht das
aus reinem Eigeninteresse. Wirklich moralisch wertvoll
ist nur der, der aus voller Überzeugung, weil man nicht
betrügen darf, nicht betrügt. Das ist für ihn die Unterscheidung zwischen »pflichtgemäß« und »aus Pflicht«.

Und Kant zeigt dies am Beispiel der Wohltätigkeit. Er sagt:

»Wohltätig sein, wo man kann, ist Pflicht, und überdem gibt es manche so teilnehmend gestimmte Seelen, dass sie auch ohne einen anderen Bewegungsgrund der Eitelkeit oder des Eigennutzes ein inneres Vergnügen daran finden, Freude um sich zu verbreiten, und die sich an der Zufriedenheit anderer, sofern sie ihr Werk ist, ergötzen können. Aber ich behaupte, dass in solchem Falle dergleichen Handlung, so pflichtgemäß, so liebenswürdig sie auch ist, dennoch keinen wahren sittlichen Wert habe, sondern mit anderen Neigungen zu gleichen Paaren gehe.«[27]

Man muss um der Pflicht willen handeln, erst dann beginnt die Moralität. Diese Auffassung hat dann den Dichterphilosophen Schiller zu einer sehr schönen Xenie veranlasst, die man vielleicht kennt:

»GEWISSENSSKRUPEL:
Gerne dien ich den Freunden, doch tu ich es leider mit
  Neigung,
Und so wurmt es mir oft, daß ich nicht tugendhaft bin.
ENTSCHEIDUNG:
Da ist kein anderer Rat! Du mußt suchen, sie zu verachten,
Und mit Abscheu alsdann tun, wie die Pflicht dir gebeut.«[28]

Ich glaube, eine ähnliche Überlegung liegt auch der Auffassung zugrunde, dass man tolerant nur dann sein kann, wenn man eine eigene Haltung hat. Erst dann beginnt die andere Haltung wehzutun, erst dann beginnt es dem Eigenen zu widersprechen, und erst dann wird der Toleranz ein positiver Wert zugeordnet. Alles andere wird dann als Indifferenz oder Bejahung abgetan. Und an dieser Stelle kann ich der Argumentation zwar folgen, dem

Ergebnis aber nicht so richtig zustimmen. Meiner Ansicht nach ist viel gewonnen für unser Zusammenleben,
wenn toleriert wird, sei es auch aus einer Indifferenz heraus. Ich finde, hier sollte man die Ansprüche an die
Moral nicht zu hoch hängen.

Welche Grenzen hat die Toleranz?

Aber ich will weitergehen zum letzten und für heutige
Fragen wahrscheinlich entscheidenden Punkt: Welche
Grenzen hat die Toleranz? Man erinnere sich an das
Eingangsbeispiel mit dem Container. Hier war die Mit-
te, also Berlin-Mitte oder die politische Mitte, nicht
bereit, das Rechte zu tolerieren. Sie meinten: Derartige
Umtriebe können wir nicht mehr tolerieren, das geht
nicht.

Ich will noch einmal zurückgreifen auf John Lockes
»Ein Brief über Toleranz«. Schon damals, 1685, traf Locke eine Unterscheidung. Er meinte, Katholiken gegenüber dürfe man nicht tolerant sein. Mit folgender Begründung:

»Diese also und Ähnliche, die den Gläubigen, Religiösen und
Orthodoxen, dass heißt in dürren Worten sich selbst irgendeine
Bevorrechtung oder Machtvollkommenheit über andere Sterbliche in bürgerlichen Angelegenheiten zusprechen [damals
ging es darum, ob der König sich scheiden lassen darf oder
nicht] oder die unter dem Vorwande der Religion irgendeine
Autorität über solche beanspruchen, die nicht mit ihnen in
ihrer kirchlichen Gemeinschaft verbunden sind [das muss man
also geschichtlich einordnen an dieser Stelle] diese, sage ich,
haben kein Recht, von der Obrigkeit geduldet zu werden, wie
auch diejenigen nicht, die nicht die Pflicht der Duldung aller

Menschen in reinen Religionsangelegenheiten bekennen und lehren.«[29]

Daneben meinte Locke: Auch Atheisten gegenüber dürfe man nicht tolerant sein. Nämlich, jetzt mit einer theoretisch guten Begründung:

»Letztlich sind diejenigen ganz und gar nicht zu dulden, die die Existenz Gottes leugnen. [Nun kommt es:] Versprechen, Verträge und Eide, die das Band der menschlichen Gesellschaft sind, können keine Geltung für einen Atheisten haben. Gott auch nur in Gedanken wegnehmen, heißt alles dieses auflösen.«[30]

Locke war der Meinung, wer keine höhere Instanz zu fürchten habe, z. B. bei einem Falscheid, der werde jederzeit falsche Eide schwören, und dann funktioniere die ganze Rechtsordnung nicht mehr und das gesamte Staatssystem.

Das Paradoxon der Toleranz

In der Neuzeit hat der österreichisch-britische Philosoph Karl Popper die Diskussion dazu neu angestoßen und einen Begriff dafür geprägt. In seinem Buch »Die offene Gesellschaft und ihre Feinde« führte er – interessanterweise in einer Fußnote – das »Paradoxon der Toleranz« ein, das seitdem ein stehender Begriff ist. Popper schrieb:

»Uneingeschränkte Toleranz führt mit Notwendigkeit zum Verschwinden der Toleranz. Denn wenn wir die uneingeschränkte Toleranz sogar auf die Intoleranten ausdehnen, wenn wir nicht bereit sind, eine tolerante Gesellschaftsordnung gegen die Angriffe der Intoleranz zu verteidigen, dann werden die Toleranten vernichtet werden und die Toleranz mit ihnen. (...) Wir sollten daher im Namen der Toleranz das Recht für uns in Anspruch nehmen, die Unduldsamen nicht zu dulden. Wir sollten geltend machen, dass sich jede Bewegung, die die Intoleranz predigt, außerhalb des Gesetzes stellt, und wir sollten eine Aufforderung zur Intoleranz und Verfolgung ebenso verbrecherisch behandeln wie eine Aufforderung zum Mord, zum Raub oder zur Wiedereinführung des Sklavenhandels.«[31]

Seine These ist einfach die: Die Toleranz vernichtet sich selbst, wenn sie die Intoleranz toleriert. Das ist das berühmte Paradoxon. Der schwedische Schriftsteller und Philosoph Lars Gustafsson hat es als »Logik der Toleranz« noch härter formuliert:

1. »Die Toleranz gegenüber der Intoleranz führt zu Intoleranz.«
2. Die Intoleranz gegenüber der Intoleranz führt zur Toleranz«[32]

Stimmt das? Man muss zugeben, im ersten Moment kann man sich des Gefühls nicht erwehren: Das ist richtig. Man kann nicht alles tolerieren. Eben gerade gegenüber dem Intoleranten, weil man sich gegenüber ihm schutz- und wehrlos macht und ihm einen Vorsprung einräumt.

Der britische Philosoph Richard M. Hare, dem wir auch im Kapitel über die Goldene Regel begegnen, stellte im Zusammenhang mit der Toleranz den »Liberalen« und den »Fanatiker« gegenüber und wirft die Frage auf: Wie kann sich der Liberale gegen den Fanatiker schützen, der keine Liberalität an den Tag legt?[33]

Das Problem, will mir scheinen, ist in allen diesen Fällen das der Grenze. Denn ab dem Moment, in dem ich als Toleranter den Intoleranten nicht mehr toleriere, werde ich diesbezüglich auch zum Intoleranten. Und dann kommt man zu etwas, das ich einmal das »zweite Paradoxon der Toleranz« nennen möchte: Um das Paradoxon der Toleranz im Sinne Poppers zu vermeiden, dass die Toleranz vernichtet wird, wenn sie die Intoleranz toleriert, muss ich selbst intolerant werden. Und habe damit zwar vermieden, dass die Toleranz vom Intoleranten vernichtet wird, allerdings musste ich sie dazu selbst abschaffen.

Wieder einmal: John Rawls

Und vielleicht gar nicht überraschend, hat meiner Meinung nach die klarste Abgrenzung an dieser Stelle wieder einmal einer der großen Denker des 20. Jahrhunderts gefunden: John Rawls, der amerikanische Philosoph, dem wir auch den wunderbaren »Schleier des Nichtwissens«, den »veil of ignorance«, verdanken. Rawls hat dieses Problem der Abgrenzung zwischen Toleranz und Intoleranz in einem kurzen Kapitel, auf vier, fünf Seiten in seiner »Theorie der Gerechtigkeit« sehr klug analysiert. Und kam zu folgendem Schluss: Zunächst müsse man, um das Problem zu lösen, »mehrere Fragen unterscheiden.« Nämlich drei. Rawls bearbeitet es am Beispiel Religion:

»Erstens: Hat eine intolerante Sekte das Recht, sich zu beklagen, wenn sie nicht toleriert wird? Zweitens: Unter welchen Bedingungen haben tolerante Sekten das Recht, intolerante nicht zu dulden? Drittens: Wenn sie dieses Recht haben, zu welchen Zwecken dürfen sie es in Anspruch nehmen?«

Und dann arbeitet er diese drei Fragen ab und führt aus:

»Was die erste Frage betrifft, so scheint es, dass eine intolerante Sekte kein Recht hat, sich zu beklagen, wenn ihr die gleiche Freiheit vorenthalten wird. [Begründung für Rawls ist:] Man hat nur das Recht, sich über Verletzungen von Grundsätzen zu beklagen, die man selbst anerkennt.«[34]

Aber, sagt Rawls, davon ist ganz klar die Frage zu trennen, ob die Toleranten das Recht haben, die Intoleranten nicht zu dulden. Und da kommt Rawls zum Schluss: Dieses Recht haben die Toleranten primär nicht. Denn egal, ob sich die Intoleranten beklagen können oder nicht, über allem steht die Gerechtigkeit, und die besagt: Wenn ihr tolerant seid, müsst ihr dies zunächst auch gegenüber Intoleranten sein. Aber – und jetzt kommt eben die kluge Grenzziehung – die Toleranten dürfen dann intolerant sein, »wenn sie ehrlich und mit guten Gründen glauben, dies sei für ihre eigene Sicherheit notwendig«.[35]

Mit anderen Worten: Man darf also dann intolerant werden gegenüber den Intoleranten, wenn es zur Verteidigung der eigenen Rechte notwendig wird. Als Beispiel nennt Rawls das Erstarken der Intoleranz: Wenn einzelne gesellschaftlich unbedeutende Gruppen intolerant sind, dann müsse man das zunächst tolerieren, denn von denen gehe keine Gefahr für die Toleranten aus. Jemanden nicht zu tolerieren darf keine Vergeltung für dessen Intoleranz sein, sondern nur eine Verteidigung. Wenn aber die intolerante Gruppe langsam stärker werde und damit zu einer Gefahr für die Gesellschaft, dann haben die Toleranten zu ihrer eigenen Verteidigung das Recht, die Intoleranten nicht mehr zu tolerieren.

Natürlich kommt an dieser Stelle sehr schnell ein Argument, das durchaus bedenkenswert scheint: Wehret den Anfängen! Man muss rechtzeitig einschreiten. Rawls geht auch darauf ein, meint aber, Freiheit und Gerechtigkeit seien stark genug. Er ist der festen Überzeugung, dass Gerechtigkeit und Freiheit, die eine Bedingung für Gerechtigkeit darstelle, sich als stärker durchsetzen können. Dass, wenn man die Intoleranten in eine gerechte Gesellschaft einbettete, sie auf Dauer von der Gerechtigkeit und der Toleranz – bis auf einen unbelehrbaren Kern, den man den hinnehmen müsse – überzeugt und aufgesaugt würden. Ein sehr positives, vielleicht auch ein sehr optimistisches Bild. Ob man dem hundertprozentig folgen kann, muss man sicher überlegen. Aber der zentrale Punkt, den Rawls hier zur Abgrenzung benutzt, dass man nur, wenn eine Gefahr von den Intoleranten ausgeht, das Recht hat, einzugreifen und intolerant zu werden, halte ich persönlich für die beste Abgrenzung und damit für die beste Grenze der Toleranz, die ich kenne.

Der Polyester-Terrorist

Allerdings bin ich an dieser Stelle noch eine Antwort auf eine Gewissensfrage schuldig, die sich – glücklicherweise auf einem nicht so schwierigen Feld – auch um die Grenzen der Toleranz dreht. Sie erinnern sich vielleicht, es war die Frage nach dem Freund mit der auffälligen Kleidung:

»Ohne übertrieben eitel zu sein, lege ich bei mir Wert auf ein gepflegtes Äußeres; bei anderen bin ich eher tolerant. Ein guter Freund überschreitet jedoch meine modische Toleranzgrenze: Ultra-enge, ultra-kurze Glattleder-Mini-Shorts kombiniert er gern mit einem weinrot glänzenden Polyesterhemd oder einem eng anliegenden, schwarzen Nylon-T-Shirt. Mir ist dieses Auftreten peinlich, zumal es im Bekanntenkreis schon mehrfach für Irritation sorgte. Folglich habe ich ihn gebeten, dieses ›Porno-Outfit‹ nie mehr in meiner Gegenwart zu tragen. Seitdem trägt er die Sachen noch häufiger und bezeichnet mich als ›Fashion-Faschisten‹. Kann ich meinem Freund gegenüber eine Kleiderordnung aufstellen, oder muss ich seine Fehlgriffe um der Freundschaft willen tolerieren?« Oliver B., Berlin

So lautete meine Antwort, die übrigens unter der Überschrift »Der Polyester-Terrorist« erschien:

Um Ihr letztes Wort aufzugreifen: Es liegt nahe, den Aufhänger bei der Toleranz zu suchen. Sie hat nach den Worten des italienischen Philosophen Norberto Bobbio ihren Grund im Respekt vor dem anderen. Die Intoleranz dagegen rührt seiner Meinung nach daher, dass man sich im Besitz der Wahrheit wähnt.

Wie verhält es sich damit bei Ihnen? Wähnen Sie sich im Besitz der modischen Wahrheit? Glauben Sie im Gegensatz zu Ihrem Freund zu wissen, was schön ist und was nicht? Gründeten Sie Ihre Ablehnung darauf, würde ich nicht zögern, Sie der modischen Intoleranz zu zeihen, mich in den Chor der ›Fashion-Faschist‹-Rufer einzureihen. Ist doch der absolute Wahrheitsanspruch in Geschmacksfragen besonders anmaßend.

Sie haben den Konjunktiv bemerkt? Hier scheint es mir anders zu liegen. Mode beinhaltet neben allen ästhetischen Gesichtspunkten stets auch eine Aussage, in diesem Fall die der unverhohlenen Reizdarstellung, und diese Aussage müssen

Sie nicht mittragen. Sie müssten nicht tolerieren, wenn ein Begleiter lauthals politische Parolen brüllt, denn mit deren Inhalt brächte man auch Sie in Verbindung; und genauso wenig müssen Sie qua Mode geäußerte Statements akzeptieren, wenn sie, wie hier, optisch gebrüllt werden. Das gilt übrigens nicht trotz, sondern wegen der guten Freundschaft: Je enger das Verhältnis, desto mehr wird das Verhalten eines Freundes auch Ihnen zugerechnet. Darüber ließe sich vielleicht streiten, doch es kommt eines hinzu: Wenn Ihr Freund sich nach Ihrem Einspruch absichtlich häufiger so kleidet, betrachtet er das Ganze offensichtlich als Spaß, vielleicht sogar als kleines Machtspiel. Und wer das Miteinander als Spielwiese sieht, erweist sich meines Erachtens nicht als besonders schutzwürdig.[36]

Leseempfehlungen

Rainer Forst, Toleranz im Konflikt, Suhrkamp, Franfurt am Main 2003

Rainer Forst, Toleranz, in: Marcus Düwell, Christoph Hübenthal und Micha Werner (Hrsg.), Handbuch der Ethik, Metzler Verlag, Stuttgart, 2. Auflage 2006, S. 529

André Comte-Sponville, Ermutigung zum unzeitgemäßen Leben, Rowohlt, Reinbek bei Hamburg 1996, Kapitel 13: Die Toleranz, S. 187 ff.

Noberto Bobbio, Das Zeitalter der Menschenrechte. Ist Toleranz durchsetzbar?, Wagenbach Verlag, Berlin 1998

John Locke, Ein Brief über Toleranz (Englisch – Deutsch), Felix Meiner Verlag, Hamburg 1996

G. Schlüter / R. Grötker, Toleranz, in: Joachim Ritter, Karlfried Gründer und Gottfried Gabriel (Hrsg.), Historisches Wörterbuch der Philosophie, Band 10, Schwabe Verlag, Basel 1998, S. 1251 ff.

G. E. Lessing, Nathan der Weise, Philipp Reclam jun., Stuttgart 2000

Karl R. Popper, Die offene Gesellschaft und ihre Feinde, z. B. in: David Miller (Hrsg.) Karl R. Popper Lesebuch, Mohr Siebeck, Tübingen 2005

John Rawls, Eine Theorie der Gerechtigkeit, Suhrkamp, Frankfurt am Main 1979, § 35: Toleranz gegenüber der Intoleranz, S. 246 ff.

KEINE EXPERIMENTE?

Innovationen und Ethik

Ethisch bedenkliche Forschung, Innovationen. Welches Bild taucht da vor unserem geistigen Auge auf? Geradezu programmatisch könnte eines sein, an das sich vermutlich die meisten erinnern, weil es bei der Debatte um die Forschung, speziell mögliche – im wörtlichen Sinne – Auswüchse der Genforschung durch alle Medien ging: Eine Maus, aus deren Rücken ein menschliches Ohr wächst. Aber versuchen wir doch, dieses Bild zu analysieren: Was könnte daran ethisch bedenklich sein? Die Tatsache, dass ein Organ, das man ganz automatisch einem Menschen zuordnet, also ein Teil eines Menschen, auf ein Tier verpflanzt wird? Vielleicht sogar auf gentechnische Weise. Das wäre eine Art Chimärenbildung, die Erzeugung eines Zwitterwesens zwischen Mensch und Tier. Oder ist ethisch bedenklich, dass man hier die Maus für die Forschung benutzt und ihr das antut? Wo genau liegen in diesem Fall die Probleme?

Man sieht, das ist gar nicht so einfach, es überlagern sich mehrere Ebenen. Und wenn man versucht, das Ganze einzuordnen, könnte man zu einer Grobgliederung dessen kommen, was hier relevant sein könnte, womit wir uns beschäftigen müssen:

Keine Sorge: Ich will das in diesem Kapitel nicht wirklich alles besprechen. Das würde bei weitem den Rahmen sprengen und entspräche auch gar nicht dem Ansatz dieses Buches. Diese Gliederung ist zusammengestellt aus Teilen der Gliederungen der Kapitel »Technik und Ethik«[1] und »Genethik«[2] in dem sehr guten, von Julian Nida-Rümelin herausgegebenen Handbuch »Angewandte Ethik. Die Bereichsethiken und ihre theoretische Fundierung«. Und dort kann man das auch alles nachlesen.

Ich möchte hier einen ganz anderen Zugang zu dem Thema wählen, nämlich folgenden:

Ungeheuer ist viel und nichts
Ungeheurer als der Mensch.
Er überschreitet auch das graue Meer
Im Notossturm
Unter tosenden Wogen hindurch.
Erde, der Götter höchste,
Die unerschöpfliche, unermüdliche,
Bedrängt sein Pflug. Auf und ab
Ackern die Rosse ihm
Jahr um Jahr.

Leichtgesinnter Vögel Volk
Fängt er im Garn,
Wilder Tiere Geschlechter
Und Kinder des Meers
In verschlungenem Netzgeflecht,
Der kluge Mensch.
Mit List bezwingt er,
Was haust auf Höhen
Und schweift im Freien.
Dem Pferd mit der mächtigen Mähne,
Dem unbändigen Bergstier
Zähmt er den Nacken
Unter das Joch.

Und die Sprache
Und luftgewirkte Gedanken
Lehrte er sich
Und den Trieb zum Staat
Und Obdach
Gegen ungastlichen Reif vom Himmel
Und Regengeschosse,
Allberaten.
Ratlos tritt er
Vor nichts, was kommt,
Nur dem Tod entrinnt er nicht.

Aber aus heillosen Leiden
Ersann er sich Rettung.

Mit der Erfindung Kunst
Reich über Hoffen begabt,
Treibt's zum Bösen ihn bald
Und bald zum Guten.
Ehrend des Landes Gesetz
Und der Götter beschwornes Recht,
Ist er groß im Volk. Nichts im Volk,
Wer sich dem Unrecht gab
Vermessenen Sinns.
Nie sei Gast meines Herdes,
Nie mein Gesinnungsfreund,
Wer solches beginnt.[3]

Dabei handelt es sich um einen Text aus einem der größten, wenn nicht dem größten Drama: *Antigone* von Sophokles. Wir begegnen *Antigone* in diesem Buch mehrmals. Mit *Antigone* hat sich die Geisteswelt über Jahrtausende beschäftigt, es wurde mehrfach neu geschrieben, in verschiedenen Interpretationen mehrfach überarbeitet. Das hier aber ist ein Abschnitt aus dem Chor der thebanischen Weisen im klassischen Text von Sophokles.

Warum beginne ich die Überlegungen mit diesem Text? Ich glaube, in dieser Passage ist nahezu alles zum Thema Innovation und Ethik enthalten. Wir finden darin den Erfindungsreichtum des Menschen, »der vor nichts ratlos tritt, nur dem Tod entrinnt er nicht.« Er ist »mit der Erfindung der Kunst reich über Hoffen begabt« – die Innovationsfähigkeit –, und das kann »zum Bösen« gehen und zum Guten – die zwei Schlüsselbegriffe der

Ethik. Und dann folgen zwei Punkte, die wichtig sind für die Beurteilung der Problematik: »Ehrend des Landes Gesetz« Was ist rechtlich erlaubt? Und »der Götter beschwornes Recht.« Das ist das, was wir heute als die Naturrechte oder die ethischen Grundsätze ansehen. Das alles, nahezu die gesamte Problematik hat Sophokles schon vor zweieinhalbtausend Jahren in diesem kurzen Stück angerissen.

Ungastlicher Reif vom Himmel

Genannt wird bei Sophokles auch »Obdach gegen ungastlichen Reif vom Himmel«, und diesen Punkt möchte ich gerne aufgreifen. Am 2. Januar 2006 ereignete sich im bayerischen Bad Reichenhall ein verheerendes Unglück. Das Flachdach der örtlichen Eishalle stürzte unter der Last des darauf liegenden Schnees ein und begrub die Schlittschuhfahrer, die sich gerade auf der Eisfläche befanden, unter sich. 15 Personen – überwiegend Kinder – kamen ums Leben, sechs weitere wurden zum Teil schwer verletzt.[4] Am 18. November 2008 fiel das Urteil im Prozess um die Verantwortung für den Einsturz. Zwei Angeklagte wurden freigesprochen, einer wurde verurteilt wegen fahrlässiger Tötung. Einen der Freisprüche hob der Bundesgerichtshof am 12. 1. 2010 auf.

Es ging bei der Sache um »Obdach gegen ungastlichen Reif vom Himmel«. Obdach, das dieses Dach bieten sollte, aber nicht bot. Der Mensch hatte sich dieses Obdach »selbst gelehrt«: Die Halle war Anfang der 1970er Jahre als moderne Halle mit einem Flachdach errichtet worden, das durch eine »Kämpfträgerkonstruktion mit Leimbindern«[5] getragen wurde. Am 2. Januar 2006 brach das Flachdach der Halle jedoch unter der Last des auf ihr liegenden Schnees, des »ungastlichen Reifs vom Himmel«, zusammen.

Die Diskussion ums Dach

Kurz nachdem dies passiert war, erschien auf der Meinungsseite der Süddeutschen Zeitung ein Kommentar zu diesem Thema, in dem man lesen konnte: »Seit Menschengedenken machten die Bewohner der Alpen ihre Behausungen mit tief heruntergezogenen Steildächern winterfest – doch dann kamen die Ingenieure aus der Stadt, die alles besser wussten. (...) Ein Hallendach, das schon bei mittlerem Schneefall freigeräumt werden muss, ist – Bad Reichenhall zeigt es – wie eine Zeitbombe.«[6] Ein klarer Angriff auf bautechnische Innovationen, die hier ihr negativen Seiten, ihre Gefährlichkeit zeigten.

Kurz darauf wurde ein Leserbrief veröffentlicht, der sich dazu äußerte und Folgendes betonte: »Sämtliche Bauernhäuser in den Alpen, seien es rätoromanische oder bajuwarische, haben flach geneigte Dächer, auf denen der Schnee liegen bleibt; er gilt als kostenlose Wärmedämmung.«[7] Also das Flachdach selbst scheint gar nicht diese problematische Innovation zu sein. Was war es denn dann? Es entstand eine Diskussion, und wieder in der Süddeutschen Zeitung, diesmal im Feuilleton, erschien ein großer Artikel: »Die Angst vor dem Dach.«[8] Darin wird das Prinzip des Dachs untersucht, die Herkunft des Wortes, seine Geschichte, es ist die Rede von »Flachdachfalle«[9] bis zu »Pfusch am Bau«[10].

Was stimmt nun? Beim Prozess gegen die Verantwortlichen musste das geklärt werden, dazu wurden Gutachten eingeholt. Mit folgendem Ergebnis, ich zitiere aus dem Bericht in der Süddeutschen Zeitung:

»Der verwendete Kunstharzklebstoff war schon damals nur in einem trockenen Umgebungsklima zulässig – aber nicht in einer feuchten Eishalle. Darüber hinaus gilt der benutzte Leim als spröde, doch die gewählte Konstruktion erforderte gerade einen besonders elastischen Klebstoff. Die ständige Feuchtigkeit in der Halle, die durch den Einbruch von Regenwasser noch erhöht wurde, schädigte die Klebeverbindungen derart, dass darin laut Gutachten ›eine wesentliche Ursache für den Einsturz der Eissporthalle zu sehen war. (...) Dabei handelte es sich um eine Sonderkonstruktion‹ heißt es in dem Gutachten. Mit einer solchen Planung und Ausführung des Baus hat man laut Gutachter ›gegen wesentliche Regelungen der allgemeinen Zulassung (...) verstoßen und den damals vorliegenden Erfahrungsbereich verlassen‹«.[11]

Der Bundesgerichtshof stellte später in seinem Urteil darüber hinaus fest, dass »die für eine Halle mit einer Spannweite von 40 m erforderliche Einzelfallgenehmigung der obersten bayerischen Baubehörde nicht eingeholt worden«[12] war.

Das wurde zu einem der zentralen Schuldvorwürfe: Man hatte hier etwas gemacht, das man noch nicht vorher erprobt hatte, wofür es noch keine Erfahrungen gab, eine Innovation, die dann jedoch, weil die innovative Konstruktion nicht hielt, zur Katastrophe führte.

Arbeitsplatzkiller?

Ein ganz anderer Aspekt der Innovation lässt sich fast identisch über die Jahre verfolgen. Dennoch ist er immer wieder eine Schlagzeile wert, so etwa am 3. November 2005 in der Süddeutschen Zeitung: »Telekom will 32 000 Stellen abbauen.«[13] Wenn man dann nach einem Grund sucht, warum diese Arbeitsplätze abgebaut wurden, findet man dafür auch eine Erläuterung in der Zeitung: »Durch die Einführung des Telefonierens über das Internet [sind] branchenweit Arbeitsplätze gefährdet.«[14] Damit wären wir bei unserem Thema, der Innovation: Statt der Verteilerzentren für das Telefon gibt es nun das Internet, das Arbeitsplätze überflüssig macht. Eine negative Auswirkung von Innovationen. Einerseits begrüßen wir die Innovation in Form des Internets, können uns das Leben nur mehr schwer ohne es vorstellen, und neben schnellem Surfen ist es auch schön, wenn dadurch das Telefonieren billiger wird. Aber auf der anderen Seite führt es zu Arbeitsplatzabbau. Also doch: Innovation – schlecht für den Menschen. Oder etwa nicht?

Ein weiteres Beispiel: Am 11. Februar 2006 lautete ebenfalls in der Süddeutschen Zeitung eine Schlagzeile: »Bei VW ist jeder fünfte Arbeitsplatz gefährdet.« Zur Begründung heißt es in dem Artikel: »Die Produktivität vor allem in den Fahrzeugmontagewerken müsse erhöht werden.«[15] Auch da kennen wir die Problematik, die ethische Problematik der Innovation in Form von Arbeitsplatzabbau, Gefahr der Arbeitslosigkeit, immer mehr Menschen werden durch Maschinen ersetzt. Das aber führt zu einem weiteren Problem, das Kernbereiche der Ethik berührt: der Mensch wird immer geringer geschätzt.

Janusköpfigkeit

Die Liste lässt sich fortsetzen, zum Beispiel gibt es im Jahr 2008 eine entsprechende Nachricht: »Siemens bestätigt massiven Stellenabbau.«[16] Man kann lesen, dass die Stellen in der Kommunikationssparte abgebaut werden. Nur, hier kann man auch etwas anderes sehen. Man kann der Nachricht entnehmen, dass die Gesamtzahl der Beschäftigten des Siemens-Konzerns seit 2002 massiv nach oben gegangen ist. Wieso das? Der Konzern wandle sich, heißt es dazu, erschließe neue Geschäftsfelder, in der Nachricht ist die Rede von einem »Wandel von Hardware zu Software«. Die Innovation führt zu einem Abbau von Stellen auf der einen Seite, aber zu einer Zunahme auf der anderen Seite. Eine andere Meldung aus dem Jahr 2008: »50 000 neue Jobs in deutscher IT- Branche.«[17] Und 2010 konnte man lesen, dass nach einer Studie der Unternehmensberatung A. T. Kearney der Ausbau der Breitbandnetze in den kommenden Jahren mehr als 500 000 Jobs schaffen würde, zugleich die Telekommunikationskonzerne aber noch über Jahre hinweg Umsätze und Arbeitsplätze einbüßen müssten, die Beschäftigung der Branche pro Jahr im Schnitt um 3,1 Prozent absinken würde.[18] Die Meldungen bleiben über die Jahre nahezu gleich, scheinen insgesamt eines zu bestätigen: Die Janusköpfigkeit der Innovation. Auf der einen Seite bedroht sie das bisher Bestehende, aber auf der anderen Seite schafft sie Neues, ist also auch etwas Positives.

Der persönliche Umgang mit dieser Problematik

Was bedeutet diese Wandelung, dieses Neuschaffen im täglichen Leben? Sie kennen vielleicht die Packstationen, die man immer öfter sieht, meist in der Nähe von Supermärkten, an die man sich Pakete liefern lassen und zu jeder Tages- und Nachtzeit abholen kann. Zum Umgang mit ihnen, der Innovation im Vergleich zum Bisherigen, erreichte mich eine Gewissensfrage, auf die ich wie folgt antworte:

»Ich bekomme häufig Päckchen. Da ich tagsüber nicht zu Hause bin, muss ich sie in der weit entfernten Hauptpost abholen, dort lang anstehen – dauert insgesamt eine Stunde. Jetzt gibt es einen neuen Service der Post, bei dem man seine Pakete rund um die Uhr an einer ›Packstation‹ abholen kann. Sehr praktisch, aber womöglich hat die Post damit einen Arbeitsplatz eingespart. Was soll ich tun? Weiterhin den Umweg zur Hauptpost machen und damit Jobs sichern oder die ›Packstation‹ nutzen?« Susanne T., München

Noch besser wäre es natürlich, nicht mit dem Auto zur Hauptpost zu fahren, sondern sich mit der Sänfte dorthin tragen zu lassen, das schafft zwei zusätzliche Arbeitsplätze; wenn Sie stattdessen mit dem Taxi fahren, wenigstens einen.

Doch im Ernst: Zunächst verlagert die Packstation Arbeit auf den Kunden. Wenn die Post Ihr Päckchen nicht zu Ihnen nach Hause bringt, sondern Sie es sich abholen, übernehmen Sie einen Teil des Transportauftrags – wofür Ihnen eigentlich ein Rabatt zustünde. Derartige Aktionen sollte man stets kritisch hinterfragen: nicht, dass Sie am Ende den Absender in einer Postfiliale zur Übergabe treffen und dafür Porto zahlen müssen. Und natürlich ist es gut, Arbeitsplätze zu erhalten. Aber unabhängig von denkbaren betriebswirtschaftlichen Aspekten nur dort, wo aus dem Arbeitsplatz ein wie auch immer gearteter Nutzen entsteht.

Was ergeben diese Überlegungen hier? Die Idee, ein Paket standardmäßig in die Wohnung zu liefern, basiert auf der Annahme, dass es auch jemand entgegennehmen kann, und damit auf teilweise überholten Vorstellungen von der Art, wie die Leute ihre Zeit verbringen. Wenn bei Ihnen tagsüber niemand zu Hause ist, in Städten wie München mit über fünfzig Prozent Singlehaushalten übrigens der Regelfall, fährt der Paketzusteller die entsprechenden Sendungen lediglich durch die Gegend, bis sie am Abend wieder in der Auslieferungsstelle landen und Sie am nächsten Tag dieselbe Tour in umgekehrter Richtung machen.

Solange die Packstationen nicht flächendeckend die Zustellung abschaffen sollen, dienen sie also weniger einer vielleicht fragwürdigen Rationalisierung, sondern stellen, speziell in Großstädten, eine vernünftige Anpassung an neue Lebensbedingungen dar. Wenn Sie Arbeitsplätze erhalten wollen, kaufen Sie lieber gute, handwerklich erzeugte Produkte, oder nehmen Sie sinnvolle Dienstleistungen in Anspruch, die einen Gewinn für Ihr Leben abwerfen. Da haben Sie und die Beschäftigten mehr davon.[19]

Überleben durch Innovation

Doch die Frage »Arbeitsplatzabbau durch Innovation« ist ja nur ein Aspekt. Ein anderer Aspekt der Innovation betrifft das Leben selbst, das Überleben. Speziell in den Industrienationen ist in den letzten Jahrhunderten und auch Jahrzehnten die durchschnittliche Lebenserwartung massiv angestiegen; in den Ländern mit der höchsten Lebenserwartung in den vergangenen 160 Jahren um durchschnittlich drei Monate pro Jahr.[20] Ein Achtzigjähriger hatte 2005 eine zwanzigmal höhere Chance, 100 Jahre alt zu werden, als im Jahre 1950. Gründe dafür sind eine bessere Ernährung, bessere hygienische Verhältnisse, eine geringere Säuglings- und Kindersterblichkeit, aber auch der medizinische Fortschritt. Während in früheren Zeiten der Rückgang der Kindersterblichkeit eine große Rolle spielte, ist es heute vor allem die verringerte Sterblichkeit im Alter, bedingt durch den medizinischen Fortschritt.[21] Wir wollen uns hier dem medizinischen Fortschritt zuwenden, der zum einen zur Verringerung die Säuglingssterblichkeit beitrug, zum anderen aber, vor allem durch verbesserte Möglichkeiten der Diagnostik und Therapie von Krankheiten im Alter, die durchschnittliche Lebenserwartung im Alter erhöht hat.

Ein Beispiel aus der Kinderheilkunde ...

Eine Erfindung in diesem Zusammenhang betrifft beide Bereiche. Ursprünglich war es eine Erfindung aus der Kinderheilkunde. Frühgeborene Säuglinge, die schlecht ernährt waren und Probleme hatten zu essen, konnten nur sehr schwer ernährt werden. Man konnte eine Nasensonde legen, das ist aber bei Säuglingen aufgrund der anatomischen Verhältnisse problematisch, und man kann Nasensonden zudem nicht lange liegen lassen. Es war deshalb recht schwierig, Säuglinge über längere Zeit künstlich zu ernähren. Da kam ein kanadischer Kinderarzt auf die Idee, ein kleines Kunststoffteil zu entwickeln, eine Magensonde, die man einfach legen kann und die nicht durch die Nase, sondern durch die Bauchhaut geht, da der Magen direkt an der Vorderseite des

Bauches knapp unter der Haut liegt. Weil man diese Verbindung, eine zusätzliche Magenöffnung, mit Hilfe einer Magenspiegelung legt, nennt man sie perkutane (nach der lateinischen Bezeichnung *per* für durch und *cutis* für Haut) endoskopische (mittels Spiegelung nach dem griechischen *endon* für hinein und *skopein* für beobachten) Gastrostomie (nach den griechischen Bezeichnungen *gaster* für Magen und *stoma* für Mund). Kurz: PEG. Und das Kunststoffteil, das man legt und das dann im Körper verbleibt, nennt man PEG-Sonde. Und diesen Ausdruck kennen viele. Erfunden wurde das Verfahren für die Kinderheilkunde, um kleine, unterentwickelte Säuglinge besser zu ernähren.

... und seine Folgen

Allerdings hat diese sehr gute Erfindung ein ganz anderes Schicksal erfahren: In Deutschland werden jedes Jahr zwischen 100 000 und 200 000 dieser Sonden gelegt. Aber ganz überwiegend nicht in der Pädiatrie, der Kinderheilkunde, sondern eher umgekehrt in der Geriatrie, der Altersmedizin,[22] und der Neurologie bei schwer Hirngeschädigten. Immer dann, wenn Menschen nicht mehr selbst essen und trinken, schlucken können und künstlich ernährt werden müssen. Oder sagen wir vorsichtig: künstlich ernährt werden *können*. Durch diese segensreiche Erfindung hat sich unerwartet eines der größten ethischen Probleme in der Medizin entwickelt, im Hinblick auf das Ausmaß vermutlich sogar das größte. Menschen, die bei normalem Lauf der Dinge sterben würden, können sehr lange, fast beliebig lange ernährt werden, und plötzlich entstand ein Problem, das man vorher so nicht kannte: Nicht das Am-Leben-Erhalten ist das Schwierigste – Sie erinnern sich an Antigone: »Nur dem Tod entrinnt er nicht« –, sondern das Sterben-lassen. Mittlerweile gibt es jedes Jahr Zigtausende von Fällen, bei denen immer fraglicher wird, wie lange man diese künstliche Ernährung fortführen soll und darf. Man bemerkt an den Formulierungen: Bei der Innovation ging es um das *Können*, das den Ist-Zustand, das Sein verändert, aber nicht beantwortet, was richtig und was falsch ist, das *Sollen*. Der Fall liegt hier anders als beim Flachdach mit seiner besonderen innovativen Konstruktion. Nicht die Innovation selbst hat sich im Nachhinein als schlecht herausgestellt. Hier führt eine positive Innovation, deren grundsätzlichen Nutzen – man denke an die Säuglinge, die nun ernährt werden können – dadurch, dass sie neue Möglichkeiten schafft, zu großen ethischen Problemen.[23]

Die rechtliche Seite

Diese Fragen haben natürlich auch eine rechtliche Seite, und dementsprechend musste sich auch der Bundesgerichtshof in Karlsruhe mehrfach damit beschäftigen. Zum einen auf dem Gebiet des Strafrechts: Inwiefern macht man sich strafbar, wenn man die künstliche Ernährung eines Menschen beendet – sei es, indem man es unterlässt, sie fortzuführen, sei es, indem man die Fortführung aktiv unterbricht.[24] Er musste aber auch entscheiden, ob ein Patient, der in einer Patientenverfügung niedergelegt hat, dass er das nicht haben möchte, durch seinen Vertreter durchsetzen kann, dass bei ihm die Ernährung abgebrochen wird, auch wenn er mit dieser künstlichen Ernährung noch Jahre leben könnte.[25] Der Bundesgerichtshof fasste dazu einen Beschluss, der entscheidend war in diesem Zusammenhang. Darin stellte er fest, dass jeder Mensch das Recht hat, diesen Willen zu äußern und am besten in einer Verfügung niederzulegen, und – wenn er darin eine Behandlung ablehnt – dieser geäußerte oder niedergelegte Wille dann auch befolgt werden muss. Letztendlich war es dieser Beschluss, der dann zu einer gesellschaftlichen und politischen Diskussion führte; und schließlich zu einer gesetzlichen Regelung der Verbindlichkeit von Patientenverfügungen,[26] die 2009 als § 1901a Eingang ins BGB gefunden hat. Wir erinnern uns: Nötig wurde das alles eigentlich nur wegen dieser kleinen Innovation, eines kleinen Kunststoffteils, der PEG-Sonde.

Doch ich will hier noch auf einen anderen Aspekt hinaus. Der Bundesgerichtshof musste sich mit diesen Fragen beschäftigen: Wie verbindlich ist eine Patientenverfügung? Darf man einen Menschen gegen seinen Willen, den er vorher schriftlich geäußert hat, am Leben erhalten? Darf man umgekehrt ihm die Ernährung verweigern, nur weil er das schriftlich festgelegt hat? Ist das nicht zu nah an der Tötung auf Verlangen, die in Deutschland strafbar ist? Der Bundesgerichtshof hat das zwar in rechtlicher Hinsicht getan, musste dabei aber zwangsläufig die ethischen Grundsatzfragen mit beleuchten, schon allein, weil die Rechtslage das Erlaubte und Verbotene faktisch definiert – ich erinnere an das Kapitel über Moral und Recht. Was natürlich zur Frage führt: Kann ein Gericht das auch für uns verbindlich tun, und hat es die Fähigkeit dazu? Und: Kann es speziell dieses Gericht?

Ein altes Urteil

Derselbe Bundesgerichtshof hatte nämlich im Jahr 1954 ein anderes Urteil gefällt. In einer Sache, die Kuppelei betreffend. Eltern hatten dem Verlobten ihrer volljährigen Tochter gestattet, in der Wohnung im selben Zimmer wie die Tochter zu übernachten. Nachbarn zeigten das an, und die Sache kam wegen des damals noch bestehenden Kuppeleiparagraphen vor Gericht. Der Vorwurf lautete, dass sie damit die Unzucht gefördert hätten, weil sie den Verlobten die Möglichkeit zum Geschlechtsverkehr verschafft hätten. Schließlich landete der Fall vor dem Bundesgerichtshof. Und der musste dann den Geschlechtsverkehr unter Verlobten bewerten, was er mit folgenden Worten tat:

»Die sittliche Ordnung [damit meint man die Moral] will, dass sich der Verkehr der Geschlechter grundsätzlich in der Einehe vollziehe, weil der Sinn und die Folge des Verkehrs das Kind ist. Um seinetwillen und um der personhaften Würde und der Verantwortung der Geschlechtspartner willen ist dem Menschen die Einehe als Lebensform gesetzt. (…) Indem das Sittengesetz [also die für uns verbindliche Moral] dem Menschen die Einehe und die Familie als verbindliche Lebensform gesetzt und indem es diese Ordnung auch zur Grundlage des Lebens der Völker und Staaten gemacht hat, spricht es zugleich aus, dass sich der Verkehr der Geschlechter grundsätzlich nur in der Ehe vollziehen soll, und dass der Verstoß dagegen ein elementares Gebot geschlechtlicher Zucht verletzt.«[27]

Nach dieser Begründung muss man befürchten, dass die Eltern zum Tod auf dem Scheiterhaufen verurteilt wurden. Der Kuppeleiparagraph wurde durch die erste Große Koalition im Rahmen der großen Strafrechtsreform 1973 in dieser Form abgeschafft. Glücklicherweise.

Denn was erwachsene Menschen einvernehmlich miteinander im Bett tun, ist deren Privatsache. Da haben weder der Staat noch die Moral und am allerwenigsten das Strafrecht etwas verloren. Doch soll es darum gar nicht gehen. Hier stellt sich, wenn man diese Urteilsbegründung liest und mit den heutigen Überzeugungen einer liberalen Gesellschaft abgleicht, die Frage: Wie wandelbar sind moralische Ansichten?

Innovationen der Ethik?

Und übertragen auf das Thema »Innovation und Ethik« könnte man formulieren: Ist die Ethik, die Moral dann womöglich selbst Innovationen unterworfen, so dass das, was uns heute als falsch erscheint, in Zukunft womöglich ganz anders betrachtet wird? Ich erinnere an das Genschaf »Dolly«, das im Jahre 1996 als erstes geklontes Säugetier in der medialen Öffentlichkeit auftauchte. Damals sorgte das für großen Aufruhr, heute wird das Klonen bei Tieren weitestgehend hingenommen, es bleiben lediglich Gesundheitsbedenken beim Verzehr. Und das kann man fortsetzen, diese Ausführungen stehen ja unter dem Motto »Nachdenken über Moral«. Wie wird es auf diesem Gebiet weitergehen? Werden als nächstes Menschen geklont? Und werden wir das, was uns heute noch als falsch erscheint, dann irgendwann auch akzeptieren? Ist die Ablehnung des Klonens von Menschen auch nur eine Frage unserer Betrachtungsweise? Sind die, die das heute ablehnen, vielleicht an der Stelle, an der 1954 der Bundesgerichtshof in Bezug auf den außerehelichen Geschlechtsverkehrs stand? Oder gibt es zwischen diesen Fällen einen grundlegenden Unterschied?

Ich glaube, den gibt es tatsächlich. Meiner Meinung
nach ist der Bundesgerichtshof damals in seinem Urteil
einem Irrglauben aufgesessen. Er hat etwas verwechselt, was zu dieser Zeit, in den 1950er Jahren, noch sehr
häufig passierte, zu einer Zeit, in der man Moral vielfach noch mit Sexualmoral gleichsetzte. Er hat das, was
üblich ist, was man für üblich hält, mit dem verwechselt, was unabdingbar als richtig angesehen werden
muss. Und das ist eine große Gefahr, der die Moral
ausgesetzt ist. Dass sie in Verruf gerät, weil man sie
mit der Schicklichkeit, mit dem, was als schicklich
angesehen wird, verwechselt. Wobei man zugeben
muss, dass die Moral diese Gefahr gewissermaßen als
Geburtsfehler mit sich trägt, weil der Begriff »Moral«
sich vom lateinischen *mores* für Sitten und Gebräuche
ableitet.

Begründungen der Moral

Wenn man die Moral vor dieser Gefahr schützen möchte,
muss man Ankerpunkte suchen, an denen man sie fixie-
ren kann. Man muss Grundsätze finden, die nicht modischen Strömungen unterworfen sind. Diese zu finden ist
die Aufgabe der Moralphilosophie. Deshalb lohnt sich an
dieser Stelle ein kleiner, wirklich nur kurzer kursori-
scher und teilweise anekdotischer Ausflug in Geschichte und Theorie der Moralbegründung.

Gesetzesethik

Eine der Möglichkeiten, Moral zu begründen, ist die
sogenannte Gesetzesethik. Die Moral wird in Gesetzen
niedergelegt, die meist ein höheres Wesen, Gott, dem

Menschen gibt. In unserer Kultur sind es die Zehn Gebote, der Dekalog. Da diese Gesetze von Gott kommen,
sind sie vom Menschen nicht weiter zu hinterfragen.
Auffallend ist jedoch, dass sich die Vorschriften des
zweiten Teils der Zehn Gebote, die sich auf das Verhältnis der Menschen untereinander beziehen, ebenso in
vielen anderen Religionen und Traditionen finden.[28]
Man kann in diesen Geboten also auch eine Weisheits-
erkenntnis sehen, die unabhängig von einem göttlichen
Gebot ihre Berechtigung hat.

Immanuel Kant

Man kann allerdings die Moral auch anders begründen.
So hat es dann z. B. Immanuel Kant gemacht, dem wir im
Laufe dieser Abhandlungen öfter begegnen. Das ist nicht
weiter verwunderlich, wenn man sich unter dem Motto
»Nachdenken über Moral« bewegt. Denn Kant hat eine
Ethik entworfen, die sich nur auf die, will man es pro-
vokant formulieren, Gottheit der Vernunft stützt. Wenn
man Kant liest, merkt man zwar, dass hinter seiner Ethik
denn doch ein Glaube an einen Gott steht. Dennoch:
Kant hat ein anderes System entwickelt, das sich in
seinem bekannten Diktum widerspiegelt: »Zwei Dinge
erfüllen das Gemüt mit immer neuer und zunehmender
Bewunderung und Ehrfurcht, je öfter und anhaltender
sich das Nachdenken damit beschäftigt: Der bestirnte
Himmel über mir und das moralische Gesetz in mir.«[29]
Das moralische Gesetz wird gerade nicht vom Himmel,
nicht von Gott gegeben, sondern steckt *in mir*, in jedem
Menschen, der ein eigener Gesetzgeber im Reich der
Zwecke ist. Und das moralische Gesetz, das die Vernunft
gebietet, ist der berühmte kategorische Imperativ. In seiner bekanntesten Form lautet er:

»Der kategorische Imperativ ist also nur ein einziger, und zwar dieser: handle nur nach derjenigen Maxime, durch die du zugleich wollen kannst, dass sie ein allgemeines Gesetz werde.«[30]

Wir sind ihm im Kapitel über die Goldene Regel auf S. 139 ff. schon ausführlich begegnet.

Utilitarismus

Daneben gibt es die Nützlichkeitsethik, den Utilitarismus. Der Utilitarismus ist angelsächsischer Tradition und geht zurück auf zwei Gründerväter: Jeremy Bentham und John Stuart Mill. Weil er nicht nach dem Grund der Handlung fragt, warum man etwas tut, und auch nicht die Handlung als solche bewertet, sondern nach dem Erfolg der Handlung, ihren Konsequenzen fragt, ob sie denn einen Nutzen bringt, rechnet man ihn zu den konsequentialistischen Ethiken. Wie das funktioniert und welche Probleme das aufwirft, kann man vielleicht an folgendem Beispiel sehen:

»Unterwegs in Aserbaidschan wurden wir auf einen Hof eingeladen. Wir sollten entscheiden, was zum Essen geschlachtet wird: Eine Ziege? Ein Schaf? Aus Mitleid wählten wir Huhn, worauf zwei Tiere ihr Leben lassen mussten. War es richtig, das Leben eines Schafes über das zweier Hühner zu stellen? Oder hätten wir ganz auf Fleisch verzichten sollen? Damit hätten wir zwar die Tiere vorübergehend gerettet, allerdings unsere Gastgeber beleidigt.« Ute und Paul P., Köln

Um es gleich vorweg zu sagen: Eine allgemeingültige Empfehlung kann ich Ihnen nicht geben; trotz persönlicher Sympathie für vegetarische Ernährung erachte ich die Frage, ob und welche Tiere man isst, bei artgerechter Haltung für ein Problem der individuellen Einstellung: Wir verwöhnen Hunde, in anderen Ländern diese den Gaumen. In Indien gelten Kühe als heilig, in Argentinien als Hauptnahrungsmittel. Manche Religionen sehen in Schweinebraten eine Sünde, Bayern ist er eine solche wert. Das alles betrifft mehr Traditionen als Wahrheiten. Auch Ihr Mitleid scheint mir kein Hindernis. Meiner Ansicht nach muss man kein Tier töten können, wenn man Fleisch essen will. Schließlich darf sich auch derjenige am Blinddarm operieren lassen, der kein Blut sehen kann.

Ein weiterer Aspekt entspringt der Theorie: Vermutlich unbewusst haben Sie nach Kriterien des Utilitarismus entschieden, welchen der englische Philosoph Jeremy Bentham so definierte: »Unter dem Prinzip der Nützlichkeit ist jenes Prinzip zu verstehen, das schlechthin jede Handlung in dem Maß billigt oder missbilligt, wie ihr die Tendenz innezuwohnen scheint, das Glück der Gruppe, deren Interesse in Frage steht, zu vermehren oder zu vermindern.« Bentham, der ausdrücklich auch Tiere mitberücksichtigen wollte, versuchte, dafür detaillierte Regeln zu formulieren; Freude und Leid seien nach Intensität, Dauer, Gewissheit, Nähe, Ausmaß und Weiterem zu bewerten und mit der Anzahl der Betroffenen zu multiplizieren. Sie haben in diesem Sinne nach Ihrem Gefühl versucht, möglichst wenig Unglück zu produzieren, dabei blieben Fragen offen: Darf man ein Leben gegen zwei aufrechnen? Wie wird gerechnet, nicht nur bei Hühnern, Schafen, Ziegen? Dass er derartige Probleme aufwirft, ist einer der Hauptkritikpunkte am Utilitarismus, das spricht aber nicht unbedingt gegen Ihre Entscheidung in diesem Fall – wie immer sie auch ausfiel.[31]

Tugendethik

Einen anderen Ansatz verfolgte Aristoteles im Rahmen der Tugendethik. Aristoteles wollte nicht den Wert einzelner Handlungen bemessen. Nicht wie der Utilitarismus, der untersucht, welches Glück oder Unglück bzw. Leid sie hervorrufen. Er wollte auch nicht, wie Kant es später tat, nach dem Gesetz der Vernunft die Handlungen bewerten, sondern nach der Tugend der Handelnden. Und das Tugendhafte definierte er als ein Verhalten, das den Mittelweg geht, die sogenannte Aristotelische Mitte, weshalb diese Lehre auch Mesoteslehre genannt wird, nach dem griechischen Wort *mesotes* für Mitte. Aristoteles formuliert das folgendermaßen:

»Die Tugend ist also ein Verhalten der Entscheidung, begründet in der Mitte im Bezug auf uns, einer Mitte, die durch Vernunft bestimmt wird und danach, wie sie der Verständige bestimmen würde. Die Mitte liegt aber zwischen zwei Schlechtigkeiten, dem Übermaß und dem Mangel. Während die Schlechtigkeiten in den Leidenschaften und Handlungen hinter dem Gesollten zurückbleiben oder über es hinausgehen, besteht die Tugend darin, die Mitte zu finden und zu wählen. Darum ist die Tugend hinsichtlich ihres Wesens und der Bestimmung ihres Was-Seins eine Mitte, nach der Vorzüglichkeit und Vollkommenheit aber das Höchste.«[32]

Was meint Aristoteles mit der Mitte zwischen zwei Schlechtigkeiten? In der Mitte zwischen Geiz und Verschwendung liegt beispielsweise die Freigebigkeit. Zwischen Protzerei und Kleinlichkeit die Großzügigkeit. Zwischen Feigheit und Tollkühnheit die Tapferkeit usw.[33] Jeweils liegt das Tugendhafte in der Mitte zwischen zwei Extremen, dem Zuviel und dem Zuwenig. Das Besondere war, es ging nicht so sehr um die einzelne Handlung, sondern um das Wesen des Handelnden. Und alle Tugenden, die hinter den Handlungen der einzelnen Menschen stehen, addieren sich zum Charakter des jeweiligen Menschen.

Das Prinzip Verantwortung

So weit ganz kurz – wenn man ehrlich ist: zu kurz, auch was die Vernachlässigung anderer Theorien angeht – zu den klassischen Ethiken. Bei der Frage der Bewertung von Innovationen kommt man jedoch nicht umhin, eine weitere Ethik anzusprechen, die in der zweiten Hälfte des letzten Jahrhunderts, in den 70er Jahren, sehr bekannt und modern wurde: Hans Jonas und sein Buch »Das Prinzip Verantwortung«.[34]

Jonas versuchte in den beginnenden 1960er Jahren bis in die 1970er Jahre, eine neue Ethik zu formulieren. Er ging aus von Kant, wollte aber weitergehen. Gerade die drohende Gefahr durch die Atomkraft, aber auch neue Probleme in der Medizinethik und in der Bioethik, die durch neue Techniken aufgeworfen wurden, haben ihn dazu gebracht, einen, wie er es nannte, »neuen kategorischen Imperativ« zu formulieren:

»Handle so, dass die Wirkungen deiner Handlung verträglich sind mit der Permanenz echten menschlichen Lebens auf Erden.«[35]

Gegenüber Kant wollte er den kategorischen Imperativ in zwei Richtungen erweitern: räumlich und zeitlich. Es sollten zum einen die Auswirkung auf die ganze Erde gesehen werden. Und zum anderen – das ist das Besondere – in die Zukunft. Nebenbei bemerkt stellt das gegenüber Kant einen logischen Bruch dar, weil Jonas auf die Folgen abstellt, es sich bei seiner Ethik damit eigentlich um eine konsequentialistische Ethik handelt. Und man kann auch kritisch hinterfragen, ob diese absolute Fokussierung auf das menschliche Leben als Maßstab für alles richtig ist. Dennoch scheint die ausdrückliche Erweiterung auch in die Zukunft sinnvoll.

Heuristik der Furcht

Allerdings stellt speziell diese dezidierte Erweiterung in die Zukunft eine schwierige Aufgabe dar. Wie soll das funktionieren, wo man doch oft noch gar nicht weiß, welche Folgen eine Handlung oder eine Technologie in ferner Zukunft haben wird und auch haben kann? Aus meiner Sicht stellt Jonas' eigentliche Leistung dar, dass er sich damit auseinandersetzte und zwei Regeln aufstellte: Die erste nannte er »Heuristik der Furcht«. Das war mehr erkenntnistheoretisch. Jonas stellte fest:

»Wir wissen erst, *was* auf dem Spiel steht, wenn wir wissen, *dass* es auf dem Spiel steht.«[36]

Jonas' Überlegung war folgende: Es kann doch sein, dass wir heutzutage Dinge gefährden, von denen wir gar nicht wissen, dass sie gefährdet sind. Und eigentlich erst wenn wir wissen, dass es gefährdet ist, wissen wir, was gefährdet ist.

Beispiel hierfür könnten die Flurchlorkohlenwasserstoffe, FCKW, sein, die man über lange Zeit als Kühlmittel in Kühlschränken und Treibgas in Spraydosen einsetzte. Die galten als ungiftig, nicht feuergefährlich und harmlos, man konnte sie, übertrieben gesprochen, Kindern ins Gesicht sprühen. Erst nachdem man sie jahrzehntelang in großen Mengen eingesetzt hatte, erkannte man, dass diese Gase die Ozonschicht angreifen und zerstören. Erst als man wusste, dass sie auf die Ozonschicht wirken, konnte man überhaupt erst über ihre Gefährlichkeit in dieser Hinsicht nachdenken.

In dubio pro malo

Den anderen, fast noch wichtigeren Grundsatz nannte Jonas plakativ oder sogar provokativ »in dubio pro malo«, auf deutsch: »Im Zweifel für das Schlechte«. Das erscheint eigenartig als Grundsatz für eine Ethik. Aber er scheint mir sehr klug. Jonas erläutert ihn folgendermaßen:

> »Es ist Vorschrift, primitiver gesagt, dass der Unheilsprophezeiung mehr Gehör zu geben ist als der Heilsprophezeiung«.[37]

Übertragen wieder auf das Beispiel der FCKW und der Ozonschicht bedeutet das: Wenn sich die Experten streiten, ob die FCKW wirklich die Ozonschicht vernichten, sollte man eher denjenigen glauben, die der Meinung sind, die Gase schaden, als denen, die sagen, sie schaden nicht. Und warum? Dazu wieder Hans Jonas:

> »Wenn im Zweifel, gib der schlimmeren Prognose vor der besseren Gehör, denn die Einsätze sind zu groß geworden für das Spiel.«[38]

Es geht um die Einsätze im Spiel mit den Innovationen. Jonas meinte, wenn eine Technologie möglicherweise die Erde zerstört, ist es zu gefährlich, darauf zu vertrauen, das wird schon nicht geschehen. Ab einer bestimmten Größe der Katastrophe, die möglicherweise eintritt, kann das Risiko noch so klein sein, es ist doch zu groß, um es einzugehen. Jonas hatte seine Theorie speziell im Hinblick auf die Nutzung der Kernenergie entwickelt. Dort war die Politik der Meinung, man könne das von niemandem geleugnete sogenannte »Restrisiko« tragen, weil es so klein war. Nach Jonas' Ansicht sind jedoch die Folgen, falls sich ein noch so kleines Risiko doch einmal verwirklicht, so groß, dass man es nicht eingehen kann. Tragischerweise

ist Jonas durch die Geschehnisse im März 2011 in Fukushima nun bestätigt worden: Das sehr geringe Risiko hat
sich verwirklicht, und ganze Landstriche Japans werden
auf Jahrzehnte unbewohnbar bleiben.

Das unheilbringende Medikament

Ich würde gerne noch einen Aspekt an einem weiteren
Fall aufzeigen. Im Frühjahr 2006 erschütterte eine Meldung die medizinische Wissenschaft und die Öffentlichkeit: In einem Londoner Arzneiforschungsinstitut war
ein neues immunbiologisches Medikament an sechs gesunden Freiwilligen getestet worden. Alle vorherigen
Tierversuche mit diesem Medikament waren selbst mit
hundertfacher Dosis vollkommen harmlos verlaufen.
Doch plötzlich mussten alle sechs Versuchspersonen
mit schwersten Reaktionen auf die Intensivstation. Alle
sechs überlebten glücklicherweise. Dennoch war es ein
Schock für alle Beteiligten: junge, gesunde Menschen
waren plötzlich schwerst erkrankt und rangen mit dem
Tode. Die Frage lautete: Wie kann so etwas passieren? In
der Süddeutschen Zeitung konnte man unter der Überschrift »Dezente Warnsignale« dazu lesen:

»Bluestone und Bour-Jourdan [zwei amerikanische Wissen-
schaftler] weisen darauf hin, dass CD28 im Körper zwei gegen-
läufige Rollen spielt: Zum einen aktiviert es das Immunsys-
tem, damit dieses gegen Krankheitskeime – und auch gegen
Krebszellen – kämpft; zum anderen verpasst es dem Immun-
system aber auch einen Dämpfer, damit es nicht überschießt
und der Körper sich nicht selbst zerstört, wie es bei Autoimm-
unerkrankungen wie Rheuma oder Multipler Sklerose (MS)
der Fall ist.«[39]

Die Diskussion ging weiter. Als Ergebnis blieb die Erkenntnis, dass man in einem Fall wie diesem nicht mit Sicherheit absehen konnte, was passiert. Die Tierversuche hatten keine gefährlichen Folgen gezeigt. Nun lautet ja der Haupttitel, unter dem diese Ausführungen stehen: »Nachdenken über Moral«. In diesem Sinne: War es dann unverantwortlich, unmoralisch, das Medikament am Menschen zu testen? Ja oder nein? Ich erinnere an die Ausführungen zur steigenden Lebenserwartung: Nachdem die Säuglingssterblichkeit sehr zurückgegangen ist, steigt die durchschnittliche Lebenserwartung vor allem dank des medizinischen Fortschritts. Und dieser medizinische Fortschritt ist, wie jeder Fortschritt, nur möglich, indem man Neues versucht. Der Antikörper, der in London erprobt wurde, sollte helfen, Multiple Sklerose, Rheuma und bösartige Tumore zu behandeln.[40] Wenn das gelänge, wäre es ein großer Fortschritt in der Medizin, vielfaches Leid könnte gelindert werden. Offensichtlich stehen sich hier zwei Anliegen gegenüber. Auf der einen Seite: Wenn diese Medikamententests nicht durchgeführt werden, besteht keine Gefahr für die gesunden Versuchspatienten. Aber auf der anderen Seite wird dann eventuell ein Medikament gegen bislang tödliche oder schwerste Krankheiten nicht entwickelt. Es sterben diejenigen, vielleicht viele, die diese Krankheit haben. Darf man die Versuche dann trotz der tödlichen Gefahr für die Probanden durchführen? Und man merkt an dieser Stelle: die Gedanken beginnen zu rumoren. Würde man nun utilitaristisch denken – Sie erinnern sich an den kurzen Überblick –, könnte man die Leben gegeneinander abzählen und fragen: Wie viele sind gefährdet, wie viele werden gerettet, wie hoch ist die Wahrscheinlichkeit der Rettung, wie hoch die der Gefährdung? Auch das scheint gefährlich, das Abzählen von Leben gegeneinander. Denkt man im Sinne Kants, so darf kein Mensch zum Mittel für andere gemacht werden. Das Opfern eines Menschen für andere ist unzulässig. Aber wie sieht es mit einer reinen Gefährdung aus? Und was bedeutet es, dass die Versuchspersonen das freiwillig gemacht haben. Gegen Geld. Ist das zulässig?

Tun und Unterlassen

Hier scheint mir noch ein weiterer Aspekt wichtig, den man sich, will man über Innovationen und Ethik nachdenken, bewusst machen muss, weil es das Nachdenken womöglich unbewusst beeinflusst; vielleicht stärker, als man meint. Es gibt ein sehr schönes Buch von Dieter Birnbacher, einem Düsseldorfer Moralphilosophen, mit dem Titel »Tun und Unterlassen«.[41] Darin stellt er diese beiden Phänomene gegenüber. Und das machen auch wir beim Nachdenken über den Medikamentenversuch: Wir stellen ein Tun und ein Unterlassen gegenüber. Wir betrachten ein Tun bei der Durchführung des Medikamentenversuchs mitsamt seiner Folgen, wir betrachten ein Unterlassen bei der Frage: Was geschieht, wenn man keine neuen Behandlungsmethoden entwickelt? Dieter Birnbacher hat die möglichen moralisch relevanten Parameter von Handeln und Unterlassen in einer Tabelle gegenübergestellt:

Handeln	Unterlassen
Akteur	
hoher Aufwand	geringer Aufwand
absichtlich	unabsichtlich
erhebliche psychische Auswirkungen	geringe psychische Auswirkungen
individuelle Verantwortung	geteilte Verantwortung
Betroffene	
Schädigung	unterlassene Wohltaten
sicherer Schadenseintritt	unsicherer Schadenseintritt
direkter Schadenseintritt	verzögerter Schadenseintritt
Betroffene bekannt	Betroffene unbekannt
Dritte	
als bedrohlich wahrgenommen	als weniger bedrohlich wahrgenommen

Die Tabelle ist danach gegliedert, was Handeln auf der einen Seite und Unterlassen auf der anderen Seite beim Akteur, beim Betroffenen und bei einem Dritten bedeuten. Einige der Punkte scheinen mir sehr interessant. Während das Handeln als absichtlich empfunden wird – im Fall der Versuche hat man zwar die Folgen nicht gekannt, aber den Patienten das zu untersuchende Medikament absichtlich gegeben –, ist das Unterlassen unabsichtlich, niemand enthält Kranken absichtlich ein zu entwickelndes Medikament vor. Das Handeln hat erhebliche psychische Auswirkungen. ›Ich weiß genau, das habe ich getan, diese Folgen habe ich ausgelöst‹; das weiß man beim Unterlassen oft nicht, die psychischen Auswirkungen sind deshalb geringer. Und – besonders wichtig: Das Handeln hat eine individuelle Verantwortung, das Unterlassen immer eine geteilte. Denn es haben ja alle unterlassen, hier in diesem Fall ein neues

Medikament zu entwickeln. Damit teilt sich die Verantwortung. Bei den Betroffenen ist das spiegelbildlich. Das Handeln führt zu einer Schädigung, das Unterlassen zu einer unterlassenen Wohltat, was der Betroffene als weniger schlimm empfindet als eine Schädigung. Handeln führt, wenn es schädigend wirkt, zu einem sicheren und direkten Schadenseintritt, das Unterlassen zu einem unsicheren und verzögerten. Beim Handeln sind die Betroffenen bekannt, es sind individualisierte und individualisierbare Menschen, mit Namen, mit Geschichte, mit Familie; auf der anderen Seite sind, wenn es kein Medikament gibt, diejenigen meist unbekannt, denen dieses spezielle Medikament, dessen Wirkung man ja noch nicht genau kennt, geholfen hätte. Und der Dritte als Beobachter – das sind in diesem Fall wir: Wir nehmen das Handeln als bedrohlich war, das Unterlassen als viel weniger bedrohlich.

Man kann mit guten Gründen darüber diskutieren, ob, warum und inwieweit man Tun und Unterlassen aus ethischer Sicht unterschiedlich bewerten sollte. Aber man muss es bewusst machen, nicht unbewusst.

Und das hat Auswirkungen auf die Überlegungen, die wir hier anstellen. Ich halte das für einen ganz zentralen Punkt bei der Bewertung von Innovationen aus ethischer Sicht: Um zu einer klaren Beurteilung gelangen zu können, muss man sich diese Aspekte wirklich bewusstmachen. Man muss sich klarmachen, dass nicht zu handeln unethisch sein kann, wenn Handeln ethisch geboten ist. Auch wenn man die Effekte beim Unterlassen nicht direkt sehen kann. Keine Innovationen zu unternehmen kann unethisch sein, wenn eine Innovation möglich ist und das, was man mit der Innovation erreichen kann, ethisch geboten ist.

Abschätzung und Bewertung der Folgen

Wie aber geht man praktisch mit diesem Problem um? Wie soll man entscheiden, ob eine Innovation gut oder schlecht, geboten oder gar verboten ist, wenn wir uns das alles, was wir bisher gehört haben, vor Augen führen? Eine wichtige Idee in diesem Zusammenhang findet man, wie so oft, bei Platon. In *Phaidros*, einem seiner Dialoge, schrieb er:

»Der eine ist imstande, eine Kunst zu erfinden, ein anderer kann beurteilen, wie Schaden und Nutzen sich verteilen werden für die Leute, die sie gebrauchen.«[42]

Platon meint also, man müsste das voneinander trennen. Auf der einen Seite das Erfinden, auf der anderen Seite das Beurteilen und Bewerten der Erfindung, der Innovation. Und dieser Grundsatz aus *Phaidros* findet sich – auch wenn viele vermutlich gar nicht wissen, dass es ein Grundsatz aus Platons *Phaidros* ist – in dem, was man »Technikfolgenabschätzung«[43] nennt. Die Idee dahinter ist: Wenn eine neue Technik bzw. Technologie entwickelt wird, zum Beispiel neue Energieformen, die Kernenergie, neue Behandlungsmethoden, Nanotechnologie, neue chemische Stoffe oder Ähnliches, darf man sie nicht einfach, überspitzt formuliert, auf die Gesellschaft loslassen, sondern man sollte sich zunächst einmal überlegen, welche Folgen diese Technik für die Gesellschaft haben könnte. Das wird untersucht in der Abschätzung ihrer Folgen. Und daran schließt sich dann eine zweite Ebene an in der sogenannten »Technikfolgenbewertung«. Wenn im ersten Schritt festgestellt wurde, es könnte sich in dieser und jener Weise entwickeln, muss ein politisch-gesellschaftlicher zweiter Schritt folgen, der die Frage beantwortet: Wollen wir das mögliche Risiko gegenüber den zu erwartenden oder erhofften Vorteilen eingehen? Und wollen wir die sicher oder vielleicht entstehenden individuellen oder gesamtgesellschaftlichen Kosten für den zu erwartenden Nutzen aufbringen? Nebenbei bemerkt: An dieser Stelle taucht dann die Frage auf: Wer ist »wir«? Wer darf welche Entscheidungen treffen? Genügen einfache politische Mehrheiten? Dürfen einfache oder auch größere Mehrheiten dem Rest die Lebensrisiken diktieren? Wer entscheidet bei länderübergreifenden, gar weltweiten Folgen und Risiken? Beim Beispiel der Kernenergie geht es etwa um die Frage: Wollen wir das sogenannte Restrisiko, das die Technik, jede Technik enthält, eingehen zugunsten der Gewinnung von Energie? Gerade bei diesem Beispiel hat man gesehen, mit welchen Unsicherheiten schon im ersten Schritt die Abschätzung der Folgen behaftet ist. Nach Fukushima wurden teilweise die Risiken neu berechnet, und es wurden Stimmen laut, die meinten, wenn man Folgen, wie sie nun in Fukushima aufgetreten sind, in die Kosten der Kernenergie einrechnet und sie nicht der Allgemeinheit anlastet, sei der Strom aus Kernenergie gesamtgesellschaftlich wesentlich teurer, als es gemeinhin heißt. Vor allem aber gab es eine Neubewertung innerhalb der Parteien, die der Kernenergie bislang positiv gegenübergestanden hatten – von welchen konkreten Überlegungen diese Neubewertung auch immer motiviert war.

Werte im technischen Handeln

Ein Beispiel für ein derartiges Vorgehen sind die VDI-Richtlinien für Technikbewertung, also die Richtlinien des Verbands der Ingenieure, wie man technische Innovationen bewerten soll.[44] Dieser Richtlinie zufolge werden die Werte im technischen Handeln betrachtet und ihre Beziehungen und Wechselwirkungen. Zum Beispiel kann Sicherheit zur Wirtschaftlichkeit in Konkurrenz stehen. Je sicherer man etwas gestaltet, umso teurer wird es. Umweltqualität kann in Konkurrenz zu Wohlstand stehen. Wohlstand kann die Persönlichkeitsentfaltung fördern und dergleichen Zusammenhänge mehr. Auf diese Weise kann man die Werte zueinander in Beziehung setzen.

Und jetzt könnte Ihnen an dieser Stelle etwas aufgefallen sein: Das sind ethische Bewertungsmaßstäbe, aber keine, denen wir bislang begegnet sind. Sie orientieren sich weder primär am Nutzen noch am kategorischen Imperativ noch an Tugenden, sondern an Werten. Diese Werte, die hier genannt werden, wie etwa Wohlstand, Persönlichkeitsentfaltung, Umweltqualität, Gesundheit, Sicherheit – das ist auch ein möglicher Ansatz der Ethik, den man oft mit einem Namen verbindet: Max Scheler.[45] In der sogenannten »Wertethik« geht es nicht um Glück wie im Utilitarismus, es geht auch nicht um den kategorischen Imperativ, die Herrschaft der Vernunft, sondern man einigt sich gesellschaftlich auf bestimmte Werte, die wichtig sind: Freiheit, Individualität, Gesundheit, Wohlstand, Gleichberechtigung und dergleichen. Und diese Werte bestimmen dann das ethische System. Interessanterweise hat es die Wertethik, obwohl sie sich ab der zweiten Hälfte des 20. Jahrhunderts nie richtig hat durchsetzen können, geschafft, in der Technikfolgenbewertung, die ja auch tatsächlich unser Leben massiv beeinflusst, in die Richtlinien einzugehen und damit auf Bewertungen Einfluss auszuüben.

Widerspruch zu Kant

An dieser Stelle möchte ich wieder zurückkehren zu Kant und daran erinnern, dass unser Motto lautet: »Nachdenken über Moral«. Wenn man nämlich nach all diesen Überlegungen zurückgeht zu Kant, stellt man einen Widerspruch fest. Bei diesen Überlegungen, denen wir eben begegnet sind – die Jonas'sche Verantwortungsethik mit ihrem Bedenken der schlimmsten Folgen oder die Betrachtung der betroffenen Werte bei der Technikfolgenabschätzung –, wird stets die Frage gestellt: Welche Folgen hat das für unser ganzes Sein? Diesen Ansatz aber hat Kant ausdrücklich abgelehnt in seiner Grundlegung zur Metaphysik der Sitten:

»Es liegt also der moralische Wert der Handlung nicht in der Wirkung, die daraus erwartet wird, also auch nicht in irgendeinem Prinzip der Handlung, welches seinen Beweggrund von dieser erwarteten Wirkung zu entlehnen bedarf.«[46]

Also nicht die Wirkung ist das Entscheidende, sondern der Beweggrund. Kant hat sogar ausdrücklich ausgeschlossen, dass man irgendwelche Überlegungen braucht, dass man zum Beispiel Folgenabschätzungen unternimmt:

»Was ich also zu tun habe, damit mein Wollen sittlich gut sei, dazu brauche ich gar keine weit ausholende Scharfsinnigkeit. Unerfahren in Ansehung des Weltlaufs, unfähig auf alle sich ereignenden Vorfälle desselben gefasst zu sein, frage ich mich nur: Kannst du auch wollen, dass deine Maxime ein allgemeines Gesetz werde?[47]

(...) und dass es also keiner Wissenschaft und Philosophie bedürfe, um zu wissen, was man zu tun habe, um ehrlich und gut, ja sogar um weise und tugendhaft zu sein.«[48]

Also genau die gegenteilige Auffassung zu all den Überlegungen, die wir eben angestrengt haben.

Ergebnisse

Um wieder im Motto zu bleiben: Es gibt noch viel nachzudenken über Moral in diesem Zusammenhang, aber wir sind vielleicht zu einem Zwischenstand gelangt: Zum einen ist die Innovation als solche ethisch neutral. Ich glaube, das ist eines der wichtigsten Ergebnis unseres Nachdenkens. Dass man nicht vorschnell – denken Sie an die Intuition bei dem eingangs genannten Bild mit der Maus, aus deren Rücken ein Ohr wächst – Innovationen sofort als ethisch bedenklich ansehen darf. Die Innovation als solche ist ethisch neutral. Sie kann sogar ethisch geboten sein, wenn das Unterlassen einer Neuentwicklung, einer Weiterentwicklung ethisch falsch wäre. Sie kann aber auch umgekehrt ethisch falsch sein. Entweder weil sie kategorisch falsch ist: Im Sinne Kants, wenn man Menschen nur zu etwas gebraucht, zu einem bloßen Mittel macht, wenn man die Menschenwürde nicht achtet. Oder hinsichtlich der Folgen: Hans Jonas und seine Verantwortungsethik mit den zwei Prinzipien Heuristik der Furcht und »In dubio pro malo«. Denken Sie an den Einsturz der Eishalle in Bad Reichenhall. Man hat eine neue Konstruktion entwickelt und wusste nicht, wie verhält sich diese Konstruktion bei Feuchtigkeit über die Jahre, wie alterungsbeständig ist sie? Und das erscheint mir als die eigentliche Leistung von Hans Jonas: Die Erkenntnis, dass man bei unbekannten, neuen Entwicklungen, deren Folgen man naturgemäß noch nicht kennen kann, eine erhöhte Verantwortung hat. Man muss bei Innovationen eine höhere Vorsicht walten lassen als bei dem, was sich schon auf Dauer, über längere Zeit bewährt hat. Ich glaube, das ist der entscheidende Unterschied in der Bewertung von Innovationen und Althergebrachtem: Dass man einfach bei dem, von dem man nicht weiß, wie es sich weiterentwickeln wird, mehr Vorsicht walten lassen muss.

Risiken beim ethischen Verhalten?

Allerdings, und damit möchte ich schließen, Vorsicht kann auch geboten sein, wenn man sich nach Kant richtet. Wie gefährlich das sein kann, hat mir ein Leser gezeigt, der mir eine Gewissensfrage schickte:

»*Als umweltbewusster Bürger fahre ich täglich mit der S- und U-Bahn zur Arbeit. Beim Umsteigen am Marienplatz werde ich meist durch Lautsprecheransagen aufgefordert, bitte an allen Türen zuzusteigen. Ich kann aber doch nur bei einer zusteigen! Verhalte ich mich da korrekt, oder soll ich wieder aus- und an einer weiteren Tür erneut einsteigen, um der Aufforderung des Ansagers gerecht zu werden?*« Arndt K., München[49]

»Den Anweisungen des Personals ist Folge zu leisten.« Dieser Grundsatz ordentlichen Fahrgastverhaltens hat sich offensichtlich in Ihrem Kopf festgesetzt, und Sie fragen sich nun, ob es richtig sein kann, sich in dieser Hinsicht, statt gleichzeitig zuzusteigen, zeitgleich stur zu zeigen. Man könnte nun argumentieren, dass sich die Ansage an eine Mehrzahl von Personen richtet, die sich eben verteilen sollen. Andererseits ist man jedoch gehalten, sich beim richtigen Verhalten nicht auf andere zu verlassen, sondern im Sinne Kants so zu handeln, dass die Maxime allgemeines Gesetz sein könnte. Und die Maxime, an allen Türen gleichzeitig zuzusteigen, stellt den Normalbürger vor ein ernsthaftes Problem.

Dieses liegt in einem altbekannten Phänomen: der Bilokation. Damit bezeichnet man die Fähigkeit, an zwei Orten gleichzeitig zu sein, klassischerweise bei Heiligen auftretend. Fraglich ist nur, ob Sie die Bilokation erlernen sollten, nur um den Aufforderungen des MVV Genüge zu tun. Neben dem mirakulösen Vorkommen war sie nämlich schon in der Antike als eines der Kennzeichen von Hexen bekannt. Und deren Schicksal, besonders das häufig sehr unschöne Ende auf dem Scheiterhaufen, wirkt doch eher abschreckend.

Ähnlich schlecht geht es einem weiteren Lebewesen, das den Aufenthalt an mehreren Orten erklären soll: Schrödingers Katze. Um zu verdeutlichen, wie sich Quanten an keinem bestimmten Ort und somit an mehreren befinden können, sperrte der Physiker seine Katze (gedanklich!) in eine Kammer, in der mit einer Wahrscheinlichkeit von fünfzig Prozent eine radioaktive Substanz zerfällt und dabei das Tier mittels Giftgas tötet. Solange niemand in die Kammer sieht, ist die Katze weder tot noch lebendig, sondern in einem Überlagerungszustand aus beidem. Schaut man jedoch nach, kann sie allein dieser Blick ins Jenseits befördern.

Die Anweisung scheint also mit erheblichen Risiken verbunden zu sein. Steigen Sie deshalb lieber nur an einer einzigen Tür zu, dafür aber an einer, an der niemand ansteht.

Leseempfehlungen

Sophokles, Antigone, Philipp Reclam jun., Stuttgart 2000

Hans Jonas, Das Prinzip Verantwortung, Suhrkamp, Frankfurt am Main 2003

Ralf Ludwig, Kant für Anfänger. Der kategorische Imperativ, dtv, München 1995.

Herlinde Pauer-Studer, Einführung in die Ethik, Facultas Verlag, Wien 2003

Otfried Höffe, Medizin ohne Ethik, Suhrkamp, Frankfurt am Main 2002, insbesondere Kapitel 6: Allmacht oder Sterbenlernen: Medizinische Technik zwischen Descartes und Sokrates, S. 119–142

Aristoteles, Nikomachische Ethik, dtv, München 2002, II. Buch

Dieter Birnbacher, Tun und Unterlassen, Philipp Reclam jun., Stuttgart 1995

Konrad Ott, Technik und Ethik. In: Julian Nida-Rümelin (Hrsg.), Angewandte Ethik. Die Bereichsethiken und ihre theoretische Fundierung, Kröner Verlag, Stuttgart 1996, S. 650–717

Bernhard Irrgang, Genethik. In: Julian Nida-Rümelin (Hrsg.), Angewandte Ethik. Die Bereichsethiken und ihre theoretische Fundierung, Kröner Verlag, Stuttgart 1996, S. 510–551

GEWISSENSFRAGEN

Fragen zur Alltagsmoral
im Süddeutsche Zeitung Magazin

Gespräch zwischen dem Dekan der Philosophisch-
Sozialwissenschaftlichen Fakultät der Universität
Augsburg Prof. Dr. Bernd Oberdorfer und
Rainer Erlinger mit Lesung von Gewissensfragen

Oberdorfer: Meine sehr verehrten Damen und Herren, lieber Herr Erlinger. Ich würde unser Gespräch gerne mit dem Titel Ihrer Kolumne beginnen: »Gewissensfrage«, und ein wenig provokant fragen: Warum »Gewissensfrage«? Sind das eigentlich wirklich Gewissensfragen, die Sie in Ihrer Kolumne behandeln? Sind das nicht vielmehr Fragen der moralischen Urteilskraft, Fragen: Ist das gut, ist das böse? Herr Erlinger ist ja erkennbar ein Fan von Immanuel Kant, und es wird in seinen Kolumnen häufig die Frage gestellt: Ist das, was wir da tun, verallgemeinerungsfähig? Nun ist ja, wenn man sich auf das Gewissen beruft, genau das nicht die Frage. Wenn ich z. B. aus Gewissensgründen den Kriegsdienst verweigere, dann mache ich das aus Gründen, die der Staat eigentlich nicht anerkennt, die er nur respektiert. Und früher ging es ja bei der sogenannten Gewissensprüfung darum zu schauen: Ist derjenige, der den Kriegsdienst aus Gewissensgründen verweigert, wirklich überzeugt von dieser

Haltung? Eine Haltung, die der Staat nun gerade nicht für moralisch verallgemeinerungsfähig hält. Deshalb meine erste Frage: Warum haben Sie die Kolumne »Gewissensfrage« genannte, und ist das der richtige Titel?

Erlinger: Um mit dem zweiten zu beginnen: Ist das der richtige Titel? Eigentlich nein. Und damit zum ersten Teil Ihrer Frage. Unser Gespräch geht ja um die Kolumne »Gewissensfrage«, aber damit gleichzeitig auch ein bisschen allgemein um das Thema Ethik in den Medien. Und da ist vielleicht interessant zu hören: Es heißt deswegen Gewissensfrage, weil es ein Titel ist, der eingängig ist, verständlich und, wenn man es überspitzt formulieren will: sich gut verkauft. Würde man eine Kolumne in einem Magazin wie dem Süddeutsche Zeitung Magazin »Fragen zur moralischen Urteilskraft« nennen, wäre die Gefahr groß, dass viele Leser den Text unter dieser Überschrift gar nicht lesen. Die Kolumne hätte sich womöglich drei Monate gehalten und wäre dann wieder eingestellt worden. Man braucht einen griffigen Begriff, um so etwas wie eine Moralkolumne tatsächlich auch zu verkaufen, an den Leser zu bringen. Ich muss gestehen, dass ich ein wenig auch das Problem habe, das Sie ansprechen. Ich sehe es ähnlich wie Sie, streng genommen sind es keine Gewissensfragen, keine Fragen zum persönlichen Gewissen. Aber man kann den Titel rechtfertigen, wenn man nicht so sehr von dem Begriff des persönlichen Gewissens ausgeht, sondern – Sie haben Kant ja schon angesprochen – von Kants Idee des »inneren Richters«, vor dem sich Gedanken verklagen und rechtfertigen. Das trifft es dann schon eher. Und es geht ja auch darum, den Lesern etwas zu bieten, unter dem sie sich etwas vorstellen können. Und dafür ist »Gewissensfragen« sicher besser geeignet als »Fragen zur moralischen Urteilskraft«. Aber ich stehe auch dahinter: Eine Kolumne wie die »Gewissensfrage« muss und sollte sich zwar nicht im negativen Sinne verkaufen, aber sie muss den Leser dort abholen, wo er ist, und die Kolumne muss dem Leser gefallen. Deswegen muss ich dem auch entgegenkommen und einen gut lesbaren Text liefern. Manchmal würde ich aus wissenschaftlichen Gesichtspunkten gerne weiter ausholen oder stärker differenzieren, muss dann aber gewisse Zugeständnisse an die Lesbarkeit machen. Es darf nicht falsch werden, aber an manchen Ecken kann es sein, dass es für einen Experten, einen Fachwissenschaftler ein wenig grenzwertig wird. Das ist oft eine Gratwanderung, manchmal sogar eine »Gewissensfrage« für den Autor.

Oberdorfer: Nun haben Sie sich in Ihren Kolumnen auch immer mal wieder mit »echten« Gewissensfragen, mit Fragen zum Begriff des Gewissens oder zur Höchstpersönlichkeit einer Entscheidung, beschäftigt und davon haben wir zwei Texte ausgewählt.

Erlinger:
»Vor 25 Jahren kaufte ich zusammen mit einem Freund ein Boot, mit dem wir mehrmals zusammen gefahren sind. Allerdings kümmerte nur ich mich um Winterquartier, Reparaturen und Zusatzausrüstung – und nutzte das Boot dann irgendwann allein. Vor 15 Jahren bot ich meinem Freund das Boot für sich und seine Familie an. Er solle es aber selbst abholen, denn ich hätte schließlich die ganze Zeit dafür gesorgt. Mein Freund hat es nicht geholt, der Kontakt ist abgerissen, und ich fahre das Boot immer noch. Mit schlechtem Gewissen. Oder muss ich das gar nicht haben?« Michael R., Hamburg

Sie schreiben, dass Sie ein schlechtes Gewissen plagt; dies erscheint eher ungewöhnlich bei einer Bootsfahrt, der ja gemeinhin (wohl auch wegen der naturgemäßen Verbindung mit dem Wasser) ein wohltuend reinigender Effekt auf die Psyche nachgesagt wird. So sie übers Meer führt, berichtet das Volkslied gar von Stimmungsaufheiterung: »Eine Seefahrt, die ist lustig, eine Seefahrt die ist schön.« Ein Widerspruch, dem man, verzeihen Sie den Ausdruck in diesem Zusammenhang, auf den Grund gehen sollte.

Der Begriff Gewissen lässt sich zurückführen auf das althochdeutsche gewizzani, eine etwa im Jahr 1000 von dem St. Gallener Mönch Notker eingeführte Lehnübersetzung des lateinischen *conscientia*, das wiederum dem griechischen *syneidêsis* nachgebildet wurde. Alle drei Wörter bedeuten »Mitwissen«, die Idee einer Instanz, die mit der Person zusammen um deren Taten und Gedanken weiß – und sie deshalb beurteilen kann. Das führte zu dem vom Apostel Paulus beeinflussten Bild des inneren Richters bei Immanuel Kant: »Das Bewusstsein eines inneren Gerichtshofes im Menschen (›vor welchem sich seine Gedanken einander verklagen oder entschuldigen‹) ist das Gewissen.« Das Lexikon der Ethik definiert anders: »Unter Gewissen verstehen wir ein Selbstverständnis des Menschen, in dem er sich dem Anspruch unterstellt weiß, das Gute zu tun.« Dramatischer formulierte es das deutsche Verfassungsgericht in der ihm eigenen Sprache: »›Gewissen‹ im Sinne des allgemeinen Sprachgebrauchs (...) ist als ein (wie immer begründbares, jedenfalls aber) real erfahrbares seelisches Phänomen zu verstehen, dessen Forderungen, Mahnungen, Warnungen für den Menschen unmittelbar evidente Gebote unbedingten Sollens sind.«

Bei allen Konzepten geht es um Sollen, Handlungen, Gedanken, und damit sind wir wieder bei Ihrem Problem: Was sollen Sie denn unbedingt tun, welche konkreten Handlungen oder Gedanken könnten Ihr schlechtes Gewissen verursachen? Das Fahren mit dem Boot? Das könnte dann der Fall sein, wenn Sie das Gefühl haben, es unberechtigt zu benutzen. Nur, welche Alternative gibt es? Sinnlos wäre sicherlich, es deshalb stehenzulassen. Wenn, dann sollte Ihr Freund es (mit-) benutzen, und das müssten Sie mit ihm absprechen. Womöglich nagt in Wirklichkeit auch gerade der abgerissene Kontakt oder Ihre unfreundliche Aufforderung zum Abholen des Bootes an Ihnen. Das führt zu einer Lösung: Nutzen Sie doch den Anstoß und melden sich bei Ihrem Freund. Vielleicht segelt dann auch Ihr Gewissen wieder in ruhigeren Gewässern.[1]

Oberdorfer: Ja, wir wollen hoffen, dass Ihre Antwort das Gewissen von Michael aus Hamburg berühren konnte, wenn überhaupt Rat von außen ein Gewissen berühren kann. Aber es gibt ja auch Fälle, in denen es schwerfällt, von außen zu urteilen, in denen man sagen muss: Ich habe vielleicht eine Meinung dazu, aber entscheiden musst du selber. Und wir sind schon im Gespräch darauf gekommen, dass die Kolumne gewisse Fragen offenlassen muss. Dazu haben Sie einmal einen interessanten Fall gehabt.

Erlinger: Das ist nun tatsächlich eine der Fragen, bei der die Kolumne ihren Titel »Gewissensfrage« zu Recht trägt:

»Ich habe bewusst keinen Organspenderausweis, da ich mich nicht in der Lage fühle, mich mit dem Gedanken an meinen eigenen Tod bzw. einen schweren Unfall auseinanderzusetzen. Da ich aber andererseits Realist bin, weiß ich, dass ich selber einmal auf ein Spenderorgan angewiesen sein könnte. Muss ich angesichts dieser Tatsache ein schlechtes Gewissen haben, oder ist nicht das gesamte Thema Leben und Tod derart privat, dass es sich einer moralischen Bewertung entzieht?« Jan K., Salzgitter

Mit Ihrem Zwiespalt stehen Sie nicht allein. Laut Umfragen wären etwa 70 Prozent der Bevölkerung bereit, im Todesfall ein Organ zu spenden, jedoch besitzen nur etwa zehn Prozent einen Spenderausweis. Ist dieses Auseinanderklaffen bedenklich oder Privatsache? Ich meine, es ist bedenklich. Vor allem vor dem Hintergrund, dass in Deutschland mehr als 10 000 Menschen auf ein Spenderorgan warten und Verbänden zufolge jeden Tag drei Menschen sterben, weil sie keines bekommen. Vergleicht man das Opfer, nach seinem Tod Teile seines Körpers zu geben, mit der Möglichkeit, dadurch ein Leben zu retten, spricht meiner Meinung nach moralisch sehr viel dafür, dies auch zu tun, und demnach auch dafür, sich bereits zu Lebzeiten damit zu beschäftigen.

Selbstverständlich kann niemandem vorgeworfen werden, Organverpflanzungen abzulehnen, sei es aus religiösen oder weltanschaulichen Gründen, sei es aus Sorge vor Missbrauch. Bedenken, die ich zwar nicht teile, aber dennoch respektiere. Probleme habe ich allerdings, wenn ich in einer Umfrage lese, dass 98 Prozent der Befragten im Krankheitsfall ein Spenderorgan bekommen, jedoch nur 67 Prozent als Spender zur Verfügung stehen wollen. Das knappe Drittel, das hier je nach eigenem Vorteil in eine andere Richtung entscheidet, sollte eines beachten: Moral ist keine Einbahnstraße, und Grundsätze haben, wollen sie achtenswert sein, keine Vorder- und Rückseite.

Zu guter Letzt spricht noch etwas gegen Ihr Verdrängen: Das daraus folgende Schweigen würde in Österreich oder Belgien, wo die sogenannte Widerspruchsregelung gilt, als automatische Zustimmung zur Organentnahme verstanden werden. Nach der bei uns geltenden erweiterten Zustimmungsregelung müssten sich Ihre nächsten Angehörigen im Trauerschmerz an Ihrer Stelle Ihre ungeliebten Gedanken machen und versuchen, Ihre Entscheidung nachzuholen. Alleine schon um Ihnen das zu ersparen, darf man einer Auseinandersetzung mit diesem Thema nicht ausweichen.[2]

Oberdorfer: Was spricht eigentlich dagegen, eine Pflicht zur Organspende einzuführen?

Erlinger: Ich persönlich tendiere tatsächlich in diese Richtung, weil ich viele gute Gründe sehe, die dafür sprechen, seine Organe zu spenden. Aber ich glaube – damit sind wir jetzt wieder bei dem engen persönlichen Gewissensbegriff: Hier geht es tatsächlich zentral um die Persönlichkeit. Um die Frage, inwiefern ich bereit bin, ich es mir vorstellen kann, nach meinem Tod Teile meines Körpers zur Verfügung zu stellen, damit, wenn man es hart formuliert, unvollständig beigesetzt oder verbrannt zu werden und damit – je nach persönlichem Glauben oder Weltanschauung – womöglich unvollständig in ein weiteres Leben zu kommen. Das ist etwas sehr Persönliches, und daher wäre eine komplette Pflicht zur Organspende ohne Ausnahmen sicherlich schwierig. Aber ich persönlich befürworte die Widerspruchslösung: Der Ausgangspunkt, der Regelfall ist, dass jeder zur Organspende zur Verfügung steht. Und wer das nicht will, widerspricht und kann sich ohne großen bürokratischen Aufwand, ohne Probleme und ohne es begründen zu müssen, in eine zentrale Kartei eintragen lassen, die immer abgefragt werden muss, bevor Organe entnommen werden. Das hielte ich persönlich, nach meinen moralischen Vorstellungen für richtig.

Oberdorfer: Sind Fragen wie diese eigentlich Fragen, die Ihnen nahegehen? Bei denen Sie nicht mehr oder weniger distanziert sagen können: Du sollst es so machen, oder: Du sollst es lassen. Sind das Fragen, die Sie in Ihrer eigenen Identität berühren? So scheint es doch hier zu sein: Dieses Gefühl, etwas passiert mit meinem Körper, über den ich nicht mehr verfügen kann. Geht das Ihnen auch nahe? Wie gehen Sie mit solchen Fragen um?

Erlinger: Damit habe ich persönliche eher weniger Probleme. Mir gehen mehr die Fragen nahe, bei denen ich merke, da befindet sich jemand in einem echten Dilemma, das man auch nicht lösen kann, für das es keine Antwort gibt. Nicht, weil es zu persönlich ist, sondern weil ich weiß, egal was ich dazu sage, es ist in einer Hinsicht eigentlich ein falscher Rat. Es gibt nun einmal die echten klassischen Dilemma-Situationen, die man aus der griechischen Tragödie kennt. Die gibt es auch im täglichen Leben, und wenn ich auf eine derartige Frage antworten soll, muss ich am Schluss schreiben: Na ja, Sie können sich jetzt so oder so entscheiden, es ist immer richtig bzw. es ist immer falsch. Im Endeffekt muss ich zugeben, ich kann das auch nicht lösen. Das geht mir persönlich näher, und ich überlege: Vielleicht sollte ich dazu gar nichts schreiben.

Oberdorfer: Gibt es Fragen, um die Sie sich gerne drücken würden? Bei denen Sie sagen: Das ist eine ernste Frage, aber da bin ich mit mir so sehr im Unreinen, dass ich sie lieber nicht beantworten würde?

Erlinger: Ich habe zum Beispiel eine Frage jahrelang vor mir hergeschoben, unter anderem aus der schlichten Tatsache heraus, dass ich sie nicht lösen konnte. Diese Frage ist schnell und einfach berichtet. Sie kam in verschiedenen Varianten und kommt immer wieder, aber immer mit demselben Grundtenor. Jemand schreibt, er oder sie bekommt viele Spendenaufrufe der Art – das kennt man selbst auch, vor kurzem habe ich erst wieder einen in der Bahn gelesen –: Für einen Euro kann man ein Kind impfen lassen, für zwei oder drei Euro kann man ein Kind vor Blindheit schützen, für fünf Euro bekommt ein Kind für einen Monat sauberes Trinkwasser usw. Und der Fragesteller schreibt, er sei zwar nicht besonders reich, aber verglichen mit diesen Menschen geht es ihm sehr gut, und er fragt sich, ob er sich denn für drei Euro einen Milchkaffee leisten darf, wenn er weiß, dass er, wenn er auf den Milchkaffee verzichtet und das Geld spendet, einem Kind das Leben rettet. Ist es denn noch überhaupt vertretbar, ein Leben wie das unsere zu führen? Diese Frage habe ich sehr lange vor mir hergeschoben. Als dann ein Sammelband über Ethik und Weltarmut erschien, herausgegeben von zwei Ethikern vom Ethikzentrum Zürich,[3] habe ich die Gedanken, die in diesem Band enthalten waren, referieren können und bin auch zu einem Ergebnis gekommen.[4] Dennoch habe ich immer noch das Gefühl, wenn man es ganz konsequent zu Ende denkt, bleibt es schwierig, den Milchkaffee zu trinken. Und ich habe mich lange vor einer weiteren Frage gedrückt, das ist die Frage nach der Kleidung, die wir irgendwo kaufen. Es muss jetzt nicht einmal in besonders billigen Modeketten sein, da werden immer zwei Buchstaben genannt. Aber ich glaube, bezogen auf die Entstehungsbedingungen der Kleidung ist selbst das teuerste Luxuslabel wahrscheinlich nicht viel besser. Dennoch: Kann man es verantworten, für fünf Euro ein T-Shirt zu kaufen, bei dem man davon ausgehen muss, das muss unter Bedingungen hergestellt worden sein, die Natur und Menschen ausnutzen?[5]

Oberdorfer: Glücklich der, der sich einen Milchkaffee kaufen und trotzdem für Afrika spenden kann... Aber das geht natürlich auch nicht immer. Wenn man Ihre Kolumne regelmäßig liest, gibt es Fälle, die so alltagsnah sind, dass sie einem fast banal erscheinen. Ich erinnere mich an die Frage des Besuchers eines Rockkonzertes, der immer hinter den Großen steht und die Band nicht sieht, und dann ist die Frage: Sollte der, der groß ist, nicht weiter nach hinten gehen?[6] Ein Problem, das mir als nicht sehr großem Menschen lebensweltlich sofort eingeleuchtet hat. Aber es gibt natürlich auch Fragen, bei denen man eine besondere existentielle Dringlichkeit spürt, wo man merkt, da kommt man unmittelbar auf elementare Fragen der Lebensführung zu sprechen. Gibt es Fragen, die Ihnen in dieser Hinsicht besonders nahegegangen sind, die Sie besonders schwierig fanden?

Erlinger: Die schwierigste Frage, dich ich je beantwortet habe, war eigenartigerweise die erste Frage, die mir zugeschickt wurde. Wir haben die Kolumne 2002 gestartet, und es gab dann den ersten Aufruf, der seitdem wöchentlich wiederholt wird, die Leser mögen doch bitte Fragen einschicken. Und von Anfang an kamen viele Fragen. Das ist jetzt in all den Jahren ungebrochen, also es nimmt nicht ab und läuft auf einem ziemlich exakten Level von fünfzig bis hundert Fragen pro Monat. Aber ich glaube, es war tatsächlich die erste Frage, die kam, eine Frage, die mich dann jahrelang beschäftigt hat, weil ich sie zunächst auch nicht lösen konnte. Da schrieb Anna S. aus Weilheim:

»*Bei einem Besuch im Gefängnis von Khartoum wurde mir ein 21-jähriger Sudanese, Mohamed, vorgeführt, der einen Menschen getötet hatte und dafür zu lebenslanger Haft verurteilt wurde. Nach islamischem Recht, der Scharia, ist es möglich, Inhaftierte mit einem Lösegeld für die Familie des Getöteten freizukaufen. Ich hatte das Geld, in diesem Fall 800 US-Dollar, weil mich großzügige Sudanesen zu sich einluden und nicht erlaubten, dass ich im Hotel wohnte. Um mich für ihre Gastfreundschaft erkenntlich zu zeigen, holte ich einen ihrer Landsleute, den Jungen, aus dem Gefängnis. Aber was ist, wenn er wieder jemanden umbringt? Zwar habe ich ein gutes Gefühl, denn ich sagte Mohamed, er solle sich nicht bei mir, sondern bei Allah bedanken. Aber trotzdem: Habe ich richtig gehandelt?«*

Das ist nun eine Frage, die eigentlich den Rahmen der Kolumne sprengt, weil man definitiv sagen kann: Das ist keine Frage der Alltagsmoral. Der Alltag der wenigsten Menschen besteht darin, andere Leute aus dem Gefängnis freizukaufen. Aber trotzdem hat mich diese Frage sehr beschäftigt, ich fand sie auch sehr schwierig und habe sie erst zwei Jahre später veröffentlicht, weil ich sehr lange dafür recherchieren musste. Und interessant ist auch: Obwohl das ja definitiv keine Alltagsfrage ist und für die wenigsten Leser von persönlicher Relevanz, erinnern sich sehr viele Leser, die die Kolumne verfolgen, an diese Frage, weil sie einfach interessant ist. Ich habe dann – nach langer Recherche – so geantwortet:

Das ist sicher eine der schwierigsten Fragen, die mir hier je gestellt wurden. Eine Antwort, die ihr voll gerecht wird, müsste sich weit umfassender mit islamischem Recht, ethischen Theorien sowie mit dem Konflikt der Rechts-, Werte- und Gesellschaftsordnungen auseinandersetzen, als es in diesem Rahmen möglich ist. Insgesamt kann ich Ihre Tat aber nicht gutheißen. Meine Nachfrage am Seminar für Arabistik der Uni Göttingen ergab, dass das, was Sie schildern, nach der Scharia ordnungsgemäß gewesen sein dürfte; allerdings entspricht es dem Sinn der Vorschrift nur zum Teil. Die Tötung eines Menschen ist im islamischen Recht eine Tat, die zuvorderst die zwischenmenschlichen Beziehungen und nur in zweiter Linie das Verhältnis des Schuldigen zu Gott beeinträchtigt. Da die göttliche Ordnung durch ein derartiges Verbrechen nicht ohne weiteres gestört wird, kann der Täter weltlich straffrei bleiben, wenn die Familie des Getöteten durch Zahlung eines sogenannten Blut- oder Wergeldes entschädigt wird.

Diese Zahlung, die üblicherweise die männlichen Verwandten des Inhaftierten aufbringen, haben nun Sie geleistet und damit die Familie des Opfers entschädigt. Allerdings stammt diese Möglichkeit aus den Zeiten der Stammesgesellschaft. Ihr liegt zugrunde, dass der Freikauf nur bei festen Familienstrukturen erfolgt, in die der Täter eingebunden ist, wodurch er an einem weiteren Verbrechen gehindert wird. Genau das war aber nicht der Fall, als Sie das Blutgeld – vor Ort ein hoher Wert – als Unbeteiligte bezahlten.

Ihr Agieren entlang des Wohlstandsgefälles hat einem Menschen nach örtlichem Recht korrekt die Freiheit geschenkt. Unabhängig davon, ob dies unseren Werten widerspricht, haben Sie dabei aber den Aspekt der sozialen Kontrolle des Täters, der auch hinter den islamischen Regeln steht, außer Acht gelassen. Meines Erachtens entsteht hier auch kein Konflikt zwischen absoluten moralischen Geboten und Folgenabwägung, wie ihn Max Weber – umstritten – als Gegensatz von Gesinnungs- und Verantwortungsethik beschrieben hat. Denn ich kann hinter Ihrem Handeln keine Überzeugung im Sinne einer ethischen Gesinnung erkennen; Sie scheinen eher von einer abstrakten Höflichkeit motiviert gewesen zu sein, wenn nicht sogar ein Quäntchen Eitelkeit im Spiel ist. Mein Schluss deshalb: Sie haben weder gegen Gesetze verstoßen, noch haften Sie für die Zukunft des Sudanesen. Ihr Handeln war sicher auch gut gemeint, an seinen Ergebnissen gemessen jedoch bedenklich.[7]

Oberdorfer: Dies ist ja nun wirklich eine schwierige Frage. Man merkt diesem kurzen Text an, dass Sie ganz intensiv recherchiert haben. Sie haben in Göttingen nachgefragt, ein gutes Beispiel dafür, dass Universitäten durchaus als Ressourcen für Fachverstand ihren Sinn haben.

Erlinger: Und ich habe mich zu einem gewissen Grad ins islamische Recht eingelesen, ein Gebiet, das mir bis dahin vollkommen fremd war – und abgesehen von diesem Bereich auch nach wie vor ist.

Oberdorfer: Und Sie haben dabei auch die Frage behandelt, wie eine Rechtsordnung und Rechtsregelungen ihre Funktion verlieren können in sich wandelnden gesellschaftlichen Verhältnissen. Sie haben die Frage aufgeworfen: Hat diese Regel des Loskaufens einen Sinn in einer Gesellschaft, in der die familiären Verbände als Kontrollinstanzen ausfallen? Und daneben noch der Aspekt des Interkulturellen, dass jemand aus Europa kommt und als Gastgabe 800 Dollar mitbringt und dann einen Mörder freikauft.

Wie lange brauchen Sie denn, um so etwas zu schreiben? Das war wahrscheinlich schon eine sehr aufwendige Recherche.

Erlinger: Das stimmt tatsächlich. Ich könnte eine solche Frage nicht jede Woche beantworten. Nachdem ich an dieser Frage deutlich länger als eine Woche gearbeitet habe, ginge das auch schon rein logisch vom Zeitaufwand her nicht. Aber das ist wie gesagt eine Ausnahme. Meistens habe ich, abgesehen vom Rechercheaufwand, der unterschiedlich ist, ein bis zwei Tage reine Schreibarbeit, also am Computer sitzen und Text produzieren. In Anbetracht des Umfangs, den meine Antwort hat, erscheint das vielleicht als geradezu absurd lange. Aber es liegt wohl auch gerade an dieser Kürze. Hätte ich doppelt so viel Platz zur Verfügung, würde ich es in wesentlich weniger Zeit schreiben können. Aber so muss ich meistens, wenn ich die Lösung einmal entwickelt und aufgeschrieben habe, sie anschließend kürzen – dass es zu kurz wurde, ist mir noch nie passiert. Und das bedeutet normalerweise, ich muss verdichten, weil die Lösung ja einem bestimmten Gedankengang folgt, da kann man oft nur schwer etwas komplett streichen. Und ich muss auch sehen, dass ich den Leser bei der Stange halte, dass er bereit ist, sich in seiner Freizeit auf einen oft nicht ganz einfachen Gedankengang einzulassen. Deshalb ist es auch immer wichtig, dem Text eine möglichst klare Struktur zu geben, so dass sich der Faden, der sich durch die Lösung zieht, auch scharf abzeichnet. Und das ist dann bei dieser sehr kurzen Form viel Arbeit. Ich merke das, wenn ich die Dinge – wie hier im Gespräch – erzähle oder zum Beispiel in einem Buch mehr Platz habe. Dann kann man bei einer nicht ganz so einfachen Formulierung etwas nachschieben, man erläutert das, was man gerade gesagt hat, noch einmal ein wenig anders. Das ist nicht möglich bei dieser wahnsinnig kurzen Form, weil ein zusätzlicher Satz, das sind 100 oder 150 Zeichen, einfach keinen Platz hätte. Das bedeutet, es muss jedes Wort komplett klar, prägnant und unmissverständlich sein. Das sollte es natürlich bei jedem Text, aber hier besonders. Und das führt dazu, dass ich manchmal an einem Wort oder einer Formulierung zwei Stunden lang mit Lexikon, Thesaurus und Synonymwörterbuch arbeite, bis ich etwas finde, das es in diesem einen Wort exakt trifft. Diese Arbeit könnte ich mir ersparen, wenn ich diese hundert Zeichen mehr hätte, um einen erläuternden Satz dazu zu schreiben.

Oberdorfer: Aber Sie könnten den Illustrator bitten, dass er kleiner zeichnet.

Erlinger: Ja, da habe ich schon alles Mögliche versucht. So nach dem Prinzip: Das merkt doch keiner, wenn man den Text von Schriftgröße 11 auf 10,5 setzt, usw. Da schauen mich die Graphiker an, als wenn ich vollkommen verrückt geworden wäre. Und dann natürlich immer auch der Kampf der Graphik, des Artdirectors, die gerne große Leerräume und freie Seiten und Platz haben. Wobei man zugeben muss, dass das auch sehr wichtig für ein Magazin ist, das ja auch von seiner Optik lebt. Man muss sogar oft darum kämpfen, dass nicht schleichend bei der nächsten Layoutüberarbeitung plötzlich wieder zugunsten der Optik die Spaltenbreite verkleinert wird.

Oberdorfer: Was Sie da über die Kürze sagen, das ist etwas, was Studierende bei Referaten auch häufig erfahren: Die langen Referate sind manchmal einfacher zu schreiben als die kurzen. Weil man sich bei den langen Referaten unbeschränkt und hemmungslos auslassen kann, während man in der Kürze alles ganz genau überlegen muss. Aber das macht bei Ihnen ja auch den Lesegenuss aus, dass es wirklich so auf den Punkt gebracht ist.

Erlinger: Aber eben schwer erkauft. Ich will mich jetzt aber auch nicht beschweren, das ist meine Arbeit. Ein früherer Chef von mir, als ich in der Chirurgie arbeitete, hat an einer solchen Stelle einmal gesagt: Das ist dein Job – gesprochen mit »J«, wie in Junge, das musst du einfach machen. Und so ähnlich sehe ich das: »Das ist mein Job«.

Oberdorfer: Das hat ja geradezu etwas Preußisches. Man muss den Job an guten und an schlechten Tagen durchziehen. Es gibt ja wahrscheinlich auch Fragen, die Ihnen sympathischer sind und weniger sympathisch. Fragen, bei denen Sie sofort darauf anspringen, oder andere, bei denen Sie sagen: Na ja, muss ich vielleicht mal machen, aber eigentlich lieber nicht. Gab es denn eine Frage, die Ihnen auf Anhieb besonders sympathisch war, bei der Sie sofort sagten: Da muss ich jetzt was dazu machen?

Erlinger: Ja, es gab eine solche Frage, die habe ich bei der letzten Vorlesung, der zu Innovation und Ethik, am Schluss gebracht (siehe Seite 235). Wer da war, erinnert sich vielleicht. Für die, die es nicht gehört haben: Da schrieb jemand, dass er immer beim Umsteigen am Marienplatz aufgefordert wird: »Bitte an allen Türen gleichzeitig zusteigen!« Und er fragt sich, wie er das machen soll. Er könne doch immer nur an einer Tür zusteigen und ob er dann wieder aussteigen soll und an einer anderen Tür zusteigen. Diese Frage fand ich einfach wunderbar. Es gibt aber noch eine weitere Frage, die ich sehr mochte, die jetzt doch, glaube ich fast, in all den Jahren meine Lieblingsfrage geworden ist. Hier schrieb nämlich Petra G. aus München:

»In einer verzwickten emotionalen Situation verschickte ich in einem Anfall von Übermut einen Liebesbrief. Da der Empfänger gerade verreist war, grübelte ich mehrere Tage, ob diese Aktion richtig war. Schließlich nagten die Zweifel so an mir, dass ich zu der Adresse fuhr und den zugestellten Brief wieder aus dem Briefkasten zog. Habe ich mich als Absenderin und

›*Diebin*‹ *des Briefs in einer Person dennoch des Postraubs* *schuldig gemacht? Wenig später habe ich den Brief übrigens* *doch noch persönlich übergeben...«*

Diese Frage stellen Sie einem gelernten Juristen? Dem sofort Begriffe durch den Kopf schwirren wie Herrschaftsbereich des Empfängers, Gewahrsamsbruch, Diebstahl und Schlimmeres? Schon das bloße Nachdenken darüber vermag bedrohliche Schatten auf Ihr hoffentlich bis dato jungfräuliches Vorstrafen- register zu werfen. Und jetzt wollen Sie wahrscheinlich von mir hören, dass die Übertretung von einem halben Dutzend Gesetzen in diesem Fall in Ordnung ist.

Geschätzte Staatsanwälte, Rechtstheoretiker, Erziehungs- berechtigte, Medienwächter und alle, die sonst noch Anstoß an öffentlicher Billigung von Straftaten nehmen könnten: Bit- te lesen Sie nicht weiter. Denn, liebe Frau G., meinen Segen haben Sie. Ich könnte jetzt ein paar hundert Zitate bringen, warum die Liebe alles erlaubt, aber glauben Sie es mir ein- fach. Zwar halte ich nicht so viel davon, sich der ersten Stimme des Herzens zu widersetzen, und auch bei Ihnen scheint ja am Ende der spontan abgeschickte Liebesbrief rich- tig gewesen zu sein. Doch Ihre Tat ist nicht vorwerfbar. Das, was den eigentlichen Zauber der Liebe und ihres ersten An- walls, des Verliebtseins, ausmacht, ist der Wahnsinn, das Lo- dern, das Unbedingte, das Nichtbedenken der Folgen. Wenn der Geliebte am anderen Ende der Welt lebte, man flöge hin, auch wenn man ihn nur kurz sähe und es vermeintlich »nicht lohnt«. Alles lohnt sich, wie Irving Berlin dazu schrieb, in seinem wunderbaren Song *How Deep Is The Ocean?:* »How far would I travel / To be where you are? / How far is the journey / From here to a star?« Was zählt da schon ein lächer- licher Postraub? Des eigenen Briefes? Gegenüber einer Him- melsmacht?

Sie waren schlicht nicht zurechnungsfähig. Falls Sie in dieser Sache einen Verteidiger brauchen, rufen Sie mich an. Ich pauk Sie da raus![8]

Oberdorfer: War das eine Einladung? Wir haben ja Ihre Adresse. Ich kann mir vorstellen, dass Ihre Kolumne auch auf massive Reaktionen stößt. Ich kann mich erinnern, als ich einem Kollegen erzählte, dass Sie nach Augsburg kommen, da sagte er mir: Ich lese die Kolumne regelmäßig, aber ich bin meistens anderer Meinung. Ich kann mir vorstellen, dass viele Leute ihre andere Meinung oder auch ihre Zustimmung Ihnen zukommen lassen. Wie gehen Sie denn mit diesen Reaktionen um?

Erlinger: Interessanterweise gibt es im Verhältnis zur Zahl der eingehenden Fragen eher wenig Reaktionen. Auch wenn das zugenommen hat, seit man im Internet unter den Kolumnen im Forum diskutieren kann. Das ist ja auch eine explizite Einladung, sich zu äußern. Dennoch kommt bei der Mehrzahl der Kolumnen gar nichts, dann kommen bei manchen mal eine oder zwei Zuschriften, aber bei einigen wenigen dann viele. Ein interessantes Phänomen: Zuschriften kommen häufig im Cluster. Also wenn es mal mehr als eine oder zwei Zuschriften gibt, dann kommen gleich etliche. Aber nicht, weil ein bestimmter Fehler in der Kolumne ist oder ich einen Aspekt übersehen habe – das kommt natürlich auch vor, auch wenn ich mich bemühe, es zu vermeiden. Nein, die Zuschriften im Cluster beziehen sich nicht auf den gleichen Punkt in der Argumentation, wie das ja bei einem Fehler der Fall sein müsste, sondern es scheint am Thema zu liegen. Es gibt Themen, bei denen immer Reaktionen ausgelöst werden. Mit der Zeit weiß man auch, welche es besonders sind. Man muss nur das Wort »Pelztiere« irgendwie in die Zeitung bringen, schon hat man eine Arbeitsbeschaffungsmaßnahme für die Poststelle, weil dann die Leserbriefe massiv kommen. Das funktioniert normalerweise auch beim Thema Fleisch essen, Vegetarier, Veganer usw. Und vor allem auch Katzen. Ganz gleich, was man über Katzen schreibt, es kommt eine Menge von Zuschriften, meist von sehr großer Katzenliebe getragen. Viel mehr übrigens als bei Hunden. Aber die Frage, die tatsächlich die meisten Leserbriefzuschriften hervorgebracht hat, war eine ganz andere. Da schrieb Britta B. aus Berlin:

»Bei Kopfsteinpflaster fahren viele Radfahrer lieber auf dem Gehweg. Wenn mir mit meinem Kinderwagen welche entgegenkommen, schiebe ich ungerührt weiter in der Mitte des Gehweges. Ich gebe zu, dass manchmal Platz zum Ausweichen wäre – ich habe dazu aber keine Lust, weil ich zu Recht auf dem Gehsteig bin und die Fahrradfahrer unrechtmäßig. Stimmen Sie mir zu, dass Radfahrer, die die Unbequemlichkeit des Kopfsteinpflasters fürchten, auf dem Bürgersteig nicht erwarten können, von Fußgängern durchgelassen zu werden?«

Natürlich stimme ich Ihnen zu, dass Radfahrer, welche, um nicht durchgeschüttelt zu werden, unrechtmäßig und straßenverkehrsordnungswidrig auf dem Gehweg fahren, nicht erwarten können, von Fußgängern durchgelassen zu werden. Für eine solche Erwartung ist unsere Gesellschaft nämlich viel zu rechthaberisch. Die Radfahrer könnten allenfalls eine Hoffnung hegen – mehr eine fromme denn berechtigte.

Anders ausgedrückt: Ich bin fassungslos. Nicht über Ihre Frage oder das Problem, nicht einmal so sehr über das Nichtausweichen, sondern schlicht über Ihre Begründung. Würden Sie argumentieren, wie mühsam es ist, den Kinderwagen zur Seite zu wuchten, oder auch nur dass es nervig sei, um die rasenden Radler herum Buggy-Slalom zu fahren, Sie hätten jedes Verständnis der Welt für Ihr Beharren. Ginge es um Engstellen, niemand verlangte von Ihnen, sich irgendwo an den Rand zu quetschen, schon gar nicht mit einem Baby. Wenn aber genügend Platz da ist und es für Sie kein Problem dar-stellt auszuweichen, warum tun Sie es dann nicht? Nur um recht zu behalten? Tut mir leid – dafür habe ich kein Verständnis.

Nicht um den Radfahrer in Schutz zu nehmen. Würde er mich fragen, er erhielte die Antwort, dass der Gehweg den Fußgängern gehört, er die Verkehrsregeln beachten und sich ansonsten in Berlin ein holpertaugliches Rad zulegen soll. Man kann schließlich auch nicht im Dezember mit Sommerreifen in die Alpen fahren.

Der Gehwegradler befindet sich im Unrecht, Sie im Recht. Und trotzdem sind Sie es, die mit ihrer Rechthaberei einen Spaltpilz in das Zusammenleben trägt, nicht der Verkehrssünder – vorausgesetzt, er lässt Fußgängern den Vorrang und fährt so vorsichtig, dass er niemanden gefährdet. Von der Polizei bekommt er das Ticket, von mir aber erhalten Sie es.[9]

Bei dieser Frage kam tatsächlich ein ganzer Schwall an Zuschriften. Und was mich daran gefreut hat, war: Es waren ziemlich genau 50 %, die schrieben: Was für eine Unverschämtheit, diese arme Mutter so anzugehen! Bitte leiten Sie meinen Brief an die Fragestellerin weiter! Es ist unglaublich, was Sie da geschrieben haben, usw. Und die anderen 50 % schrieben: Vielen Dank, Sie haben mir aus dem Herzen gesprochen! Wie wunderbar, dass endlich mal jemand etwas gegen diese Rechthaberei hierzulande schreibt. Und das freut den Autor dann natürlich: Wenn man 50 % so, 50 % so bekommt, kann man nicht ganz falsch gelegen haben. Aber generell: Das Thema »Radfahrer« löst immer viele Leserbriefe aus, oft sehr aggressive gegen die Radfahrer.

Oberdorfer: Bei dieser Frage, und das fällt mir bei anderen Ihrer Antworten auch auf, habe ich den Eindruck, dass für Sie wechselseitige Rücksichtnahme, wechselseitige Achtung, sozusagen die reflexive Vorwegnahme der Auswirkung des eigenen Verhaltens bei anderen, ein ganz zentraler Aspekt ist. Ist das richtig?

Erlinger: Ja, auf alle Fälle. Ich glaube, diese Rücksichtnahme – Sie haben das gerade sehr schön formuliert – ist wirklich ein zentraler Punkt unseres Zusammenlebens. Zum einen, dass man dem anderen Freiraum lässt, zum andern vor allem aber auch, dass man damit – neben aller praktischen Konfliktvermeidung – die Achtung gegenüber dem anderen ausdrückt. Und ich glaube, dass das etwas ist, was z. B. bei einer Betrachtung allein der Rechte und Pflichten, wie sie oft vorgenommen wird, meist zu kurz kommt. Dass nämlich, gerade wenn man über Rechte nachdenkt: Was darf ich tun? Welches Recht habe ich? dass dabei dieser zusätzliche Aspekt der gegenseitigen Rücksichtnahme leider meistens in Vergessenheit gerät. Und ich fände es schön, wenn es mir gelänge, diesen Aspekt ein wenig zu befördern.

Oberdorfer: Sie haben ja in einer der ersten Vorlesungen über den Unterschied von Recht und Moral gesprochen. Das kann man jetzt auch wieder heranziehen. Sie haben, glaube ich, gesagt, einer der unsympathischsten Sätze ist der: Das ist mein gutes Recht! Und bei der Frage, die wir gerade gehört haben, könnte man ja wieder daran denken und zu der Einsicht kommen, dass es eine rücksichtslose Form gibt, das eigene Recht durchzusetzen. Und dass so etwas wie eine Selbstzurücknahme in solchen Fällen das Angemessenere sein könnte. Es gibt sozusagen einen moralisch problematischen Umgang mit dem eigenen Recht.

Erlinger. Ja, das sehe ich ganz genau so. Eine Sache muss man sich erst einmal klarmachen. Als ich Jura studierte, war eine meiner ersten Vorlesungen bei Wolfgang Fikentscher, dem großen Methodenlehrer. Irgendwann im Laufe des Semesters hat ihn dann einer von uns Studenten in der Vorlesungen darauf angesprochen, dass er laut Studienordnung das Recht hat, eine zusätzliche Klausur abzuhalten, oder irgendwas in dieser Richtung. Darauf antwortete er sinngemäß, dass zum Prinzip eines Rechts gehört, dass man es nicht ausüben muss. Das ist mir in Erinnerung geblieben, obwohl es mittlerweile schon etliche Jahre her ist. Eigentlich eine Selbstverständlichkeit: Ein Recht bedeutet noch lange nicht, dass man es ausüben muss.

Oberdorfer: Das ist ein Satz, den ich in mein Repertoire als Dekan aufnehmen sollte. Ich habe mich gefragt, was eigentlich das Faszinierende an Ihrer Kolumne ausmacht, was vielen Lesern Woche für Woche daran gefällt. Und ein wichtiger Punkt ist, glaube ich, die Vielfalt und die Breite des Spektrums an Aspekten, die Sie für Ihre Antworten heranziehen. Da ist von der Literatur über Filme oder Comics oder natürlich die ethisch-philosophische Tradition eigentlich alles zu finden. Wie wählen Sie denn die Aspekte aus, die Sie dann in Ihren Antworten zur Anwendung bringen?

Erlinger: Ja, das ist tatsächlich eine schwierige Frage, die mich Woche für Woche beschäftigt. Eigentlich, glaube ich, sehr viel assoziativ. Wenn ich die Frage lese, beginne ich zu assoziieren: Wo gehört das am ehesten hin, was passt dazu am ehesten? Und vor allem, das ist aber damit verbunden: Wo liegt denn jetzt eigentlich der

Punkt? Manchmal fällt mir dann auch ganz spontan etwas ein. Zum Beispiel bei folgender Frage, bei der hatte ich beim Lesen spontan eine Assoziation und damit die Idee für die Antwort. Da schrieb Carola B. aus Hannover:

>>*Meine Freundin war bei mir zu Besuch und hat während dieses Aufenthalts beschlossen, sich von ihrem Mann zu trennen. Da sie nach dem Besuch nicht nach Hause fahren wollte, hat sie ihm die Neuigkeit per E-Mail mitgeteilt. Ich habe sie dabei nicht unterstützt, da ich ihr Verhalten nicht in Ordnung fand. Allerdings hat meine Freundin meinen PC und meine Mail-Adresse für den Trennungsbrief benutzt. Habe ich mich damit gegen ihren Mann gestellt? Oder habe ich loyal zu meiner Freundin gestanden?*<<

Als ich diese Frage gelesen habe, ist vor meinem geistigen Auge ein Bild aufgetaucht, ein Bild aus einem Bereich, den man nun nicht gerade als die typische Quelle für ethisch-moralische Betrachtungen empfinden würde, nämlich folgender:

In der amerikanischen Fernsehserie *Sex and the City* dreht sich eine ganze Folge darum, dass die Hauptprotagonistin Carrie Bradshaw von ihrem Freund mittels eines kleinen gelben Post-it-Zettels den Laufpass erhält. »I'm sorry, I can't, don't hate me«, steht darauf. Carrie ist so verstört, dass sie einen Joint raucht und verhaftet wird. Der New Yorker Polizist, dem ja kaum eine Grausamkeit fremd sein dürfte, will zunächst gar nicht glauben, dass eine derart beiläufige Trennung möglich wäre, lässt Carrie aber mit den Worten »Wow, brutal« laufen, als sie zum Beweis den Zettel von innen an die Scheibe des Streifenwagens hält.

Das Mitgefühl des Polizisten ist nachvollziehbar: Verlassen zu werden gehört zu den größten Erschütterungen der Persönlichkeit, schnell entsteht dabei das Gefühl der eigenen Minderwertigkeit. Umso wichtiger ist es, dass die Form des Abschieds so ein Gefühl nicht noch verstärkt, sondern dem Partner vermittelt, trotz der Trennung »etwas wert zu sein«. Damit aber verbieten sich alle Kommunikationsmittel, die erfunden wurden, um Zeit und Mühen zu sparen, wie Post-its, SMS, aber eben auch E-Mail und meist sogar Telefon.

War es dann richtig, die Freundin an Ihren Computer zu lassen? Schließlich ist es deren Sache, wie sie ihre Beziehung führt und beendet, und Sie schulden ihr Loyalität. Ich finde: nein. Ein Verhalten, das Sie für völlig falsch halten, sollten Sie auch nicht unterstützen. Grundsätze für das eigene Verhalten zu beachten bedeutet keine Einmischung in fremdes. Und ein Handeln gegen die eigene Überzeugung könnte die Loyalität nur gebieten, wenn die Person, der man sie schuldet, keine Alternative hat; das aber trifft hier nicht zu. Bildlich gesprochen: Wenn Ihre Freundin die Psyche ihres Mannes mit Füßen treten will, dann bitte in eigenen Schuhen.[10]

Oberdorfer: Darauf haben Sie wahrscheinlich viele Reaktionen bekommen, oder nicht?

Erlinger: Nein, es waren eigentlich wenige Reaktionen. Gut, man kann natürlich – wie fast immer – über den Inhalt und hier vor allem über den Weg dorthin und die Begründung streiten, aber ich glaube, das hat man hier auch an der Reaktion des Saales beim Lesen gehört, dass da doch wohl die meisten zustimmen können: Dass ein solches Vorgehen nicht richtig ist.

Oberdorfer: Aber was an der Sache sehr schön deutlich wird, ist, dass Sie häufig auf mehreren Ebenen antworten. Das war schon beim Radler und dem Kinderwagen so, dass Sie sagen, der Radler ist im Unrecht, aber es gibt noch andere Ebenen. Und das ist ja hier auch ganz deutlich. Dass es also um die Frage der Beendigung der Beziehung geht und daneben oder danach um die Frage, wie soll die Freundin agieren, die den PC zur Verfügung stellen könnte oder es auch verweigern könnte. Fast so wie mehrere Schalen, die da eine nach der anderen aufgemacht werden.

Erlinger: Ich glaube, ich kann manchmal nicht ganz leugnen, dass ich von meiner Ausbildung her Anatom bin und mir deswegen das Sezieren sehr liegt. Und vielleicht habe ich deshalb immer das Gefühl, man muss das Problem zunächst sezieren, Schicht für Schicht abtragen, bis man dann am Schluss wirklich den Kern herausgeschält hat. Wie bei Zwiebelschalen. Oft ist das Hauptproblem bei diesen, ja, Konflikten oder »Gewissensfragen«, dass mehrere Aspekte miteinander verwoben sind und man sie zunächst als Erstes scharf trennen muss: alles, was vom Kernproblem wegführt, abtrennen, abschneiden. Und dann kann man jeden einzelnen Aspekt versuchen abzuarbeiten. Und wenn man diese Überlegungen dann aufeinander aufbaut, kann man das Gesamtproblem dann auch lösen. Das ist oft wirklich reine Sektionsarbeit.

Oberdorfer: Jetzt haben Sie hier als Quelle eine Fernsehserie herangezogen. Es ist ein schönes Beispiel, wie künstlerische Produktionen zu ethischer Urteilsbildung anregen können. Wir haben hier in Augsburg ja den Studiengang »Ethik der Textkulturen«, und wir sollten dieses Beispiel dort durchaus einmal ins Spiel bringen, um zu zeigen, wie das laufen kann. Mir gefiel aber auch eine Geschichte sehr gut, wo Sie, wie Sie mir berichtet haben, über den Besuch einer Oper zu einem veränderten Blick auf die Geschichte gekommen sind.

Erlinger. Das war folgende Frage. Es schrieb Thomas K. aus Berlin:

»*Ich hatte eine Liebesbeziehung, bei der ich ›mehr Beziehung‹ wollte als die andere Person. Sie war zwar verliebt, erklärte jedoch schnell, dass sie keine Verpflichtungen wünsche. Ich litt darunter, beendete unsere ›unverbindliche Beziehung‹ aber erst nach einem halben Jahr, da ich sehr verliebt war und zunächst dachte, damit umgehen zu können. Nun schwanke ich zwischen zwei Ansichten: zum einen, dass ich erwachsen bin und damit für mich selbst verantwortlich – mir wurde ja nichts vorgemacht. Andererseits finde ich, sie hätte sich nicht darauf einlassen dürfen, da ihr klar war, dass sie mich verletzt. Was meinen Sie?*«

Ich hatte dazu eine Antwort geschrieben und an die Redaktion geschickt – der normale Produktionsprozess. Und in dieser Antwort hatte ich geschrieben, dass hier ein Machtungleichgewicht vorliegt. Dass hier derjenige, der stärker verliebt ist, sich alles Mögliche erhofft, während der andere das kühl sieht und deshalb, weil er nicht so in seinen Gefühlen gefangen ist, eine deutlich stärkere reale Möglichkeit hat zu reagieren. Und wenn ein derartiges Machtungleichgewicht vorliegt, trägt immer der Mächtigere eine erhöhte Verantwortung. Deshalb hätte derjenige, der merkt: Moment, hier gibt es eine Schieflage und die kann nur ich beseitigen, sagen müssen: »Schluss!« So in der Art hatte ich das geschrieben. Und dann war ich abends in der Oper und habe, fast wie bei der Nachtkritik, nach der Oper schnell meinen Redakteur angerufen und gesagt: Bitte arbeitet morgen nicht weiter mit dem Text, ich schicke euch im Laufe des Tages eine neue Version, ich sehe das jetzt anders. Und habe dann am nächsten Tag folgende Lösung geschrieben, die dann auch veröffentlicht wurde:

Das Grundproblem Ihrer Frage kennt jeder, meist sogar von beiden Seiten. Bei seiner Bewertung bewegt man sich zwischen zwei Prinzipien. Das eine nenne ich das »Volljährigkeitsprinzip«: Ein Volljähriger muss wissen, was er tut. Das andere ist das »Verantwortungsprinzip«: Macht ist mit Verantwortung verbunden, und deshalb muss bei einem deutlichen Ungleichgewicht der Stärkere auch im Interesse des Schwächeren handeln.

Genau das ist aber auch eine Bevormundung, die sehr unerwünscht sein kann. In Händels Oper Rodelinda singt der liebeskranke Grimoaldo: »Traurig, krank liegt mein Herz darnieder, / doch sein Leiden gefällt ihm so gut, / dass nach Frieden es sich nicht mehr sehnt.«

Im Grunde muss es jedem unbenommen bleiben, auch unglücklich zu lieben. Allerdings mit Einschränkungen: Notwendig ist absolute Offenheit, man darf niemals mit dem anderen spielen, und eine Grenze hat alles, wenn einer heftig leidet und darin gefangen ist. Liebe macht nämlich nicht nur blind, sondern vor allem taub: Was ein schwer Verliebter nicht hören will, hört er einfach nicht. Ein »Read my lips: I do NOT love you!« weiß er problemlos als verklausulierten Liebesschwur zu deuten. Und selbst bei klarem Erkennen kann es an der Kraft mangeln, Konsequenzen zu ziehen. In derartigen Fällen ist der Nichtliebende deutlich stärker und trägt deshalb Verantwortung.

Bei Ihnen dagegen waren beide verliebt, beide wollten eine Beziehung, wenn auch in unterschiedlicher Form. Hier besteht ein gewisses Gleichgewicht, und man muss sich auch davor hüten, Entscheidungen des eigenen Lebens als moralische Last auf andere abzuwälzen.[11]

Oberdorfer: Das ist eine bemerkenswert differenzierte Antwort. Sie unterscheiden da ja noch zwischen unterschiedlichen Intensitätsformen der Liebe. Das ist auch etwas, das ich immer wieder beobachtet habe in Ihren Texten: dass Sie sich doch sehr darum bemühen, die Einzelfälle präzise wahrzunehmen und dann auch zu unterscheiden. Das gehört ja auch zur moralischen Urteilsbildung, und insofern sind Ihre Texte auch eine gute Schule, sich dieser Übung zu unterziehen. Mir ist im Übrigen aufgefallen, dass viele Texte zu »Liebeshändeln« vorkommen. Ist das nur der Auswahl geschuldet, oder ist das wirklich so?

Erlinger: Das ist eine berechtigte Frage. Ich habe den Eindruck, das ist tatsächlich so, wenngleich: vielleicht bin ich einfach Romantiker, und deshalb fallen mir die Liebesgeschichten am stärksten auf. Nein, es gibt tatsächlich Schwerpunkte bei der Häufigkeit der Fragen. Ich habe oft darüber nachgedacht, ob sich ein dahinter liegendes Prinzip finden lässt, wo denn die meisten moralischen Probleme im Alltag auftauchen. Sicherlich sind Beziehungen dabei stark vertreten, interessanterweise aber auch das Bahnfahren, auch in dem Bereich gibt es relativ viele Fragen. Daneben der gesamte geschäftliche Bereich und das Arbeitsleben. Aber am Ende kristallisiert sich Folgendes heraus: Je enger Menschen aufeinandertreffen oder zusammen sind, umso häufiger kommt es zu moralischen Problemen und zu Konflikten. Und in Liebesdingen ist man ja oft besonders eng verwoben. Da tauchen dann eben auch relativ häufig Probleme auf.

Oberdorfer: Eine Ihrer Antworten, eine besonders kurze, hat mir besonders gefallen, weil sie eine Quelle anzapft zur Urteilsbildung, die man auch sehr wenig erwarten würde, nämlich die Comics.

Erlinger: Da schrieb Ole W. aus München:

»*Wenn ich an einer Bushaltestelle stehe und warten muss, nehme ich mir meist aus den Zeitungsverkaufsboxen eine Zeitung und lese darin. Wenn der Bus kommt, lege ich die Zeitung wieder zurück. Bezahlen tue ich dafür nichts, da ich die Zeitung ja auch nicht mitgenommen habe. Sollte ich das Blatt vielleicht doch eher kaufen?*«

Natürlich denkt man sofort an Verleihnix, den Fischhändler bei Asterix, der großen Wert darauf legt, dass er Fische verkauft und nicht verleiht. In seinem Sinne würde ich an Ihrer Stelle folgendermaßen entscheiden: Immer wenn Sie eine Zeitungs-VERLEIHbox an der Bushaltestelle vorfinden, können Sie so verfahren, wie Sie es schildern. Wenn aber – wie Sie es beschreiben – eine ZeitungsVERKAUFSbox dort steht, sollten Sie die Zeitung auch kaufen. Falls Sie keine Bushaltestelle mit Verleihboxen kennen, scheint mir das ein Hinweis darauf zu sein, dass diejenigen, welche die Boxen aufstellen, die Zeitungshändler also, ähnlich denken wie Verleihnix, der Fischhändler, und das unentgeltliche Lesen ihrer Zeitungen nicht goutieren.[12]

Oberdorfer: Man könnte natürlich dagegen sagen, dass es einen Unterschied zwischen dem Fisch und der Zeitung gibt, weil die Rückgabe des Fisches eher unerwünscht wäre, während die Zeitung natürlich von anderen noch gekauft werden könnte. Aber im Prinzip hat das ja Überzeugungskraft, was Sie da aus Asterix abgeleitet haben. Nun waren das zwei kurze Quellen aus dem kulturellen Leben, aber natürlich kommt sehr häufig bei Ihnen auch die, wie soll ich sagen, Hardcore-Philosophie vor: Ihr häufigster Gewährsmann ist, wenn ich es recht sehe,

Kant, und auch Aristoteles wird immer wieder herangezogen und in der Gegenwart scheint einer Ihrer Lieblinge
John Rawls zu sein. Aber ich finde, das macht doch auch
einen großen Reiz Ihrer Kolumnen aus, dass Fragen, die
man vielleicht harmlos findet, bei Ihnen doch mit einer
moralphilosophischen Tiefendimension gesehen werden, und trotzdem in unterhaltsamer Form. Und da haben Sie einen Text ausgesucht, der uns das sehr schön
vorführen kann.

Erlinger: Das war eine Frage, die eigentlich relativ harmlos oder fast schon banal klingt, die ich aber auf eine Art
nutze. Das ist auch ein Prinzip dieser Kolumne, dass ich
oft gar nicht primär auf die Lösung der Frage abziele.
Natürlich, eine Lösung muss es geben, aber dass die gar
nicht die Hauptidee ist. Sondern die Hauptidee ist, an-
hand dieses Falles zum Beispiel einen interessanten
Überblick über bestimmte ethische Prinzipien zu geben.
So war es unter anderem auch hier. Hier schrieb Dieter
B. aus Hamburg:

»*Es kommt immer wieder vor, dass ich längere Zeit auf Rei-
sen bin und völlig vergesse, meine Topfpflanzen in irgendeiner
Weise zu versorgen. Dann tut es mir immer so leid, wenn ich
nach Hause komme und merke, dass eine meiner Pflanzen
meine lange Abwesenheit nicht überlebt hat. Muss ich deshalb ein schlechtes Gewissen haben?*«

Und das war meine Antwort:

Dummerweise entdeckt man in keinem Buch über Ethik das
Wort »Topfpflanzen« im Stichwortverzeichnis. Pflanzen finden
sich nur als »Pflanzen, transgene« mit Verweis auf das Kapitel
über Gen-Ethik, wo dann die Risiken der Gentechnologie erör-

tert werden. Sie haben aber ganz zu Recht weniger Sorgen, dass von Ihrer Bromelie eine Gefahr für die Ökosphäre ausgeht; Sie machen sich darüber Gedanken, dass die Pflanze Opfer Ihrer Nachlässigkeit geworden ist. Die Frage ist nun: Ist das vorwerfbar, also ethisch relevant?

Dabei geht es im weitesten Sinne um das Verhältnis von Mensch und Natur, das Gegenstand der Umweltethik ist. Wenn man eine Antwort sucht, muss man überlegen, welcher umweltethischen Richtung man folgen will. Je nachdem, wem gegenüber man eine moralische Pflicht sieht, unterscheidet man die Anthropozentrik, die alle Menschen in den Mittelpunkt stellt, oder die Pathozentrik, die leidensfähige Lebewesen einbezieht. Noch weiter greifen die Biozentrik, nämlich auf alle Lebewesen, und schließlich der Holismus, welcher alle natürlichen Dinge für schutzwürdig befindet. Ihre Amaryllis und Ihr Elefantenfuß finden sich nur in den beiden weitesten Positionen – der Biozentrik und dem Holismus – geschützt, was schon einen Hinweis darauf gibt, dass sie nicht zu den unbedingt zu bewahrenden Werten gehören.

Ich würde es jedoch anders lösen. Mir geht es darum, ob Sie etwas aus Laune heraus tun oder mit Begründung. Wenn es aus Gutdünken geschieht, fände ich es nicht einmal gut, wenn Sie Ihr Kaffeegeschirr aus dem Fenster würfen, obwohl das ganz bestimmt nicht lebt. Wenn die Vernachlässigung allerdings ein Versehen ist oder es sich einfach nicht anders lösen ließ, brauchen Sie sich meiner Meinung nach wegen Ihres zum Trockengesteck mutierten Gummibaums nicht mit Selbstvorwürfen zu zermartern.[13]

Oberdorfer: Das wird Dieter B. geholfen haben. Das ist auch ein Beispiel dafür, wie sich an diesen Alltagsfragen auch sehr grundlegende Entscheidungen des ethischen Bezugssystems offenbaren. Diese Frage entscheidet sich ja daran, was man für ethisch relevante Wesen hält. Das haben Sie ja hier sehr schön gezeigt, dass, wer Pflanzen für Wesen von ethischer Relevanz hält, der muss sagen: Es ist moralisch relevant, wenn du keinen grünen Daumen hast und die Pflanze verdorren lässt. Bei Ihnen würde man jetzt eher eine – wie soll ich sagen – aufgeklärte Anthropozentrik vermuten. Geht die Vermutung in die richtige Richtung?

Erlinger: Ja, wobei diese aufgeklärte Anthropozentrik bei mir eher in Richtung einer Pathozentrik geht. Ich bin auf jeden Fall der Meinung, dass leidensfähige Lebewesen, also leidende Tiere auch, ein ethisch zu berücksichtigender Aspekt sind. Nicht artgerechte Tierhaltung ist meiner Meinung nach nicht zu vertreten. Wo ich mir dann nicht klar bin, ist die Frage, inwiefern Tierhaltung überhaupt zu vertreten ist. Da komme ich nicht ganz zu einem Punkt. Ob der Mensch als Träger der Vernunft, wie bei Kant, oder als das beseelte Wesen ein Vorrecht hat, oder ob man sagt, alle Lebewesen sind mit eigenen Rechten ausgestattet. Da könnte ich keine definitive Antwort geben.

Oberdorfer: Es gibt ja eine Frage, die wir uns gemeinsam ausgesucht haben, bei der es um Tiere geht und den Menschen im Umgang mit Tieren oder, noch präziser, um die menschliche Wahrnehmung dessen, was Tiere miteinander tun. Ein etwas skurriler Fall, aber gerade deshalb von eigenartigem Interesse.

Erlinger: Das ist auch wieder ein Beispiel für einen weiteren Aspekt bei der Lösung einer Frage, weil ich hier zunächst eine naturwissenschaftliche Recherche betreiben musste, wie denn überhaupt die biologischen Grundlagen aussehen. Es schrieb Andrea A. aus München:

»Beim Spaziergang habe ich beobachtet, wie ein großer Erpel eine Ente im Beisein ihres Partners vergewaltigte. Die Ente selbst versuchte wiederholt zu entkommen, und auch ihr Partner, wesentlich kleiner und schmächtiger als der Aggressor, konnte trotz verzweifelter Gegenwehr die Vergewaltigung nicht verhindern. Im Wissen, dass Enten eine monogame Beziehung führen, war ich im Konflikt, ob hier ein Eingreifen angebracht ist.«

Eine Vergewaltigung ist eines der verabscheuungswürdigsten Verbrechen. Nichts dagegen zu unternehmen wäre unverzeihlich. Soweit es sich um Menschen handelt, kann hier nicht der geringste Zweifel bestehen. Aber gilt das auch für Tiere? Meiner Ansicht nach nicht.

Dies liegt nicht daran, dass ich Tieren keine Leidensfähigkeit zugestehen wollte oder dass der Mensch nicht die Verpflichtung hätte, Leid bei Tieren zu vermeiden. Man muss hier jedoch zunächst die moralische Qualität des Vorgangs als solchen betrachten und dann die des möglichen Eingreifens. Vergewaltigungen, im Tierreich auch »Zwangsbegattungen« genannt, kommen dort häufig vor, auch bei den, wenn vielleicht nicht völlig monogam, aber zumindest in Saisonehen lebenden Enten. Es besteht jedoch ein großer Unterschied zu dem Verbrechen unter Menschen: Der Erpel handelt nicht »böse« oder »unmoralisch«. Diese Begriffe sind menschlichem Handeln vorbehalten. Erst die Möglichkeit des Menschen, zwischen Richtig und Falsch zu entscheiden, erlaubt es, wie der Göttinger Anthropologe Christian Vogel betont, einem Handeln eine moralische Qualität zuzuschreiben. Die Natur kann unendlich grausam sein, böse jedoch nicht; sie ist in den Worten des englischen Biologen T. H. Huxley »moralisch indifferent«.

Naturfilme zeigen oft ein Schlachten und Fressen, das zwar äußerst blutrünstig abläuft, aber als »natürlich« hingenommen und gern beobachtet wird. Das Töten eigener oder fremder Kinder, der Infantizid zur Verbesserung der eigenen Fortpflanzungschancen, ist im Tierreich weit verbreitet. Die Schimpansenforscherin Jane Goodall berichtet davon, wie eine sozial hochrangige Schimpansenmutter die Babys niedrigstehender Mütter auffraß – unklar, ob aus Ernährungs- oder Konkurrenzgründen. Bei den Hanuman-Languren, einer indischen Affenart, die in Haremsstrukturen leben, töten neue Haremschefs regelmäßig die Kinder ihrer Vorgänger, um die nun freien Weibchen anschließend selbst zu begatten. In solchen Fällen sträubt sich unser Empfinden, doch jedes Mal geht es letztlich um das biologische Ziel der Weitergabe der eigenen Gene. Wer dies verurteilt, überträgt menschliche Maßstäbe unzulässigerweise auf das Tierreich.

Aber könnte nicht auch ein ethisch neutrales Unglück ein Eingreifen erfordern – wie es auch immer aussehen mag bei einem triebtollen Erpel in der Teichmitte? Eine derartige Forderung bei einem evolutionär entwickelten Verhalten aufzustellen hieße jedoch, sich als Mensch eine Korrekturfunktion in der Evolution anzumaßen. Der Mensch muss, da er selbst zu moralischem Handeln in der Lage ist, zwar seinen eigenen Einfluss auf die Umwelt verantworten; eine Verantwortung für die gesamte Natur zu übernehmen wäre hingegen schlicht vermessen.

Allerdings lässt mich ein Aspekt zögern. Immanuel Kant fordert richtiges Verhalten gegenüber Tieren, weil, wer grausam gegenüber Tieren sei, dies dann auch leichter gegenüber Menschen werde. Sollte das auch für das Zusehen gelten, wenn etwa derjenige, der einer Vergewaltigung unter Enten teilnahmslos beiwohnt, damit den Abscheu gegenüber diesem Verbrechen unter Menschen verliert, wäre ein Eingreifen absolut notwendig.[14]

Oberdorfer: Das Letzte finde ich ein sehr gewichtiges Argument. Sie berühren damit ein schwer einschätzbares Phänomen: die emotionale Wahrnehmung von Gewalt im Tierreich. Unter diesem Gesichtspunkt müssen wir natürlich noch einmal die Faszination von diesen

Tierfilmen überdenken, wenn Löwen Zebras reißen. Was eigentlich die Faszination ausmacht, dass wir angewidert und doch zugleich fasziniert zuschauen. Aber ich habe in meinen Notizen noch einen Bereich, der manchen von uns vielleicht noch nähergeht als das Tierreich, nämlich das Verhältnis zum Auto. Und da, fände ich, ist es wert, dass wir die entsprechende Kolumne hören.

Erlinger: Zumal ja dann als Quelle der Philosoph vorkommt, der mir emotional näher noch steht als Kant.

Oberdorfer: Kann einem Kant emotional nahe sein?

Erlinger: Das ist eine berechtigte Frage, aber ich meinte hier Sympathie für das Denken.
Hier schrieb Rafael A. aus Berlin:

»Ich habe mein Auto einem Freund geliehen. Der fuhr es gegen einen Pfosten, so dass der Wagen nun eingedellt ist. Es war klar, dass der Freund für die Reparatur aufkommen würde. Ich habe mir jedoch überlegt, dass ich die Delle in Kauf nehme und das Geld, welches mein Freund in die Reparatur gesteckt hätte, lieber anderweitig verbrauchen würde. Darf ich das auch bei einem Freund? Oder soll ich auf jede Entschädigung verzichten, wenn ich das Auto gar nicht reparieren möchte?«

Ihr Fall touchiert außer Blech zwei Prinzipien: Gerechtigkeit und Freundschaft. Für beide steht das Grundlegende bei Aristoteles, deshalb kommt man an ihm kaum vorbei. Geht es allein um die Gerechtigkeit, vertritt Aristoteles einen exakten Ausgleich: »Also ist dieses Gerechte eine Mitte zwischen einem nicht auf freiem Willen beruhenden Gewinn und Schaden und so, dass man das Gleiche nachher hat, wie man es zuvor hatte.« Ein Richter soll die Mitte finden, indem er streng arithmetisch auf der einen Seite wegnimmt und auf der anderen hinzufügt. Dies kann in Geld erfolgen, denn das Geld mache »wie ein Maß die Dinge messbar und stellt eine Gleichheit her«.

Die Schadensabwicklung innerhalb einer Freundschaft hat Aristoteles nicht speziell untersucht, dafür aber das Gegenteil, die Hilfe unter Freunden. Dort unterscheidet er: Bei einer lediglich auf gegenseitigem Nutzen beruhenden Freundschaft muss die Hilfe in der Höhe »zurückgegeben werden, soviel es genützt hat, oder noch mehr«. Bei den echten Freundschaften »aufgrund der Tugend gibt es keine Vorwürfe, und als Maß gilt die Absicht des Gebenden. Denn das Gewicht der Tugend und des Charakters liegt in der Absicht.«

Eins zu eins auf den Schaden übertragen lässt sich das nicht. Aber daran angelehnt würde ich ebenfalls gern differenzieren: Bei einem entfernteren Freund oder Bekannten scheint mir sinnvoll, nach den allgemeinen Grundsätzen, also genau arithmetisch, zu verfahren, getreu dem Spruch: »Klare Rechnung – gute Freunde«. Eine wahre enge Freundschaft hingegen sollte darüberstehen. Im strengen Umkehrschluss zu Aristoteles dürfte man sich sogar, da der Freund das nicht absichtlich getan hat, keinerlei Schaden ersetzen lassen. Dies ginge mir zu weit, aber wenn man das Auto nicht reparieren lassen möchte, kann man es dabei auch bewenden lassen.[15]

Oberdorfer: Das ist, glaube ich, eine einleuchtende Maxime gerade im Umgang mit Freunden. Das hätte ich auch als problematisch empfunden, im Umgang mit Freunden so zu agieren, wie der Fragesteller es zunächst vor hat.

Erlinger: In diesem Zusammenhang war für mich auch im Laufe der Jahre sehr beeindruckend, als ich entdeckte, dass man mehr oder weniger alles, was man zum Thema

Freundschaft substantiell vorbringen kann, im Grunde bei Aristoteles im achten und neunten Buch der Nikomachischen Ethik schon einmal gesagt findet. Und dass alles, was die nächsten Jahrhunderte und Jahrtausende über die Freundschaft und über die Philosophie der Freundschaft geschrieben und gesagt wurde, im Endeffekt darauf aufbaut. Und sehr häufig fügt es nicht einmal nur nicht viel Neues hinzu, sondern ist zum Teil sogar schlechter. Das war für mich wirklich faszinierend zu erkennen.

Oberdorfer: Das trifft sich insofern gut, als ich meine akademische Karriere mit Friedrich Schleiermachers Auslegung der Freundschaftslehre des Aristoteles begonnen habe, die ist nicht schlechter als bei Aristoteles, baut aber auf ihn auf und denkt ihn ganz eigenständig weiter.

Wir nähern uns so langsam dem Schluss, und ich will noch einen Aspekt ansprechen, der uns auch heute immer wieder begegnet ist, nämlich Ihre Neigung, auch die humoristische Dimension von ethischen Fragestellungen aufzugreifen und dann manchmal in sehr zum Lachen anregender Weise zuzuspitzen.[*]

Erlinger: Man muss ja auch den Hörer oder den Leser unterhalten. Bei Faust heißt es doch so schön: Ein Komödiant könnt' einen Pfarrer lehren.

Oberdorfer: Dann tun Sie das doch.

---

[*] Vgl. Bernd Oberdorfer: Geselligkeit und Realisierung von Sittlichkeit. Die Theorieentwicklung Friedrich Schleiermachers bis 1799, Berlin / New York 1995, S. 25 – 97.

Erlinger: Michael S. aus Erding schrieb mir:

»Ich habe öfter zum Frühstück Gäste, die gern Frühstückseier essen, und zwar immer zwei Stück pro Person. In diesem Kreis habe ich im Laufe der Zeit den Ruf erworben, ein herausragender Eierkoch zu sein. Nun plagt mich folgende Gewissensfrage: Wenn von diesen im Regelfall vier gekochten Eiern zwei platzen und etwas auslaufen – muss ich als Gastgeber dann die geplatzten Eier an meinen Platz stellen und dem Gast die heilen geben?«

Am meisten interessiert mich, wie Sie zu dem Ruf gekommen sind, ein herausragender Eierkoch zu sein. Immerhin haben Sie eine Ausfallquote von fünfzig Prozent bei einer Aufgabe, die nicht zu den ganz großen Herausforderungen der Kochkunst gehört. Was muss jemand machen, um auf diesem Gebiet als durchschnittlich angesehen zu werden? Die Eier zwischen Kühlschrank und Herd fallen lassen? Na gut, streng genommen reicht es für den Titel »schlechter Eierkoch« schon, wenn das Ergebnis jedes Mal steinhart ist. Vielleicht beruht Ihr Ruf dann auf dem Punkt, auf den Sie die Eier immer genau je nach dem Wunsch Ihrer Gäste bringen. Sozusagen der springende Punkt, dessentwegen man gern über die geplatzte Schale hinwegsieht. Und Sie stehen dann vor dem Problem, die heilen Eier korrekt zuzuordnen.

Historisch sind als Kriterium bei dieser Aufgabe zum Beispiel erworbene Verdienste bekannt. König Ludwig dem Bayern wird nachgesagt, er habe am Abend der Schlacht von Ampfing und Mühldorf die Verteilung der viel zu raren Eier selbst übernommen und so seinen getreuen Feldhauptmann belohnt: »Jedem Mann ein Ei, dem frommen Schweppermann zwei.« Inwiefern aber der Aspekt Belohnung bei Ihren Frühstücksbesuchen relevant ist, muss hier dahingestellt bleiben.

Ich persönlich würde immer mir selbst die geplatzten Eier hinstellen, allein aus Höflichkeit oder um meiner Aufgabe als guter Gastgeber gerecht zu werden. Gewissensmäßig brauchen

Sie um diese Frage aber nicht so viel Getue zu machen. Sie kennen sicher das berühmte Gedicht von Heinrich Seidel *Das Huhn und der Karpfen*, in dem es heißt: »Wenn ich um jedes Ei / so krakelte / mirakelte / spektakelte / was gäb's für ein Geschrei.« Also stellen Sie die Eier einfach irgendwie hin. Moralisch scheint mir das gehupft wie gesprungen.[16]

Oberdorfer: Das ist ja eine Frage, bei der man sich sagt: Da muss man erst mal darauf kommen, so etwas zu fragen.

Erlinger: In dieser Frage ist übrigens Aristoteles versteckt. Und zwar der »springende Punkt«, auf den man die Eier bringt. Der »springende Punkt« war eine Beobachtung von Aristoteles in seiner Naturphilosophie: das schlagende Herz, das man im befruchteten Ei findet. Daher kommt der Ausdruck »der springende Punkt«. Und deswegen habe ich den beim Stichwort Ei, ohne es zu thematisieren, reingeschmuggelt.

Oberdorfer: Ich bin gespannt, wer das gemerkt hat. Wahrscheinlich irgendein Aristoteles-Experte bei irgendeiner Akademie der Wissenschaften. Der Ihnen wahrscheinlich dann nachgewiesen hat, dass Sie es falsch zitiert haben.

Erlinger: Ja, das könnte durchaus so passieren.

Oberdorfer: Ja, so sind wir nun einmal an den Universitäten. Und damit kommen wir zum Schluss. Herr Erlinger, ich danke Ihnen sehr herzlich!

Erlinger: Ich danke Ihnen!

Leseempfehlungen

Rainer Erlinger, Gewissensfragen, Süddeutsche Zeitung Edition, München 2005

Rainer Erlinger, Guten Gewissens. Hörbuch, gelesen von Rainer Erlinger, Antje Kunstmann und Tilman Göhler, Hörkunst bei Kunstmann, München 2006

Rainer Erlinger, Wenn Sie mich fragen. Rainer Erlinger beantwortet Fragen zur Alltagsmoral. Kunstmann Verlag, München 2007

Rainer Erlinger, Gewissensbisse, 111 Antworten auf moralische Fragen des Alltags, Fischer Taschenbuch Verlag, Frankfurt am Main 2011

Rainer Erlinger, Lügen haben rote Ohren. List Verlag – Ullstein Buchverlage, Berlin 2004, Ullstein Taschenbuch Verlag, Berlin 2005

Rainer Erlinger, Moral. Wie man richtig gut lebt, S. Fischer Verlag, Frankfurt am Main 2011

ANMERKUNGEN

WER EINMAL LÜGT ...
Über Lüge und Wahrheit

1   Da es sich um die erste Vorlesung der Reihe handelte, begann sie mit
    einem allgemeinen Vorspann, der sich auf die Gastprofessur bezog
    und nicht auf das Thema »Lüge«. Er soll daher der Vollständigkeit
    halber hier in den Anmerkungen dokumentiert werden:
    Sehr verehrte Studierende, lieber Herr Dekan, liebe Kolleginnen und
    Kollegen des Lehrkörpers, sehr geehrte Interessierte und Gäste aus
    der Stadt Augsburg und liebe Freunde, die heute hierhergekommen
    sind.
    Ich begrüße Sie und bedanke mich sehr für die Einladung hier an Ihre
    Universität. Ich bedanke mich ausdrücklich – ganz speziell habe ich
    Sie an den Anfang gesetzt – bei den Studierenden, die ja mit ihren
    Beiträgen diese Vorlesungsreihe überhaupt nur ermöglicht haben.
    Vielleicht kann man hier einen positiven Aspekt an diesen um-
    strittenen Studienbeiträgen sehen: Sie zeigen, dass die Studierenden
    neben der Forschung einen der beiden Kernpunkte der Universität
    darstellen und Sie es sind, um die es geht. Deshalb habe ich Ihre
    Begrüßung auch an den Anfang gestellt.
    Ich bedanke mich sehr für die Ehre, die mir gewährt wurde, als erster
    Inhaber der neu geschaffenen Ernst-Troeltsch-Gastprofessur hierher
    berufen zu werden. Ein Ruf, dem ich sehr gerne Folge leiste. Ich freue
    mich sehr auf diese Vorlesungsreihe, doch muss ich gestehen, als ich
    das Schreiben des Dekans in Händen hielt, habe ich als Erstes über-
    legt: Warum ist der Ruf an mich ergangen?
    Mit Ernst Troeltsch kann und will ich mich nicht vergleichen,
    dennoch muss es einen Grund für die Auswahl meiner Person

geben. Die Tatsache, dass ich nach langen Jahren in München nun in Berlin lebe, also ebenso wie Ernst Troeltsch von Bayern nach Berlin gegangen bin, kann doch, dachte ich mir, nicht der einzige Grund gewesen sein; nicht für eine Universität. Zudem ist der Dekan Theologe, da liegt die Vermutung nahe, dass er höhere geistige Gründe in den Fachbereichsrat getragen hat. Ja, da ist das Problem: Ich habe zwar ach Juristerei und Medizin durchaus studiert mit eifrigem Bemühen, aber nicht Theologie. Daran kann es nicht gelegen haben und da stand ich nun, ich armer Tor, und war so klug als wie zuvor – ich wusste es wieder nicht.

Daraufhin habe ich mich eingehender mit Ernst Troeltsch und seinen Schriften beschäftigt. Und tatsächlich fand ich in einer seiner Veröffentlichungen, der autobiographischen Schrift »Meine Bücher«, etwas, das vielleicht Grund für die Auswahl gewesen sein könnte. Troeltsch hat nämlich, als er hier in Augsburg sein Abitur abgelegt hatte, überlegt, was er studieren sollte. Diese Überlegungen formulierte er später in der genannten autobiographischen Schrift folgendermaßen:

»Als ich 1884 die Universität bezog, schwankte ich bezüglich des Berufsfaches. Jurisprudenz schien mir ein Schlüssel zum Verständnis der Geschichte, die ich frühzeitig als durch die Art der Institutionen bedingt auffasste. Doch konnte das natürlich als Antrieb für wirkliches Rechtsstudium und eine Beamtenlaufbahn nicht ausreichen. Auch die klassische Philologie, in die uns unsere Schule ungewöhnlich tief hineingelockt hatte, fesselte mich; aber die Erfahrungen an den damaligen Schulmeistern hatten zu deutlich gezeigt, dass hellenische Lebensideale heute in der Praxis nicht realisierbar sind. Die Philosophie als solche war in ihrem damaligen Zustande wenig verlockend; Medizin interessierte mich nur theoretisch. Also wurde ich Theologe.«

Zumindest einen Teil seiner Berufsüberlegungen kann ich ja abdecken mit meiner Ausbildung als Mediziner und Jurist. Vielleicht kann ich Ihnen dann auch im Rahmen dieser Ernst-Troeltsch-Gastprofessur etwas für Sie Interessantes bieten und hoffe noch mehr, dass ich das jetzt auch in dieser ersten Vorlesung kann.

2 Aurelius Augustinus, De mendacio, deutsche Übersetzung von P. Keseling erschienen unter dem Titel: Aurelius Augustinus, Über die Lüge und Gegen die Lüge. Hrsg. von P. Keseling, Augustinus-Verlag, Würzburg 1953.

3 Zitiert nach James Geary, How To Spot A Liar, Time Europe, March 13, 2000 Vol. 155 No. 10.

4 Die Zahl findet sich bei Simone Dietz, Die Kunst des Lügens. Eine sprachliche Fähigkeit und ihr moralischer Wert, Rowohlt Taschenbuch Verlag, Reinbek bei Hamburg 2003, S. 15, Fußnote 1 unter Verweis auf die Frankfurter Rundschau vom 7. 4. 1997. Eine Übersicht über die verschiedenen Studien findet sich bei: Jochen Mecke, Lüge und Literatur. Perspektivenwechsel und Wechselperspektive. In: Jörn Müller / Hanns-Gregor Nissing (Hrsg.), Die Lüge. Ein Alltagsphänomen aus wissenschaftlicher Sicht. Wissenschaftliche Buchgesellschaft, Darmstadt 2007, S. 57 – 86, 58.

5 So James Geary, How To Spot A Liar, Time Europe, March 13, 2000, Vol. 155 No. 10.

6 Robert S. Feldmann, James A. Forrest, Benjamin R. Happ, Self-Presentation and Verbal Deception: Do Self-Presenters Lie More? Basic and Applied Psychology (2002) 24, S. 163 – 170.

7 Bella M. DePaulo et al., Lying in Everyday Life, Journal of Personality and Social Psychology 1996, Vol. 70, S. 979 – 995.

8 Robert S. Feldmann et al., a. a. O.

9 Bella M. DePaulo et al., Lying in Everyday Life, Journal of Personality and Social Psychology 1996, Vol. 70, S. 979 – 995.

10 Spiegel Online vom 16. 10. 2008, online abrufbar unter http:// www.spiegel.de / politik / ausland / 0,1518,584456,00.html (letzter Aufruf am 26. 7. 2011).

11 Falk und Torp, Norwegisch-dänisches etymologisches Wörterbuch 1910. 1. Stichworte lögn und lön. Zitiert nach: Richard Thurnwald, Die Lüge in der primitiven Kultur, in: Otto Lipmann / Paul Plaut (Hrsg.), Die Lüge in psychologischer, philosophischer, juristischer, pädagogischer, historischer, soziologischer, sprach- und literaturwissenschaftlicher und entwicklungsgeschichtlicher Betrachtung, Verlag von Johann Ambrosius Barth, Leipzig 1927, S. 397, dort Fußnote 7 (S. 411). Thurnwald insofern zweifelnd.

12 Im Velag dtv München 1994.

13 Rabbinische Weisheit, zitiert nach Volker Sommer, Wie die Lüge in die Welt kam. Die Nordelbische, Ausgabe 41 / 2007.

14 Arthur Schoppenhauer, zitiert nach Volker Sommer, Wie die Lüge in die Welt kam. Die Nordelbische, Ausgabe 41 / 2007.

15 Ulrich Kraft, Kurze Beine? Haben wir alle!, Gehirn & Geist 2003, S. 18 – 22; allgemein zur Diskussion um Evolution und Lüge: Volker

Sommer, Die evolutionäre Logik der Lüge bei Tier und Mensch, Ethik und Sozialwissenschaften 1993, S. 439 – 449, mit verschiedenen Kritiken und Replik, S. 449 – 508.

16 Zitiert nach: Aphorismen, Sprüche und Widersprüche, Projekt Gutenberg, online abrufbar unter: http://gutenberg.spiegel.de / buch/ 4692 / 7 (letzter Aufruf am 28. 7. 2011).

17 Siehe zum Beispiel das Interview mit dem Sozialpsychologen Marc-André Reinhard vom 15. 11. 2006 auf Sueddeutsche.de, online abrufbar unter: http://www.sueddeutsche.de / wissen / trauschau-wem-luegen-sind-fuer-das-soziale-zusammenleben-sehr-wichtig-1 630 719 (letzter Aufruf am 8. 9. 2011).

18 Erschienen am 16. August 2002 im Süddeutsche Zeitung Magazin, Heft 33. Abgedruckt in: Rainer Erlinger, Gewissensfragen. Streitfälle der Alltagsmoral, aufgeklärt vom Süddeutsche Zeitung Magazin, Süddeutsche Zeitung Edition, München 2005, S. 217 f.

19 Erschienen am 26. Oktober 2007 im Süddeutsche Zeitung Magazin, Heft 43. Abgedruckt in: Rainer Erlinger, Gewissensbisse. 111 Antworten auf moralische Fragen des Alltags. Fischer Taschenbuch Verlag, Frankfurt am Main 2011, S. 37 f.

20 Etwa Platon, Hippias Minor, insbesondere 366a; Aristoteles, Metaphysik, V. Buch, Kapitel 29 – 30.

21 Walburga Hülk, Lügenzauber und Wahrheitsterror, in: Helmut Pfeiffer, Franziska Sick (Hrsg.), Lüge und (Selbst-)Betrug. Kulturgeschichtliche Studien zur Frühen Neuzeit in Frankreich, Königshausen & Neumann, Würzburg 2001, S. 82. G. Bien, »Lüge«, in: Joachim Ritter, Karlfried Gründer und Gottfried Gabriel (Hrsg.), Historisches Wörterbuch der Philosophie, Band 5, Schwabe Verlag, Basel 1980.

22 Rudolf Schottlaender, Die Lüge in der Ethik der griechisch-römischen Philosophie, in: Otto Lipmann / Paul Plaut (Hrsg.), Die Lüge in psychologischer, philosophischer, juristischer, pädagogischer, historischer, soziologischer, sprach- und literaturwissenschaftlicher und entwicklungsgeschichtlicher Betrachtung, Verlag von Johann Ambrosius Barth, Leipzig 1927, S. 112 ff.

23 Siehe auch: Rudolf Schottlaender, Die Lüge in der Ethik der griechisch-römischen Philosophie, in: Otto Lipmann / Paul Plaut (Hrsg.), Die Lüge in psychologischer, philosophischer, juristischer, pädagogischer, historischer, soziologischer, sprach- und literaturwissenschaftlicher und entwicklungsgeschichtlicher Betrachtung,

Verlag von Johann Ambrosius Barth, Leipzig 1927, S. 99. Paul Keseling, Einführung zu: Aurelius Augustinus, Die Lüge und Gegen die
Lüge, übertragen und erläutert von Paul Keseling, Augustinus Verlag, Würzburg 1953, S. VI ff.

24 Augustinus, Aurelius, De mendacio, 5: »Enuntiationem falsam
cum voluntate ad fallendum prolatam manifestum est esse mendacium«, zitiert nach: Eberhard Schockenhoff, Zur Lüge verdammt?,
Herder Verlag, Freiburg im Breisgau, 2. Auflage 2005, S. 51, bei
Fn. 32, dort unter Verweis auf: A. A., Über die Lüge und Gegen die
Lüge. Übertragen und erläutert von P. Keseling, Würzburg, 2. Auflage 1986.

25 Aurelius Augustinus, Contra mendacium, 26: »Mendacium est
quippe falsa significatio cum voluntate fallendi«, zitiert nach:
Eberhard Schockenhoff, Zur Lüge verdammt?, Herder Verlag, Freiburg im Breisgau, 2. Auflage 2005, S. 51, bei Fn. 33, dort unter
Verweis auf: A. A., Über die Lüge und Gegen die Lüge. Übertragen
und erläutert von P. Keseling, Würzburg, 2. Auflage 1986.

26 Augustinus, Aurelius, De mendacio, 42; zitiert nach a. a. O.

27 Eberhard Schockenhoff, Zur Lüge verdammt?, Herder Verlag, Frei-
burg im Breisgau, 2. Auflage 2005, S. 47, bei Fn. 16, dort unter
Verweis auf: A. A., Confessiones III, 6,10; VII, 10,16 und X, 40,65.
CCL 32, 31 f., 103 f. und 190 f.

28 Augustinus, Aurelius, Contra mendacium, 4; zitiert nach Alfons
Fürst, Patristische Diskussionen über die Lüge, in: Rochus Leonhardt / Martin Rösel (Hrsg.), Dürfen wir lügen? – Beiträge zu einem
aktuellen Thema, Neukirchener Verlag, Neukirchen-Vluyn 2002,
S. 84.

29 Marcus Fabius Quintilianus, Ausbildung des Redners. Zweiter
Teil: Buch VII-XII. Zitiert nach a. a. O., S. 71 f.

30 Bsp. aus Eberhard Schockenhoff, Zur Lüge verdammt?, Herder
Verlag, Freiburg im Breisgau 2000 / 2005, S. 91.

31 Bsp. umformuliert übernommen aus Rochus Leonhardt, Omnis
homo mendax, in: Rochus Leonhardt / Martin Rösel (Hrsg.), Dürfen
wir lügen? – Beiträge zu einem aktuellen Thema. Neukirchener
Verlag, Neukirchen-Vluyn 2002, S. 234.

32 Bsp. aus Volker Sommer, Lob der Lüge – Täuschung und Selbstbetrug bei Tier und Mensch, dtv, München 1994, S. 23.

33 Rochus Leonhardt, Omnis homo mendax, in: Rochus Leonhardt /
Martin Rösel (Hrsg.), Dürfen wir lügen? – Beiträge zu einem ak-

tuellen Thema. Neukirchener Verlag, Neukirchen-Vluyn 2002, S. 236 f.

34 Darauf weist Rochus Leonhardt hin: Rochus Leonhardt, Omnis homo mendax, in: Rochus Leonhardt / Martin Rösel (Hrsg.), Dürfen wir lügen? – Beiträge zu einem aktuellen Thema. Neukirchener Verlag, Neukirchen-Vluyn 2002, S. 228 f.

35 Diese Idee verdanke ich Lothar Philipps, der sich immer wieder mit Spiegelungen und Symmetrie in der Rechtsphilosophie beschäftigt hat. Siehe die umfangreichen Ausführungen zur Philipps'schen Spiegelung im Kapitel über die Goldene Regel auf S. ¦.

36 Immanuel Kant, Verkündigung des nahen Abschlusses eines Traktats zum ewigen Frieden in der Philosophie, in: Georg Geismann / Hariolf Oberer (Hrsg.), Kant und das Recht der Lüge, Verlag Königshausen und Neumann, Würzburg 1986, S. 30.

37 Aurelius Augustinus, Über die Lüge, 3. Übertragen und erläutert von P. Keseling, Würzburg, Auflage 1953, S. 3.

38 Immanuel Kant, Grundlegung zur Metaphysik der Sitten, Philipp Reclam jun., Stuttgart 2001, S. 312.

39 Immanuel Kant, a. a. O., S. 312 / 313.

40 Immanuel Kant, a. a. O., S. 313.

41 Diese Auffassung vertritt die Düsseldorfer Philosophin Simone Dietz in ihrem wirklich guten und empfehlenswerten Buch: Die Kunst des Lügens. Eine sprachliche Fähigkeit und ihr moralischer Wert, Rowohlt Taschenbuch Verlag, Reinbek bei Hamburg 2003, oder auch in ihrem Beitrag: Immanuel Kants Begründungen des Lügenverbots, in: Rochus Leonhardt / Martin Rösel (Hrsg.), Dürfen wir lügen? – Beiträge zu einem aktuellen Thema, Neukirchener Verlag, Neukirchen-Vluyn 2002, S. 91 ff. Die folgenden Ausführungen verdanken sich zu einem Gutteil der Auseinandersetzung mit Simone Dietz' Thesen, wenn ich auch teilweise, vielleicht sogar überwiegend zu abweichenden Schlussfolgerungen hinsichtlich der moralischen Bewertung des Lügens gelange. Es will mir jedoch scheinen, dass sich die Differenzen in der Praxis dann nicht als so groß erweisen.

42 Süddeutsche Zeitung Magazin vom 27. Mai 2005, abgedruckt in: Rainer Erlinger, Wenn Sie mich fragen. Rainer Erlinger beantwortet Fragen zur Alltagsmoral, Verlag Antje Kunstmann, München 2007, S. 191.

43 Anderer Meinung ist hier Simone Dietz in ihrer sehr empfehlens-

werten Abhandlung: Die Kunst des Lügens. Eine sprachliche Fähigkeit und ihr moralischer Wert, Rowohlt Taschenbuch Verlag, Reinbek bei Hamburg 2003, S. 43 f.

44 Simone Dietz spricht an dieser Stelle vom »parasitären Charakter« der Lüge; a. a. O. S. 43.

45 Simone Dietz kommt nicht zu diesem Ergebnis, sondern sieht darin, dass die Lüge ohne eine Wahrheitspflicht nicht auskommt, keine »moralische Angelegenheit, sondern [...] eine logische Eigenschaft des Sprechakts Lüge«; a. a. O., S. 44.

46 Zitiert nach Schockenhoff, a. a. O., S. 54.

47 Der Streit ist sehr gut dargestellt in einem schmalen Band, der auch alle in diesem Zusammenhang interessanten Texte enthält: Georg Geismann und Hariolf Oberer (Hrsg.), Kant und das Recht der Lüge, Verlag Königshausen und Neumann, Würzburg 1986.

48 Benjamin Constant, Über politische Reaktion, zitiert nach: Georg Geismann und Hariolf Oberer (Hrsg.), Kant und das Recht der Lüge, Verlag Königshausen und Neumann, Würzburg 1986, S. 23 ff.

49 Hans Kelsen, Was ist Gerechtigkeit?, Philipp Reclam jun., Stuttgart 2000, S. 18.

50 André Comte-Sponville, Ermutigung zum unzeitgemäßen Leben, Rowohlt Taschenbuch Verlag, Reinbek bei Hamburg 1996, S. 239.

51 Jankélévitch, Traité des vertus, zit. nach Comte-Sponville, a. a. O.

52 André Comte-Sponville, a. a. O., S. 239 – 240.

53 André Comte-Sponville, a. a. O., S. 241.

54 André Comte-Sponville, a. a. O., S. 241.

55 Pufendorf, De jure naturae et gentium, zitiert nach Rochus Leonhardt, Omnis homo mendax (Ps 116,11). Das Problem der Lüge aus der Sicht der evangelischen Ethik, in: Rochus Leonhardt, Martin Rösel (Hrsg.), Dürfen wir lügen?, Neukirchener Verlag 2002, S. 234. Einfügungen dort.

56 Pufendorf, a. a. O., S. 235.

57 Arthur Schopenhauer, zitiert nach Simone Dietz, Die Kunst des Lügens – Eine sprachliche Fähigkeit und ihr moralischer Wert, Rowohlt Taschenbuch Verlag, Reinbek bei Hamburg 2003, S. 127.

58 Arthur Schopenhauer, a. a. O.

59 Simone Dietz, a. a. O.

60 Bundesarbeitsgericht, Urteil vom 15. 10. 1992, Aktenzeichen 2 AZR 227/92, NJW 1993, S. 1154. Anfangs hatte die Arbeitneh-

merin noch angegeben, sie habe im Einstellungsgespräch von ihrer Schwangerschaft berichtet, bestritt aber, danach gefragt worden zu sein. Die Gerichte – Arbeitsgericht, Landesarbeitsgericht und Bundesarbeitsgericht – gingen aber nach den Verhandlungen davon aus, dass sie tatsächlich darüber getäuscht hatte, ob eine Schwangerschaft vorgelegen hat.

Einen Überblick über diese Problematik bietet: Ulrich Preis / Wolfgang Bender, Recht und Zwang zur Lüge – Zwischen List, Tücke und Wohlwollen im Arbeitsleben, NZA 2005, S. 1321 – 1328, online abrufbar unter http://www.jura.uni-koeln.de/uploads/tx_ylfnpublication/pub00308.pdf (letzter Zugriff am 27. 7. 2011).

61 Erschienen am 1. März 2002 im Süddeutsche Zeitung Magazin, Heft 9. Abgedruckt in: Rainer Erlinger, Gewissensfragen. Streitfälle der Alltagsmoral, aufgeklärt vom Süddeutsche Zeitung Magazin, Süddeutsche Zeitung Edition, München 2005, S. 107 f.

RECHT UND GUT
Zum Verhältnis von Recht und Moral

1 Die Persönlichkeits- und Gewissensmoral, in: Ernst Troeltsch, Der Historismus und seine Überwindung – Fünf Vorträge, eingeleitet von Friedrich von Hügel / Kensington, Pan Verlag Rolf Heise, Berlin 1924, Seite 1 – 21 [1].

2 Erschienen am 4. Oktober 2002 im Süddeutsche Zeitung Magazin, Heft 40. Abgedruckt in: Rainer Erlinger, Gewissensfragen. Streitfälle der Alltagsmoral, aufgeklärt vom Süddeutsche Zeitung Magazin, Süddeutsche Zeitung Edition, München 2005, S. 191 f.

3 Das ist ein Prinzip, das bei der Beantwortung von Moralfragen des Alltags oft hilft: Man muss die störenden Randthemen abtrennen, die Frage sezieren. Siehe dazu das Gespräch mit Bernd Oberdorfer in diesem Buch auf Seite 262.

4 Platon, Kriton, 50a 9 bis b 6, zitiert nach: Norbert Hoerster, Die moralische Pflicht zum Rechtsgehorsam, in: Norbert Hoerster (Hrsg.), Recht und Moral – Texte zur Rechtsphilosophie, Philipp Reclam jun., Stuttgart 1990, S. 129 – 141 [132].

5 Norbert Hoerster, a. a. O., S. 136.

6 Norbert Hoerster, a. a. O., S. 136 – 137.

7 Norbert Hoerster, a. a. O., S. 138.

8 Norbert Hoerster, a. a. O., S. 140 f.

9 Sophokles, Antigone, übersetzt von Wilhelm Kuchenmüller, Reclam Verlag, Stuttgart 2000, S. 22 – 23.

10 Zitiert nach: Hans Holzhaider, »Das Ausmaß einer griechischen
Tragödie«, Süddeutsche Zeitung vom 18. 11. 2004, S. 2.

11 Johann Wolfgang Goethe (1749 – 1832) im Gespräch mit Ecker-
mann vom 28. März 1827, zitiert nach: Goethe und die Antike.
Eine Sammlung. Hrsg. von Ernst Grumbach, de Gruyter, Berlin
1949, S. 264 f.

12 G. W. F. Hegel (1770 – 1831), Vorlesung über die Philosophie der
Religion, zitiert nach G. W. F. Hegel, Sämtliche Werke. Jubiläums-
ausgabe. Hrsg. von Hermann Glockner. Bd 16: Vorlesungen über die
Philosophie der Religion. Zweiter Teil. Frommann Verlag, Stuttgart
1928, II. Die Religion der geistigen Individualität, S. 133 f.

13 Immanuel Kant, Grundlegung zur Metaphysik der Sitten, Philipp
Reclam jun., Stuttgart 2002, S. 79, Akademie-Ausgabe, Bd. IV,
1911, S. 428/29.

14 Sophokles, a. a. O., S. 32/33.

15 Inge Scholl, Die Weiße Rose, Fischer Taschenbuch Verlag, Frankfurt am Main 1984, S. 84.

16 Gesetzliches Unrecht und übergesetzliches Recht, in: Gustav Radbruch, Rechtsphilosophie – Studienausgabe. Hrsg. von Ralf Dreier
und Stanley L. Paulson, C. F. Müller Verlag, Heidelberg 1999, S. 211 –
219.

17 Arthur Kaufmann, Rechtsphilosophie, Verlag C. H. Beck, 2. Auflage, München 1997, S. 151 ff.

18 Wolfgang Fikentscher, Demokratie – Eine Einführung, Piper Verlag,
München 1993, S. 84.

19 Erschienen am 21. September 2007 im Süddeutsche Zeitung Magazin, Heft 38. Abgedruckt in: Rainer Erlinger, Gewissensbisse. 111
Antworten auf moralische Fragen des Alltags, Fischer Taschenbuch Verlag, Frankfurt am Main 2011, S. 169 f.

20 Nachweise bei Palandt-Heinrichs, BGB, 65. Auflage, Verlag C. H.
Beck, München 2006, § 138 Rn 2.

21 Aristoteles, Die Nikomachische Ethik. Aus dem Griechischen und
mit einer Einführung und Erläuterungen versehen von Olof Gigon,
dtv, München 2002, S. 227 – 228.

22 Summa Theologica 2,2 q 120, zitiert nach Thomas von Aquino,
Summe der Theologie, Band 3, Der Mensch und das Heil, herausge-

geben von Joseph Bernhart, Alfred Kröner Verlag, Stuttgart, 3. Auflage 1985, S. 449 ff.

23 Erschienen am 16. Februar 2007 im Süddeutsche Zeitung Magazin, Heft 7.

24 Georg Jellinek, Die sozialethische Bedeutung von Recht, Unrecht und Strafe, 2. Aufl., Berlin 1908, S. 45.

25 Arthur Kaufmann, Rechtsphilosophie, C. H. Beck, 2. Auflage, München 1997, S. 216, dort »ethisches Maximum«, belegt mit Fn. 8.: G. Schmoller, Grundriß der allgemeinen Volkswirtschaftslehre, 1. Teil 1920, S. 57.

26 Arthur Kaufmann, a. a. O., Verlag C. H. Beck, München 1997, S. 218.

27 Erschienen am 24. August 2007 im Süddeutsche Zeitung Magazin, Heft 34.

28 Immanuel Kant, Die Metaphysik der Sitten. Mit einer Einleitung herausgegeben von Hans Ebeling, Philipp Reclam jun., Stuttgart 1990, S. 52 / 53.

29 Immanuel Kant, a. a. O., S. 53 / 54.

DIE FORM DES GUTEN
Design und Ethik

1 Die Vorlesung und diese Ausführungen gehen zurück auf einen Artikel, der zuerst unter dem Titel »Die Form des Guten« im Magazin der Kulturstiftung des Bundes Nr. 12, Herbst 2008 anlässlich der bevorstehenden Ausstellung »modell Bauhaus« (22.7. bis 4. 10. 2009 im Martin Gropius Bau in Berlin) erschienen ist.

2 Zur Ausstellung in Frankfurt: Volker Fischer (Hrsg.), Der i-Kosmos. Macht, Mythos und Magie einer Marke / The i-Cosmos. Might, Myth and Magic of a Brand, Edition Axel Menges, Fellbach 2011. Zur Ausstellung in Hamburg: Sabine Schulze, Ina Grätz (Hrsg.), Apple Design, Verlag Hatje Cantz, Ostfildern 2011.

3 Website des Verlags Hatje Cantz zum Katalog aufrufbar unter: http://www.hatjecantz.de / controller.php?cmd=detail&titzif=0000 3010 (letzter Aufruf am 5. 9. 2011).

4 Klaus Klemp, Pure Design, Deutschland und benachbarte Länder in der ersten Hälfte des 20. Jahrhunderts, in: Keiko Ueki-Polet and Klaus Klemp (eds.), Less and More. The Design Ethos of Dieter Rams, Katalog zur gleichnamigen Ausstellung im Suntori Museum

Osaka, Fuchu Art Museum Tokyo, the Design Museum London und dem Museum für Angewandte Kunst Frankfurt. Die Gestalten Verlag, Berlin 2009, S. 31 – 72.

5 Website der Firma Vitsœ, abrufbar unter http://www.vitsoe.com/de/de/about/dieterrams/gooddesign (letzter Aufruf am 5.9.2011).

6 Zehn Thesen zum Design, in: Keiko Ueki-Polet and Klaus Klemp (eds.), Less and More. The Design Ethos of Dieter Rams, Katalog zur gleichnamigen Ausstellung im Suntori Museum Osaka, Fuchu Art Museum Tokyo, the Design Museum London und dem Museum für Angewandte Kunst Frankfurt. Die Gestalten Verlag, Berlin 2009, S. 584 – 591.

7 www.greenmyapple.org (letzter Aufruf am 5.9.2011).

8 http://www.apple.com/hotnews/agreenerapple/ (letzter Aufruf am 5.9.2011).

9 http://www.apple.com/de/environment/ (letzter Aufruf am 5.9. 2011).

10 Wikipedia, Artikel »iPod« unter »Zubehör« »Ohrhörer«. Aufgerufen am 5.9.2011.

11 http://business.chip.de/news/Apples-iPod-Polizei-raet-von-weissen-Ohrhoerern-ab_39956769.html, http://www.tomshardware.de/iPod-Kopfhoerer-britische-Polizei,news-8378.html (letzter Zugriff jeweils am 5.9.2011).

12 Jürgen Schönstein, iPod-Diebstähle nehmen rasant zu. Focus online vom 29.3.2006, online abrufbar unter http://www.focus.de/digital/multimedia/ipod/verraeterische-ohrhoerer_aid_106843.html (letzter Zugriff am 5.9.2011).

13 Otl Aicher, die welt als entwurf, Berlin 1991, S. 67.

14 Von der Moral der Gegenstände zur Inszenierung der Moral?, in: Hermann Sturm (Hrsg.), Geste & Gewissen im Design, Köln 1998.

15 Gustav E. Pazaurek, Guter und schlechter Geschmack im Kunstgewerbe, Deutsche Verlagsanstalt, Stuttgart und Berlin 1912; ders., Geschmacksverirrungen im Kunstgewerbe. Führer dieser Abteilung im Landes-Gewerbemuseum Stuttgart, Eigenverlag, 3. Auflage 1919.

16 Imke Folkers, Böse Dinge. Eine Enzyklopädie des Ungeschmacks. Begleittext zur gleichnamigen Ausstellung 16.7 bis 30.11.2009, Museum der Dinge, Werkbundarchiv Berlin, S. 5.

17 Wilhelm Wagenfeld, Künstlerische Formprobleme in der Industrie, Schlesische Stimme, 1940, Heft 4, S. 3 – 8, zitiert nach: Beate

Manske, Gudrun Scholz, Täglich in der Hand. Industrieformen von Wilhelm Wagenfeld aus sechs Jahrzehnten, Worpsweder Verlag 1987, S. 39 ff. Ebenfalls abgedruckt mit leichten textlichen Unterschieden in: Wilhelm Wagenfeld, Wesen und Gestalt der Dinge um uns, Reprint der Erstausgabe von 1948 im Verlag Eduard Stichnote, Potsdam, Worpsweder Verlag 1990.

18 Wilhelm Wagenfeld, a. a. O.

19 Beat Schneider, Design – eine Einführung, Basel 2005.

20 Héctor Solís-Muñiz, Über den Einfluss der Semiotik auf die Designwissenschaft, in: Felicidad Romero-Trejador, Wolfgang Jonas (Hrsg.), Positionen zur Designwissenschaft, Kassel University Press 2010, S. 193 – 197.

21 Rainer Funke, Design als Wissenschaft?, in: Katrin Hinz, Holger Hase, Hanna Schnackenberg, Silke Claus, Design Management, Bd. 3, Einblicke und Ausblicke, FHTW Berlin / IDZ Internationales Design Zentrum Berlin 2007, S. 112 – 123.

22 Niklas Maak, Ein neues Mantra für den alten Manta, Frankfurter Allgemeine Zeitung vom 20. 11. 2008, S. 33.

23 Murat Günal, Autos dürfen nicht mehr so aggressiv sein, Welt online vom 7. 9. 2007 online abrufbar unter http://www.welt.de / motor / article1166560 / Autos_duerfen_nicht_mehr_so_aggressiv_ sein.html (letzter Zugriff am 5. 9. 2011).

24 Die Deutschen fahren Kitsch, Interview von Henning Sussebach mit Lutz Fügener, Die Zeit Nr. 37 vom 8. 9. 2011, S. 19 – 21.

25 a. a. O.

26 Sonja Windhager et al., Face to Face. The Perception of Automotive Designs, Human Nature (2008) 19, S. 331 – 346.

27 Vivos voco – Zeitschrift für neues Denken, V. Band, 8. / 9. Heft, Aug. / Sept. 1926 als Nachdruck aus dem Bauhausbuch Nr. 7.

28 Adolf Loos, Ornament und Verbrechen, in: ders., Trotzdem 1900 – 1930. Unveränderter Neudruck der Erstausgabe 1931, Georg Prachner Verlag, Wien 1982, S. 78 – 88 (82).

29 Das neue Frankfurt, Heft 5, 1926 / 27.

30 Lihotzky, Grete: Einiges über die Einrichtung österreichischer Häuser unter besonderer Berücksichtigung der Siedlungsbauten. Schlesisches Heim, Heft 8 / 1921, S. 217.

31 Margarethe Schütte-Lihotzky, persönliche Mitteilung.

32 Vivos voco – Zeitschrift für neues Denken, V. Band, 8. / 9. Heft, Aug. / Sept. 1926 als Nachdruck aus dem Bauhausbuch Nr. 7.

33 Rainer Funke, Moralische Dimensionen von Design bei jungen
Menschen. Zum Thema, in: Rainer Funke, Matthias Schreckenbach, Harry Hermanns (Hrsg.) Gut & Böse. Moralische Dimensionen von Design bei jungen Menschen. Brandenburgische Universitätsdruckerei & Verlagsgesellschaft, Potsdam 2011, S. 8 bis 18.

34 Harry Lehmann, Die ästhetische Wende, in: Lettre international
Nr. 86, Berlin, Herbst 2009, S. 128 (Fn. 7 bei Funke).

35 Rainer Funke, a. a. O., S. 12 f.

36 Insbesondere Sozial-, Eigentums- und Rechtsprinzipien wie »Du
sollst nicht töten«, »Du sollst nicht stehlen«, »Du sollst nicht
falsch Zeugnis reden wider deinen Nächsten« gelten nach wie vor
als sittliche Basis von Gemeinschaft (Fn. 9 bei Funke).

37 Auch Kants Leitsätze finden nach wie vor mehrheitliche Anerkennung und Beachtung: »Handle nur nach derjenigen Maxime,
durch die du zugleich wollen kannst, dass sie ein allgemeines
Gesetz werde.« »Handle so, dass du die Menschheit sowohl in
deiner Person als in der Person eines jeden anderen jederzeit
zugleich als Zweck, niemals bloß als Mittel brauchst.« »Handle
so, als ob die Maxime deiner Handlung durch deinen Willen zum
allgemeinen Naturgesetze werden sollte.« »Demnach muss ein
jedes vernünftiges Wesen so handeln, als ob es durch seine Maxi-
men jederzeit gesetzgebendes Glied im allgemeinen Reiche der
Zwecke wäre.« (Immanuel Kant: Grundlegung zur Metaphysik
der Sitten. Akademie-Ausgabe, Kants Werke IV, S. 421 ff.) (Fn. 10
bei Funke).

38 Rainer Funke, a. a. O., S. 15 f.

39 Democratic Design – IKEA, Ausstellung der Neuen Sammlung in
München vom 3. 4. 2009 bis 12. 7. 2009, Ankündigung online abrufbar unter www.die-neue-sammlung.de / archiv / ausstellung / 2010–
2000 (letzter Zugriff am 10. 9. 2011).

40 form – Zeitschrift für Gestaltung, Ausgabe 172, März / April 2000.

41 Novo Magazin Nr. 44, Jan / Feb 2000.

42 Christian Demand, haltung! wie viel ethos braucht design?, Magazin der Kulturstiftung des Bundes 15, Frühjahr 2010, S. 11 – 14.

WAS DU NICHT WILLST ...
Die Goldene Regel und ihre Schwächen

1 b. Schabhat 31a, zitiert nach: Adel Theodor Khoury, Die Goldene Regel in religions- und kulturwissenschaftlicher Sicht, in, Alfred Bellebaum und Heribert Niederschlag (Hrsg.), Was Du nicht willst, dass man Dir tu'... – Die Goldene Regel – Ein Weg zum Glück?, UVK Verlagsgesellschaft, Konstanz 1999, S. 33.

2 Adel Theodor Khoury, a. a. O.

3 Das Bonmot stammt von dem britischen Philosophen und Mathematiker Alfred North Whitehead und lautet vollständig: »Die sicherste allgemeine Charakterisierung der philosophischen Tradition Europas lautet, daß sie aus einer Reihe von Fußnoten zu Platon besteht.« Prozeß und Realität, Suhrkamp Verlag, Frankfurt am Main, 5. Auflage 1987, S. 91. (Im englischen Original: »The safest general characterization of the European philosophical tradition is that it consists of a series of footnotes to Plato.«)

4 Konfuzius, Gespräche Lun Yü, Buch 15, 23, aus dem Chinesischen von Richard Wilhelm, Verlag Eugen Diederichs, Jena, 2. Auflage 1914, nachgedruckt bei Anaconda, Köln 2007, S. 245.

5 Buddhismus, 5. Jh. v. Chr. Diese und die folgenden Zitate gibt es in einer Vielzahl von leicht unterschiedlichen Übersetzungen und Formulierungen. Einen guten Überblick bietet die Seite »Goldene Regel« der Intenet-Enzyklopädie Wikipedia unter http://de.wikipedia.org/wiki/Goldene_Regel (letzter Zugriff am 13. 9. 2011).

6 Babylonische Achikar-Erzählung, 5. Jh. v. Chr.

7 Altägyptische Spruchsammlung des Anch-Scheschonki, 4. Jh. v. Chr.

8 Mahabharata (Hinduismus), 3. Jh. v. Chr.

9 Altindisches Spruchgut.

10 Eckart Voland, Die Natur des Menschen, Verlag C. H. Beck, München 2007, S. 19 f.

11 Eckart Voland, Die Natur des Menschen, Verlag C. H. Beck, München 2007, S. 21, unter Verweis auf: Trivers, Robert L., The evolution of reciprocal altruism, Quarterly Review of Biology 1971/46, S. 35 bis 57.

12 Marc D. Hauser, Moral Minds, HarperCollins, New York 2006; ders., The liver and the moral organ. Social Cognitive and Affective Neuroscience (2006) 1 (3): 214–220.

13 Giacomo Rizzolatti, Corrado Sinigaglia, Empathie und Spiegelneurone: Die biologische Basis des Mitgefühls, Suhrkamp, Frankfurt
am Main 2008. Marco Iacoboni, Woher wir wissen, was andere
denken und fühlen, Deutsche Verlags-Anstalt München, 2008.

14 Zum Streit darüber, der vornehmlich zwischen jüdischer und
christlicher Moraltheologie geführt sein soll: Heinz-Horst Schrey,
Regel, goldene. I. Antike bis Aufklärung, in: Joachim Ritter, Karlfried Gründer und Gottfried Gabriel (Hrsg.), Historisches Wörterbuch der Philosophie, Band 8, Schwabe Verlag, Basel 1992, S. 452r;
ders., Goldene Regel, in: Gerhard Müller (Hrsg.), Theologische
Realenzyklopädie, Band 13, de Gruyter Verlag, Berlin 1984, S. 572;
sowie: Hans-Ulrich Hoche, Die Goldene Regel. Neue Aspekte
eines alten Moralprinzips, Zeitschrift für philosophische Forschung, Band 32 (1978), S. 355 – 375.

15 Bruno Schüller, Die Begründung sittlicher Urteile, Düsseldorf
1987, S. 89.

16 Rudolf Bultmann, Die Geschichte der synoptischen Tradition,
Göttingen 1964, S. 107.

17 Bruno Schüller, a. a. O.

18 Erschienen am 26. April 2002 im Süddeutsche Zeitung Magazin,
Heft 17. Abgedruckt in: Rainer Erlinger, Gewissensfragen. Streitfälle der Alltagsmoral, aufgeklärt vom Süddeutsche Zeitung Magazin, Süddeutsche Zeitung Edition, München 2005, S. 141 f.

19 Nikomachische Ethik, V. Buch 1131 b 33 ff.

20 Otfried Höffe, Lexikon der Ethik, Verlag C. H. Beck, München
1977, S. 113.

21 Siehe Seite 124.

22 Otfried Höffe, a. a. O.

23 Otfried Höffe, a. a. O.

24 Zitiert nach: Anton Leist, Die gute Handlung – Eine Einführung in
die Ethik, Akademie Verlag, Berlin 2000, S. 92.

25 Das kann man in Diskussionen bemerken, aber auch Schrey
schreibt in seinem Eintrag zur Goldenen Regel in der TRE: »Bei
Kant nimmt die goldene Regel die Form des kategorischen Impera-
tivs an«, Heinz-Horst Schrey, Goldene Regel, in: Gerhard Müller
(Hrsg.), Theologische Realenzyklopädie, Band 13, de Gruyter Ver-
lag, Berlin 1984, S. 572; zu dieser Auseinandersetzung siehe auch
H.-U. Hoche, Regel, goldene. II. Die goldene Regel seit Kant, in:
Joachim Ritter, Karlfried Gründer und Gottfried Gabriel (Hrsg.),

Historisches Wörterbuch der Philosophie, Band 8, Schwabe Verlag, Basel 1992, S. 458 ff.

26 Erschienen am 15. Oktober 2004 im Süddeutsche Zeitung Magazin, Heft 42. Abgedruckt in: Rainer Erlinger, Gewissensfragen. Streitfälle der Alltagsmoral, aufgeklärt vom Süddeutsche Zeitung Magazin, Süddeutsche Zeitung Edition, München 2005, S. 93 f.

27 Immanuel Kant, Grundlegung zur Metaphysik der Sitten, Philipp Reclam jun., Stuttgart 2002, S. 68.

28 Immanuel Kant, a. a. O., S. 80 f.

29 Erschienen am 28. Juli 2006 im Süddeutsche Zeitung Magazin, Heft 30. Abgedruckt in: Rainer Erlinger, Wenn Sie mich fragen. Rainer Erlinger beantwortet Fragen zur Alltagsmoral, Verlag Antje Kunstmann, München 2007, S. 181 f.

30 Lothar Philipps hat Spiegelungen, ohne ihnen eine spezielle Arbeit zu widmen, in verschiedenen Aufsätzen behandelt, beispielsweise in: Eine juristische Datenbank für Probleme und Argumente, in: Arthur Kaufmann, Ernst-Joachim Mestmäcker, Hans F. Zacher (Hrsg.), Rechtsstaat und Menschenwürde. Festschrift für Werner Maihofer zum 70. Geburtstag, Verlag Vittorio Klostermann, Frankfurt am Main 1988, S. 355 – 369.
Strafrechtsprobleme in der Ästhetik des Kriminalromans, in: Heike Jung (Hrsg.), Das Recht und die schönen Künste, Heinz Müller-Dietz zum 65. Geburtstag, Nomos Verlagsgesellschaft Baden-Baden 1998, S. 189 – 203, dort mit weiteren Nachweisen zur Theorie der Symmetrie bei Fn. 3 und 4.
Täter und Teilnahme, Versuch und Irrtum. Ein Modell für die rechtswissenschaftliche Analyse, in: Rechtstheorie, Bd. 5 (1974), S. 129 – 146.
Ein Verzeichnis seiner Schriften findet sich als Anhang des von Bernd Schünemann, Marie-Theres Tinnefeld und Roland Wittmann herausgegebenen Bandes »Gerechtigkeitswissenschaft – Kolloquium aus Anlass des 70. Geburtstags von Lothar Philipps«, Berliner Wissenschafts-Verlag 2005.

31 So Ernst Tugendhat, Vorlesungen über Ethik, Suhrkamp Verlag, Frankfurt am Main 1993, S. 374.

32 John Leslie Mackie, Ethik – Die Erfindung des moralisch Richtigen und Falschen, Philipp Reclam jun., Stuttgart 2000, Kapitel 4: Universalisierung, S. 104 ff.

33 John Leslie Mackie, a. a. O., S. 109.

34 John Leslie Mackie, a. a. O., S. 109.

35 John Rawls, Eine Theorie der Gerechtigkeit, Suhrkamp Verlag, Frankfurt am Main 1975; dazu und zum Folgenden siehe auch aus der Reihe »Klassiker Auslegen«: Otfried Höffe (Hrsg.), John Rawls, Eine Theorie der Gerechtigkeit, Akademie Verlag, Berlin, 2. Auflage 2006.

36 John Rawls, a. a. O., Kapitel 3, S. 140 ff.

37 John Rawls, a. a. O., Kapitel 3, § 24, S. 159 ff.

38 Erschienen am 12. September 2008 im Süddeutsche Zeitung Magazin, Heft 37. Abgedruckt in: Rainer Erlinger, Gewissensbisse. 111 Antworten auf moralische Fragen des Alltags, Fischer Taschenbuch Verlag, Frankfurt am Main 2011, S. 225 f.

39 Richard M. Hare, Freiheit und Vernunft, Suhrkamp Verlag, Frankfurt am Main 1983, Kapitel 6, Eine moralische Begründung, S. 105 ff., insbesondere S. 112 ff. Siehe dazu auch: Norbert Hoerster, R. M. Hares Fassung der Goldenen Regel, Philosophisches Jahrbuch, 81. Jahrgang 1974, Verlag Karl Alber, Freiburg 1974, S. 186 – 196; Hans-Ulrich Hoche, Zur logischen Struktur von »Goldene-Regel«-Argumenten im Sinne Hares, Kant-Studien 1983, Band 74, S. 453 bis 478.

40 1 Talent waren 6000 Drachmen, und eine Drachme war gleichwertig mit dem Tageslohn eines Arbeiters.

41 Matthäus 18,23 – 35.

SOLANGE MAN MICH NICHT STÖRT
Wert und Grenzen der Toleranz

1 Toralf Staud, Der braune Pop, in: Die Zeit vom 23. September 2004, http://www.zeit.de/2004/40/Subkulturen (zuletzt abgerufen am 13. 10. 2009).

2 Dabei handelt es sich um eine Initiative von Anwohnern und Gewerbetreibenden aus der Rosa-Luxemburg-Straße, Informationen sind online abrufbar unter: www.mitte-gegen-rechts.de (letzter Zugriff am 27. 7. 2011).

3 Hier sei, wieder einmal, auf Lothar Philipps verwiesen, dem ich diese Überlegungen zur Spiegelung verdanke.

4 Die russische Revolution. Eine kritische Würdigung, Berlin 1920, S. 109; Rosa Luxemburg – Gesammelte Werke, Band 4, Dietz Verlag, Berlin 1983, S. 359.

5 Erschienen am 8. April 2005 im Süddeutsche Zeitung Magazin, Heft 14. Abgedruckt in: Rainer Erlinger, Gewissensfragen. Streit-fälle der Alltagsmoral, aufgeklärt vom Süddeutsche Zeitung Maga-zin. Süddeutsche Zeitung Edition, München 2005, S. 231 f.

6 http://www.unesco.de/erklaerung_toleranz.html?&L=0 (letzter Zu-griff am 8. 7. 2009).

7 Ottfried Höffe, Lexikon der Ethik, Verlag C. H. Beck, München 1997, S. 304.

8 Rainer Forst, Toleranz, in: Marcus Düwell, Christoph Hübenthal und Micha Werner (Hrsg.), Handbuch der Ethik, G. B. Metzler Ver-lag, Stuttgart, 2. Auflage 2006, S. 529.

9 André Comte-Sponville, Ermutigung zum unzeitgemäßen Leben, Rowohlt, Reinbek bei Hamburg 1996, S. 188.

10 Rainer Forst, Toleranz im Konflikt, Suhrkamp Verlag, Frankfurt am Main 2003, S. 33. Forst schreibt: »Wenn nun aber die Ableh-nung auf bloßen Vor-Urteilen wie dem der Minderwertigkeit be-stimmter ›Rassen‹ (oder gar auf blindem Hass) beruht und keine in einem basalen Sinne intersubjektiv vertretbaren Gründe vorliegen, würde der Aufruf zur Toleranz solche Ablehnungen und Vorurteile quasi als begründete Urteile akzeptieren. Dann könnte die Parado-xie des ›Toleranten Rassisten‹ entstehen, der zufolge jemand, der extreme rassistische Abneigungen hat, als tolerant (im Sinne einer Tugend) bezeichnet würde, sofern er nur sein Handeln begrenzte (ohne seine Denken zu verändern). Und je mehr solcher Vorurteile er hat, umso größer wäre die Möglichkeit für ihn, tolerant zu sein.«

11 Die folgenden Ausführungen beruhen auf den Überlegungen von Rainer Forst in seinem Buch, Toleranz im Konflikt, Suhrkamp Verlag, Frankfurt am Main 2003, S. 32 ff., die wiederum stark von Preston King und dessen Buch Toleration, St. Martin's Press, New York 1976 beeinflusst sind.

12 Maximes et réflexions 19, zit. nach: André Comte-Sponville, a. a. O., S. 190; dort Fn. 2.

13 John Stuart Mill, Über die Freiheit, Verlag Philipp Reclam jun., Stuttgart 1988, S. 16.

14 Rainer Forst, a. a. O., S. 35.

15 Die Idee einer Rangfolge stammt von Noberto Bobbio, an dessen Ausführungen in seinem Buch »Das Zeitalter der Menschenrechte. Ist Toleranz durchsetzbar?«, Wagenbach Verlag, Berlin 1998, S. 87 ff., ich mich im Folgenden auch zum Teil orientiere.

16 John Locke, Ein Brief über Toleranz (Englisch – Deutsch), Felix Meiner Verlag, Hamburg 1996, S. 14, 15.

17 Edikt von Nantes, zitiert in: Herdle u. Leeb (Hrsg.), Toleranz, 69, in: Rainer Forst, a. a. O., S. 43.

18 So auch Noberto Bobbio, a. a. O., S. 92.

19 G. Schlüter / R. Grötker, Toleranz, in: Joachim Ritter, Karlfried Gründer und Gottfried Gabriel (Hrsg.), Historisches Wörterbuch der Philosophie, Band 10, Schwabe Verlag, Basel 1998, S. 1252.

20 Joseph Bernhart (Hrsg.), Thomas von Aquino, Summe der Theologie, Band 3: Der Mensch und das Heil. Alfred Kröner Verlag, Stuttgart 1985, 10. Untersuchung, 11. Artikel, S. 56.

21 Imanuel Kant, Grundlegung zur Metaphysik der Sitten, Philipp Reclam jun., Stuttgart 2002, S. 86.

22 Rainer Forst, a. a. O., S. 46.

23 Rainer Forst, a. a. O., S. 47 f.

24 Norberto Bobbio, Das Zeitalter der Menschenrechte – Ist Toleranz durchsetzbar?, Wagenbach Verlag, Berlin 1998, S. 97.

25 John Stuart Mill, a. a. O., S. 59.

26 G. E. Lessing, Nathan der Weise, Verlag Philipp Reclam jun., Stuttgart 2000, S. 78 – 83.

27 Immanuel Kant, a. a. O., S. 35.

28 Friedrich Schiller, Werke, Nationalausgabe Band I, S. 357. Nur am Rande sei darauf hingewiesen, dass um diesen Punkt keine Einigkeit in der Interpretation der Kant'schen Haltung herrscht. In der Kantforschung wird meist eine Lesart favorisiert, die unterscheidet zwischen Handlungen »aus Neigung«, die auf den eigenen Vorteil ausgerichtet sind, und Handlungen »mit Neigung«, bei denen die Pflicht immer noch Hauptmotiv bleibt, das im Konfliktfall entgegenstehende Neigungen überwinden könnte. So: Immanuel Kant, Grundlegung zur Metaphysik der Sitten, Kommentar von Christoph Horn, Corinna Mieth und Nico Scarano, Suhrkamp Verlag, Frankfurt am Main 2007, S. 181, zu Kant AA IV, 398, 26. Dazu auch ausführlich mit der Unterscheidung verschiedener Lesarten: Dieter Schönecker, Allen W. Wood, Kants »Grundlegung zur Metaphysik der Sitten«. Ein einführender Kommentar, Schöningh Verlag UTB, Paderborn 2002, S. 61 ff. Beide mit weiteren Nachweisen.

29 John Locke, a. a. O., S. 93.

30 John Locke, a. a. O., S. 95.

31 Karl R. Popper, Die offene Gesellschaft und ihre Feinde, zitiert nach: David Miller (Hrsg.), Karl R. Popper Lesebuch, Mohr Siebeck Verlag, Tübingen 2005, S. 430 f.

32 Lars Gustafsson, http://www.perlentaucher.de/artikel/3699.html (letzter Zugriff am 8.7.2009).

33 Richard M. Hare, Freiheit und Vernunft, Suhrkamp Verlag, Frankfurt am Main 1983, S. 177 ff., insbesondere S. 201 ff.

34 John Rawls, Eine Theorie der Gerechtigkeit. Suhrkamp Verlag, Frankfurt am Main 1979, S. 246 f.

35 John Rawls, a. a. O., S. 248.

36 Erschienen am 8. April 2005 im Süddeutsche Zeitung Magazin, Heft 14. Abgedruckt in: Rainer Erlinger, Gewissensfragen. Streitfälle der Alltagsmoral, aufgeklärt vom Süddeutsche Zeitung Magazin, Süddeutsche Zeitung Edition, München 2005, S. 231 f.

KEINE EXPERIMENTE?
Innovationen und Ethik

1 Konrad Ott, Technik und Ethik, in: Julian Nida-Rümelin (Hrsg.), Angewandte Ethik. Die Bereichsethiken und ihre theoretische Fundierung, Alfred Kröner Verlag, Stuttgart 1996, S. 650–717.

2 Bernhard Irrgang, Genethik, in: Julian Nida-Rümelin (Hrsg.), Angewandte Ethik. Die Bereichsethiken und ihre theoretische Fundierung, Alfred Kröner Verlag, Stuttgart 1996, S. 510–551.

3 Sophokles, Antigone, Philipp Reclam jun., Stuttgart 2000, S. 18 f.

4 Bundesgerichtshof, Mitteilung der Pressestelle, Nr. 5/2010 vom 12. Januar 2010 zum Urteil vom 12. Januar 2010–1 StR 272/09 (letzter Aufruf am 24.8.2011).

5 Bundesgerichtshof, a. a. O.

6 Gustav Knapp, Architektonische Zeitbombe, Süddeutsche Zeitung vom 4. Januar 2006, S. 4.

7 Sorgfältig berechnet und konstruiert, Leserbrief von Axel Tilch, Riederau, Süddeutsche Zeitung vom 13. Januar 2006.

8 Gerhard Matzig, Süddeutsche Zeitung vom 10.2.2006, S. 15.

9 A. a. O.

10 A. a. O.

11 Heiner Effern, Die Liste der Versäumnisse, Süddeutsche Zeitung vom 21. Juli 2006, S. 33.

12 Bundesgerichtshof, a. a. O.

13 Süddeutsche Zeitung vom 3. November 2005, S. 1.

14 Markus Balser, Anschluss gesucht, Süddeutsche Zeitung vom 3.11.2005, S. 21.

15 Süddeutsche Zeitung vom 11.2.2006, S. 1.

16 http://wirtschaft.t-online.de/c/14/32/67/56/14326756.html (letzter Zugriff am 24.8.2011).

17 http://www.channelpartner.de/knowledgecenter/management_ karriere/253701/ (letzter Zugriff am 24.8.2011).

18 Süddeutsche Zeitung vom 9./10. Januar 2010, S. V2/9.

19 Erschienen am 24. Juni 2005 im Süddeutsche Zeitung Magazin, Heft 25. Abgedruckt in: Rainer Erlinger, Gewissensfragen. Streitfälle der Alltagsmoral, aufgeklärt vom Süddeutsche Zeitung Magazin, Süddeutsche Zeitung Edition, München 2005, S. 241 f.

20 J. W. Vaupel, K. G. v. Kistowski, Der bemerkenswerte Anstieg der Lebenserwartung und sein Einfluss auf die Medizin, Bundesgesundheitsblatt – Gesundheitsforschung – Gesundheitsschutz 2005, 48: 586–592 m. w. N.

21 J. W. Vaupel, K. G. v. Kistowski, a. a. O.; Preston, S. H. (2005), Deadweight? – The Influence of Obesity on Longevity, in: The New England Journal of Medicine, Jg. 352, Nr. 11, S. 1135–1137; Olshansky, J. S. et al. (2005), A Potential Decline in Life Expectancy in the United States in the 21st Century, in: The New England Journal of Medicine, Jg. 352, Nr. 11, S. 1138–1345; zitiert nach: Thomas Kreitsch, Nachwuchsschwäche und Nachwuchssicherung in Deutschland – Staat in der Verantwortung für eine aktive Bevölkerungspolitik? Ein Handbuch zur Bevölkerungspolitik. Praxis Kultur- und Sozialgeographie | PKS 50, Universitätsverlag Potsdam 2011, online abrufbar unter: URN: urn: nbn:de:kobv:517-opus-49313 URL: http://opus.kobv.de/ubp/volltexte/2011/4931/.

22 Über 70 % bei Heimpatienten, die unter Demenz leiden, bei denen die medizinische Indikation sehr kritisch hinterfragt werden muss. Siehe: Meinolfus Strätling, Peter Schmucker, Franz-Josef Bartmann, Künstliche Ernährung – Gut gemeint ist nicht immer gut gemacht, Deutsches Ärzteblatt (2005) 102: C1718–1719.

23 Die Diskussion ist sehr umfangreich. An dieser Stelle seien nur beispielhaft einige Quellen genannt: Otfried Höffe, Medizin ohne

Ethik, Suhrkamp Verlag, Frankfurt am Main 2002, Kapitel 6: Allmacht oder Sterbenlernen: Medizinische Technik zwischen Descartes und Sokrates, S. 119–142; Alfred Simon, Ethische Probleme am Lebensende, in: Stefan Schulz, Klaus Steigleder, Heiner Fangerau, Norbert W. Paul (Hrsg.), Geschichte, Theorie und Ethik der Medizin, Suhrkamp Verlag, Frankfurt am Main 2006, S. 446–478; Günther Pöltner, Grundkurs Medizin-Ethik, UTB Facultas Verlag, Wien 2002, S. 251–286.

24 Wegweisend hierzu waren die zwei Urteile vom 13. 9. 1994 – Kemptener Fall – BGHSt 40, 257 ff. und vom 25. 6. 2010 – NJW 2010, 2963.

25 Dazu gab es zwei Beschlüsse vom 17. 3. 2003 – NJW 2003, 1588 und vom 8. 6. 2005 – NJW 2005, 2385.

26 Drittes Gesetz zur Änderung des Betreuungsrechts vom 29. Juli 2009 (BGBl I, S. 2286).

27 Entscheidungen des Bundesgerichtshofes in Strafsachen, Band 6, S. 48, 50–52, 53–54, auszugsweise abgedruckt in: Norbert Hoerster (Hrsg.), Recht und Moral – Texte zur Rechtphilosophie, Verlag Philipp Reclam jun., Stuttgart 1990.

28 Siehe dazu etwa: Erklärung zum Weltethos, in: Hans Küng (Hrsg.), Ja zum Weltethos, Piper, München 1995, S. 21 ff., insbesondere der Bezug u. a. auf die Zehn Gebote bei den »Vier unverrückbaren Weisungen«, S. 32 ff.

29 Immanuel Kant, Kritik der praktischen Vernunft, Philipp Reclam jun., Stuttgart 2005, S. 253.

30 Immanuel Kant, Grundlegung zur Metaphysik der Sitten, Verlag Philipp Reclam jun., Stuttgart 1984, S. 68 (AA S. 421). Eine wirklich gute Einführung in den kategorischen Imperativ bietet: Ralf Ludwig, Kant für Anfänger. Der kategorische Imperativ, dtv, München 1995. Ebenso das Kapitel »Kant« in: Herlinde Pauer-Studer, Einführung in die Ethik, Facultas Verlag, Wien 2003.

31 Erschienen am 16. Juni 2006 im Süddeutsche Zeitung Magazin, Heft 24. Abgedruckt in: Rainer Erlinger, Wenn Sie mich fragen. Rainer Erlinger beantwortet Fragen zur Alltagsmoral, Verlag Antje Kunstmann, München 2007, S. 101 f.

32 Aristoteles, Nikomachische Ethik, dtv, München 2002, II. Buch 6. 1106 b 37–1107 a 8.

33 Aristoteles, Die Nikomachische Ethik. Übersetzt von Olaf Gigon, dtv, München 2002, II. Buch 7. 1107 a 28 ff.

34 Hans Jonas, Das Prinzip Verantwortung, Suhrkamp Verlag, Frankfurt am Main 2003.

35 Hans Jonas, a. a. O., S. 36.

36 Hans Jonas, a. a. O., S. 63.

37 Hans Jonas, a. a. O., S. 70.

38 Hans Jonas, Technik, Medizin und Ethik: Zur Praxis des Prinzips Verantwortung, Suhrkamp Verlag, Frankfurt am Main 1985, S. 67.

39 Christina Berndt, Dezente Warnsignale, Süddeutsche Zeitung vom 21. März 2006, S. 18.

40 Nicola Sigmund-Schultze, Lebensbedrohlicher Zytokinsturm, Deutsches Ärzteblatt vom 9. 5. 2008, Jahrgang 105, S. A976.

41 Dieter Birnbacher, Tun und Unterlassen, Verlag Philipp Reclam jun., Stuttgart 1995.

42 Platon, Phaidros, 274e 6 – 9.

43 Siehe dazu allgemein: Armin Grunwald, Technikfolgenabschätzung. Eine Einführung, Edition Sigma, 2. Auflage, Berlin 2010.

44 Verein Deutscher Ingenieure, VDI-Richtlinien 3780, Technikbewertung. Begriffe und Grundlagen, September 2000.

45 Max Scheler, Der Formalismus in der Ethik und die materiale Wertethik, Gesammelte Werke, Band 2, Bouvier Verlag, Bonn, Nachdruck der 7. Auflage 2005.

46 Immanuel Kant, Metaphysik der Sitten, Verlag Philipp Reclam jun., Stuttgart 2002, S. 39, AA 400/401.

47 I. Kant, a. a. O., S. 42, AA 402/403.

48 I. Kant, a. a. O., S. 43, AA 403/404.

49 Erschienen am 4. Februar 2005 im Süddeutsche Zeitung Magazin, Heft 5. Abgedruckt in: Rainer Erlinger, Gewissensfragen. Streitfälle der Alltagsmoral, aufgeklärt vom Süddeutsche Zeitung Magazin, Süddeutsche Zeitung Edition, München 2005, S. 77 f.

GEWISSENSFRAGEN
Fragen zur Alltagsmoral im Süddeutsche Zeitung Magazin

1 Erschienen am 19. Mai 2006 im Süddeutsche Zeitung Magazin, Heft 20. Abgedruckt in: Rainer Erlinger, Wenn Sie mich fragen. Rainer Erlinger beantwortet Fragen zur Alltagsmoral, Verlag Antje Kunstmann, München 2007, S. 37 ff.

2 Erschienen am 3. Juni 2005 im Süddeutsche Zeitung Magazin,

Heft 22. Abgedruckt in: Rainer Erlinger, Gewissensfragen. Streitfälle der Alltagsmoral, aufgeklärt vom Süddeutsche Zeitung Magazin, Süddeutsche Zeitung Edition, München 2005, S. 159 f.

3 Barbara Bleisch / Peter Schaber (Hrsg.), Weltarmut und Ethik, mentis Verlag, Paderborn 2007. Dazu mittlerweile auch lesenswert: Barbara Bleisch, Pflichten auf Distanz: Weltarmut und individuelle Verantwortung, de Gruyter Verlag, Berlin 2010; sowie: Peter Singer, Leben retten: Wie sich Armut abschaffen lässt – und warum wir es nicht tun, Arche Verlag, Zürich 2010.

4 Erschienen am 22. Februar 2008 im Süddeutsche Zeitung Magazin, Heft 8. Abgedruckt in: Rainer Erlinger, Gewissensbisse. 111 Antworten auf moralische Fragen des Alltags. Fischer Taschenbuch Verlag, Frankfurt am Main 2011, S. 125 f.

5 Die Frage ist mittlerweile erschienen am 20. Februar 2009 im Süddeutsche Zeitung Magazin, Heft 8.

6 Diese Frage und vor allem der theoretische Überbau ihrer Lösung wird erörtert im Kapitel über die Goldene Regel und ihre Schwächen auf S. 154 ff.

7 Erschienen am 21. Februar 2003 im Süddeutsche Zeitung Magazin, Heft 8. Abgedruckt in: Rainer Erlinger, Gewissensfragen. Streitfälle der Alltagsmoral, aufgeklärt vom Süddeutsche Zeitung Magazin, Süddeutsche Zeitung Edition, München 2005, S. 47 f.

8 Erschienen am 30. Juni 2006 im Süddeutsche Zeitung Magazin, Heft 26. Abgedruckt in: Rainer Erlinger, Wenn Sie mich fragen. Rainer Erlinger beantwortet Fragen zur Alltagsmoral, Verlag Antje Kunstmann, München 2007, S. 81 f.

9 Erschienen am 29. September 2006 im Süddeutsche Zeitung Magazin, Heft 39. Abgedruckt in: Rainer Erlinger, Wenn Sie mich fragen. Rainer Erlinger beantwortet Fragen zur Alltagsmoral, Verlag Antje Kunstmann, München 2007, S. 59 f.

10 Erschienen am 15. Februar 2008 im Süddeutsche Zeitung Magazin, Heft 7. Abgedruckt in: Rainer Erlinger, Gewissensbisse. 111 Antworten auf moralische Fragen des Alltags. Fischer Taschenbuch Verlag, Frankfurt am Main 2011, S. 87 f.

11 Erschienen am 20. August 2004 im Süddeutsche Zeitung Magazin, Heft 34. Abgedruckt in: Rainer Erlinger, Gewissensfragen. Streitfälle der Alltagsmoral, aufgeklärt vom Süddeutsche Zeitung Magazin, Süddeutsche Zeitung Edition, München 2005, S. 103 f.

12 Erschienen am 10. Dezember 2004 im Süddeutsche Zeitung Maga-

zin, Heft 50. Abgedruckt in: Rainer Erlinger, Wenn Sie mich fragen. Rainer Erlinger beantwortet Fragen zur Alltagsmoral, Verlag Antje Kunstmann, München 2007, S. 131 f.

13 Erschienen am 14. November 2003 im Süddeutsche Zeitung Magazin, Heft 46. Abgedruckt in: Rainer Erlinger, Gewissensfragen. Streitfälle der Alltagsmoral, aufgeklärt vom Süddeutsche Zeitung Magazin, Süddeutsche Zeitung Edition, München 2005, S. 127 f.

14 Erschienen am 15. September 2006 im Süddeutsche Zeitung Magazin, Heft 37. Abgedruckt in: Rainer Erlinger, Wenn Sie mich fragen. Rainer Erlinger beantwortet Fragen zur Alltagsmoral, Verlag Antje Kunstmann, München 2007, S. 113 f.

15 Erschienen am 7. Februar 2008 im Süddeutsche Zeitung Magazin, Heft 6.

16 Erschienen am 9. Januar 2004 im Süddeutsche Zeitung Magazin, Heft 2. Abgedruckt in: Rainer Erlinger, Gewissensfragen. Streitfälle der Alltagsmoral, aufgeklärt vom Süddeutsche Zeitung Magazin, Süddeutsche Zeitung Edition, München 2005, S. 235 f.

ABBILDUNGSNACHWEIS

S. 90:   www.apple.de
S. 100:   BMW, Historisches Archiv
S. 101:   Auto Bild / A. Emmerling
S. 102:   www.audi.de
S. 103 / 104: Windhager / Slice / Schaefer / Oberzaucher / Thorstensen /
              Grammer, Face to face: The Perception of Automotive
              Designs. In: Human Nature, Aug. 2008
S. 104:   www.volkswagen.de; www.audi.de
S. 106:   www.audi.de, www.mercedes-benz.de
S. 108 / 109: www.autowallpaper.de
S. 113:   Wikimedia Commons / Christos Vittoratos
S. 163:   Ullsteinbild

REGISTER

Rainer Erlinger
Moral
Wie man richtig gut lebt
368 Seiten. Gebunden

Wir alle wollen gute Menschen sein. Wir alle wissen eigentlich, was dafür zu tun wäre. Doch dann wird es konkret: Darf
ich lügen, wenn es die Situation erfordert? Wie viel Rücksicht muss ich auf meine Nachbarn nehmen? Muss ich mein
Geld ethisch anlegen? Rainer Erlinger, Moralinstanz und
Autor der inzwischen als Klassiker geltenden Kolumne ›Die
Gewissensfrage‹ in der »Süddeutschen Zeitung«, kennt wie
kein anderer die konkreten mora-lischen Probleme, die uns
alle bewegen. Nun hat er endlich seinen großen Entwurf einer Moral für unsere Zeit vorgelegt – alltagstauglich, bei-
spielgesättigt, philosophisch begründet, leicht verständlich
und unterhaltsam.

»Ein wunderbares Buch«
Markus Lanz

»Sehr gut zu lesen und nicht moralinsauer,
sondern heiter.«
hr2-Kultur

S. Fischer

Rainer Erlinger

Gewissensbisse

Antworten auf moralische Fragen des Alltags

Band 18853

Darf man seine Kinder für politische Ziele einspannen? Darf ich als Schnarcher im Mehrbettzimmer in der Jungendherberge Übernachten? Bin ich als Putzfrau gezwungen, ein Hitler-Porträt abzustauben? Darf man sein Talent auch brachliegen lassen? Wie ist es mit dem Schwarzfahren? – Der Alltag steckt voller moralischer Fragen. Rainer Erlinger gibt in seiner beliebten Kolumne »Die Gewissensfrage« aus dem Magazin der Süddeutschen Zeitung allwöchentlich die Antworten. Eine Auswahl ist hier jetzt gesammelt: Zum Selberlesen oder zum Verschenken.

Fischer Taschenbuch Verlag

Martin Seel
111 Tugenden, 111 Laster
Eine philosophische Revue
288 Seiten. Gebunden

Wie schon Aristoteles wusste, sind Tugenden heikle Balancen, die oft nur mit Mühe gehalten werden können. Aber auch mit den Lastern verhält es sich nicht anders. Sie tragen Energien in sich, die immer einmal wieder zum Guten ausschlagen können. Mit dieser Diagnose macht Martin Seel auf eine erhellende und unterhaltende Weise ernst. Die vielen Tugenden und ihre labile Einheit, so führt er vor, haben den Sinn, das eigene Glück im Auge zu behalten, ohne das Wohl der anderen aus dem Blick zu verlieren.

»111 vor Geist und Witz funkelnde Mini-Essays.«
Philosophie Magazin

»wohldurchdacht, elegant und unprätentiös.«
Frankfurter Allgemeine Zeitung

»Brillante Kurzessays präsentieren ein Panorama unserer moralischen Grundlagen – und plötzlich erstrahlt die gute alte Tugendlehre in hochaktuellem Glanz.«
Die ZEIT

S. Fischer

Raphael Gross
Anständig geblieben
Nationalsozialistische Moral
Band 18757

Mit Begriffen wie Ehre, Treue, Schande oder Kameradschaft haben die Nationalsozialisten versucht, ein System von gegenseitig eingeforderten moralischen Gefühlen und Tugenden zu etablieren. Raphael Gross zeigt, wie diese Begriffe funktioniert haben und wie sie bis hinein in unsere Gegenwart wirken.

»Gross fügt den vielen tausend Büchern über das Dritte Reich nicht einfach ein weiteres hinzu, sondern er wählt einen innovativen Ansatz und versucht, durch eine Analyse der moralischen Urteile die nationalsozialistische Gesellschaft von innen zu verstehen.«
Der Tagesspiegel

»Gross versteht sein Buch als ›Versuch‹, sich dem Thema Nationalsozialismus und Moral zu nähern –
ein sehr anregender und höchst aufschlussreicher.«
Frankfurter Allgemeine Zeitung

Fischer Taschenbuch Verlag

Martin Seel
Paradoxien der Erfüllung
Philosophische Essays
Band 17230

An Paradoxien stößt sich das Denken, weil es Widersprüche aufzulösen gilt. Gelänge das durchwegs, würde sich freilich schnell die Gewissheit einstellen, dass Wesentliches verfehlt ist. So wie in einem Leben, das sich im Widerspruchslosen eingerichtet und erfüllt meint. Martin Seels Essays führen vor Augen, was philosophische Reflexion tatsächlichen oder vermeintlichen Paradoxien abzugewinnen vermag.

»Paradoxien erinnern uns daran,
dass eine Bewältigung der Welt, in der wir leben,
immer nur in Grenzen möglich
und somit – unmöglich ist.«
Martin Seel

Fischer Taschenbuch Verlag